자연철학의 이념

자연철학의 이념

F.W.J. 셸링 지음

한자경 옮김

서광사

이 책은 F.W.J. Schelling 의
Ideen zu einer Philosophie der Natur 와
Erster Entwurf eines Systems der Naturphilosophie 의 일부와
Einleitung zu dem Entwurf eines Systems der Naturphilosophie
(셸링 전집 제 6, 7권[1980]에 수록, darmstadt 판)를 번역한 것이다.

자연철학의 이념

F.W.J. 셸링 지음
한자경 옮김

펴낸곳 · 서광사
펴낸이 · 김신혁
출판등록일 · 1977. 6. 30
출판등록번호 · 제 5-34 호

(130-072) 서울시 동대문구 용두 2동 119-46
대표전화 · 924-6161 팩시밀리 · 922-4993 천리안 · phil6161

제 1 판 제 1 쇄 펴낸날 · 1999년 2월 20일
2 3 4 5 6 7 10 09 08 07 06 05 04 03 02 01 00

ISBN 89-306-2134-1   93110

옮긴이의 말

철학에서 문제삼게 되는 자연이란 과연 무엇을 의미하는가? 자연이 무엇인가를 이해하기 위해 우리는 곧잘 자연 아닌 것은 무엇인가를 묻게 되며, 그 자연 아닌 것과의 대비를 통해 자연에 접근하게 된다. '자연과 사회', '자연과 문화' 또는 '자연과 인위', '자연과 정신' 혹은 '자연과 자아', '자연과 자유' 등의 대비는 모두 우리에게 있어 자연이란 일차적으로 인간의 손길이 닿지 않은 것, 인간의 의도가 개입되지 않은 것, 정신적이지 않은 것 따라서 순수 물질적이고 인과 필연성의 기계적인 것이라는 점을 암시하고 있다. 우리에게 가까이 있는 자연은 천연 자원일 뿐이고, 그 외의 자연은 인간 손길 밖의 원시림이나 먼 하늘 별나라에나 있는 듯이 여겨지는 것이다.

그러면서 우리는 이와 같은 '자연과 자유', '물질과 정신' 등의 이분법적 도식을 서양 근세 형이상학의 잔재라고 생각하며, 반대로 형이상학의 극복을 시도하는 오늘날의 포스트모더니즘 철학자들은 그러한 이분법적 사유의 굴레를 성공적으로 벗어나 있다고 생각한다. 지구 환경 파괴의 심각성에 직면한 현대의 환경론자들이 대부분 그 생태학적 위기의 사상적 근원을 서양의 형이상학에서의 물질과 정신의 이분법 또는 편향적인 정신 우월주의, 인간 중심주의에서 찾고있는 것 역시 그와 같은 형이상학의 이해 또는 오해를 부추기는 것이다. 관념론적 형이상학자를 자연 불화적 환경 파괴의 주범으로, 반형이상학적 실재론자를 자연 친화적 환경 보호의 선구자로 몰고 가는 것이다.

그러나 그와 같은 형이상학의 이해는 과연 정확한 것인가? 생태학적 위기의 근원에 관한 그러한 진단은 과연 바른 것인가? 그들이 비판하는 형이상학적 이원론, 자연과 인간, 물질과 정신의 이원론은 서양 근세 형이상학자들의 이원론이기보다는 오히려 그런 방식으로 철학사를 읽는 그들 자신의 이원론적 관점을 반영해 주고 있는 것은 아닌가?

왜냐하면 실제 철학사에 있어 반형이상학적 실재론자 이외에 어느 누구도 자연과 인간, 물질과 정신의 철저한 이원론을 주장하지는 않았기 때문이다. 사유적 실체와 연장적 실체라는 데카르트식의 분류가 행해진 이후(데카르트도 그 둘을 매개하는 신개념을 통해 엄격한 이원론을 피하고 있다), 스피노자의 신이나 라이프니츠의 모나드는 바로 그와 같은 이원론 또는 비정신적 물질 자체를 비판 극복하기 위한 형이상학적 시도였으며, 칸트의 현상론이나 독일 관념론자들의 관념론 역시 그러한 이원론적인 물자체의 형이상학을 비판하기 위한 것이었다.

반면 생태학적 위기의 근원이 근세 형이상학의 인간 중심주의에 있다고 진단하는 현대의 환경론자들에게서 우리는 오히려 '자연과 인간', '물질과 정신'의 이원론이 그 진단 및 대안의 근거로 작용하고 있음을 발견하게 된다. 그러한 진단 위에 그들 중 몇몇은 '인간

중심주의'의 극복으로서 '감각 중심주의', '생명 중심주의' 또는
'(자연) 전체주의'의 모토를 내걸며 이제 더 이상 정신 또는 이성의
인간을 가치의 중심에 놓을 것이 아니라 동물이나 생명체 또는 무기
물의 자연 전체를 중심에 놓아야 한다는 주장을 내세우기도 하고,
또 다른 몇몇은 이전의 인간 중심주의에서의 편협한 인간 개념을 수
정하여 그 개념 안에 미래 세대에 대한 공동체 의식 및 아름다움이
나 신성함 등의 미감적 가치 판단 능력까지도 포괄하는 자연 친화적
인간관을 확립함으로써 '수정된 인간 중심주의'를 내세우기도 한다.
　　그러나 그 두 관점에서 우리가 공통적으로 발견할 수 있는 것은
여전히 자연은 인간 정신 밖의 것, 인간 정신과 무관한 것, 인간 정
신 너머의 것이라는 생각이다. 즉 인간 중심이냐, 자연 중심이냐라고
하는 중심의 선택만 바뀔 뿐, 인간과 자연, 정신과 물질의 이분법은
그대로 남아 있는 것이다. 과연 정신 밖의 자연, 형상 너머의 질료,
순수 물질 또는 물자체라는 것이 존재하는가, 그리고 그것이 무엇을
의미하는가 또는 역으로 자연 외적 정신, 물질화되지 않은 관념이
무엇을 의미하는가를 물으면, 이런 형이상학적 물음들은 현대의 자
연철학자들에게는 너무 추상적이며 사변적인 물음이 되고 만다.
　　'자연 안의 이념'이나 '인간과 자연의 일치' 또는 '정신과 물질의
동일성' 등을 언급하면 그것은 지양되어야 할 물활론 또는 신비주의
에 지나지 않으며, 그런 형이상학적 관점은 현대의 생태학적 문제를
해결할 수 있는 어떠한 구체적 기술적 방안도 제시하지 못한다는 것
이다. 그러나 어떠한 형이상학적 전제도 함축하지 않은 자연관이라
는 것이 과연 가능하겠는가? 일체의 형이상학적 물음을 배제한 자연
이해가 가능하다는 생각 자체가 이미 일종의 독단이다. 그것은 특정
한 형이상학의 바탕 위에 있으면서 그 자신의 형이상학적 근거를 돌

아보지 않는 무반성의 표현일 뿐이다. 그렇기에 그들이 전제한 자연
관이 역설적이게도 바로 그들 자신이 비판하고자 하는 이원론적 자
연관이라는 사실이 알려져 있지 않은 것이다.

그렇다면 오늘날 만연해 있는 생태학적 위기를 야기시킨 사상적
근원은 과연 무엇인가? 그리고 또 누구나 그 위기의 심각성을 공감
함에도 불구하고 일부 과학자와 과학 정책자 집단의 과학 및 기술
개발에 의한 대책을 기대하는 것 이외에 실제 각자의 삶의 방식에
있어서는 어떠한 변화도 일으키게 되지 않는 것은 무엇 때문인가?
그것은 물질을 정신과의 연관 안에서 일종의 정신적인 것으로서 파
악한 관념론적 형이상학 때문이 아니라 오히려 절대 시간, 절대 공
간과 더불어 그 안의 순수 연장체 또는 순수 질료를 정신 독립적 실
체로서 상정하는 자연과학적 자연 이해와 반형이상학적 실재론 때문
이다.

우리가 지각하고 경험하는 현상 너머에 영원히 변화하지 않는 물
질 자체, 즉 우리의 정신과 무관하고 정신에 대립한 물질 자체가 존
재한다는 소박한 실재론은 우리에게 '인간의 활동과 무관하게 자연
은 영원하다'라는 환상과 '자연의 무한한 자정 능력'에 대한 기대를
심어 준다. 물질 자체는 그 고유한 원리와 법칙에 따라 존재한다. 그
것은 우리의 의식 또는 정신과 독립적일 뿐만 아니라 오히려 우리의
정신을 진화론적으로 가능하게 한 물질적 토대이다. 그것은 우리의
정신 영역보다 훨씬 더 긴 역사를 가지고 있고, 앞으로도 더 긴 역사
를 가질 영구적인 것이다. 실체로서의 물질 자체, 물자체는 인간의
눈 밖과 손 밖에 놓인 자연의 변하지 않는 기체이다. 그에 반해 우리
가 자연에 있어 변화시키는 것은 자연의 표면적인 가변적 속성들일
뿐이다. 자연의 외적 속성들을 우리에게 유용하게 조금 변경시켜 이

용하는 것일 뿐 자연 자체는 우리의 활동과 무관하게 그 자체로서 존립한다. 산은 산이고 물은 물이다. 우리가 산에 골프장을 만드느라 나무를 좀 자르고 산허리를 잘라내도, 우리가 강에다 기름을 좀 붓고 쓰레기를 버린다고 해도 여전히 산은 산이고 물은 물이다. 자연은 그 자체로 존립하며, 따라서 스스로 자신을 보존할 수 있는 무한한 자정 능력을 지녔다. 바로 이것이 자연과학자들의 물질 개념의 기초가 되는 소박한 실재론적 반형이상학적 자연관이다.

우리는 우리가 아무리 많은 죄를 지어도 마지막 순간 회개하면 무한한 신이 우리를 용서해 줄 것이라고 믿듯이, 자연 역시 우리가 아무리 해를 가해도 마지막 순간에는 우리를 용서해 줄 것이라고 믿는 것이다. 자연은 우리가 행하는 것, 우리가 아는 것을 넘어선 그 이상의 즉자적 존재라는 믿음을 우린 가지고 있는 것이다. 우리 자신의 인식과 행동의 유한성과 비교될 수 없는 무한성을 간직하고 있음을 믿는 것이다. 이런 의미로 우리는 인간과 자연을 구분한다. 흔히 말하듯이 인간을 무한한 존재로 놓고 자연을 이용 대상으로 상대화하고 유한화하는 것이 아니라, 오히려 자연을 영구적이고 불변적인 실체로 생각하며, 우리 인간이 행하는 것은 그 무한에 비해 너무나도 작은 장난과도 같은 놀이에 지나지 않는 것으로 생각하는 것이다. 자연은 우리 손에 의해 파괴되거나 끝장날 수 있기에는 너무나 거대하고 너무나 절대적인 힘의 원천이다. 인간이 지은 건축물이 해일이나 지진 등 자연의 위력 앞에서 아무 힘 없이 부서져 내리듯이, 인간이 버린 쓰레기나 방사선 폐기물도 자연의 위력 앞에서는 아무 힘 없이 녹아 버릴 것이다. 이렇게 우리는 자연의 무한한 자정 능력을 믿는다. 우리는 다만 자연의 숨은 이치를 알아내어 그것을 따름으로써 자연을 조금 이용하는 것일 뿐이다. 우리의 자연 변경도 자연의 더 큰 원리를 따르면서 그 원리 안에서 움직이는 것일 뿐이니, 우리는 여전히 자연의 힘 안에 있는 것이다. 이처럼 인간 정신과 무관한 물자체, 그리고 그 물질적 자연의 무한성에 대한 믿음, 그것이 바로 오늘날의 생태학적 위기를 몰고 온 것이다.

이렇게 보면 오늘날의 전통 형이상학 비판, 특히 인간의 자유와 정신을 강조하고 물자체를 부정하는 관념론에 대한 실재론적 관점의 반형이상학적 비판은 문제의 핵심을 간과한 것이다. 인간 정신으로부터 독립적이고 인간과 무관한 물질 자체의 객관 세계가 실재한다는 생각에 사로잡힌 사람, 따라서 물자체를 부정하고 물질의 정신 연관성을 언급하면 금방 인간 중심주의라든가 정신 우선주의라고 비판하지만, 정작 그 정신이 무엇이고 그 인간이 무엇인가에 대해서는 물질에 기반하고 물질로부터 창출된 정신, 더 많은 털이 벗겨진 진화된 영리한 원숭이라는 것 이외에 다른 아무것도 떠올릴 수 없는 사람, 인간 영혼의 깊이와 무한성에 대해서는 아무런 감각도 갖고 있지 않은 사람, 그런 사람들이 관념론적 형이상학을 공격하고 그것을 현대 사회의 심각한 제반 문제들의 사상적 기반인 것으로 판단하여 실재론적 반형이상학적 세계상을 제시하지만, 바로 그 세계상이 우리의 정신을 위기로 몰고 가는 그 세계상임을 보지 못하는 것이다. 자연을 인간의 인식 대상·이용 대상·착취 대상으로 간주하게 되는 때는 자연을 정신의 산물 또는 정신의 실현으로 보지 않고 정신과 무관한 그 자체 독립적 실재로 간주할 때이다.

그리고 사상사적으로 보면 보다 더 심각한 문제는 그러한 포스트모더니스트나 환경론자들이 자신들의 사상적 틀에 따라 동양 사상을 왜곡한다는 점이다. 인간 중심주의, 이성 중심주의의 서양 형이상학이 자연을 그 자체 내재적 가치를 지닌 독립적 실재로 이해하지 않고 오직 인간에 의한 인식 대상, 이용 대상으로서만 간주하였다면, 동양 사상은 자연과 인간을 분리하지 않고 인간을 자연과 조화된 자연 속의 일원으로서만 이해하는 자연 중심적 사고를 전개하였다는 것이다. 인간의 자연 초월성과 자유와 개체성의 자각이 서양적 사유의 특징이라면, 동양적 사유는 인간을 전체 자연의 일부분으로 이해함으로써 정신의 자유보다는 자연과의 융화, 개체적 자기 의식보다는 전체와의 조화를 강조한 사유라는 것이다. 그리고 오늘날과 같은 심각한 생태학적 위기 상황에서 요구되는 생태학적 사유의 전환은 바로 서양적인 인간 또는 이성 중심적 사유, 개인주의적 사유에서 동양적인 자연 중심적 사유, 공동체주의적 사유로의 전환이라는 것이다.

언뜻 보기에는 '동양에도 철학이 있는가?'라고 자만하던 서양인들의 꽤나 겸손한 동양 정신의 예찬 같다. 동양인들은 그러한 평가를 인정받음이라고 생각하여 쉽게 동의하고, 서양인들은 그런 평가 속에서는 잃어버릴 것이 없기 때문에 쉽게 동의한다. 그러나 나비의 꿈 비유나 미인 앞에서 도망치는 물고기의 비유는 우리가 인식하는 자연 세계의 현상성과 허구성의 자각을 말하는 것이 아니겠는가? 도가가 궁극적으로 강조하고자 한 것은 자연 안에 소요하되 자연을 초월하는 정신의 절대적 자유가 아니겠는가? 일체 존재의 무자성성을 공(空)이라고 말하며, 그러한 공을 자각하는 일심(一心), 여래장 또는 불성 이외에 어떠한 고정된 실재도 인정하지 않는 불교는 반형이상학적인 소박한 실재론과는 거리가 멀다. 원시 불교의 심(心) 중심 사상에서부터 유식의 유식무경(唯識無境)에 이르기까지 불교가 강조하고자 한 것은 인간 정신의 초월성과 자유 의식과 개체성의 자각이다. 자연의 이치와 자연의 운행 원리를 인간 마음의 이(理)와 기(氣),

성(性)과 정(情)을 통해 파악하고자 한 유가 사상보다 더한 인간 중심적 사유가 또 있겠는가? 일즉일체(一卽一體) 일체즉일(一體卽一)을 말하는 화엄이나 선보다 더한 인간 개체성의 자각이 또 있겠는가? 그 어느 체계도 인간을 전체 자연의 일부분으로서 이해하는 자연 중심적 사상이 아니며, 오히려 인간의 자유와 초월성에서부터 우주와 인생을 논하는 관념론적 형이상학의 완성인 것이다.

생태학적 위기에 직면한 오늘날 많은 사람들은 보다 쾌적하고 안정된 거주 공간으로서의 지구를 보존하기 위해 자연과학, 기술개발 그리고 환경정책 등 여러 분야에 걸쳐 환경 문제를 논의하고 구체적 대책 마련에 고심하고 있다. 일부 인문 정신의 철학자들은 그보다 더 추상적으로 이러한 위기를 몰고 온 정신적 토대가 과연 무엇이며 그것을 극복할 수 있는 대안적 관점은 과연 무엇인가에 대해 고민하고 있다. 셸링의 자연철학이 이런 물음들에 대한 직접적 대안을 제시해 주지는 못할 것이다. 그러나 셸링 철학의 바른 이해가 관념론적 서양 형이상학에 대한 바른 이해에 기여하는 바가 있을 것이라고 생각한다. 그리고 그것이 서양 형이상학이나 동양 형이상학 또는 형이상학 자체에 대한 잘못된 편견이나 오해를 불식하는 데에도 도움이 되리라고 생각한다.

이런 의미에서 셸링 자연철학의 대표적 저작이라 할 수 있는 다음 세 편의 글을 번역하여 보았다.

1. 《자연철학의 이념》: 원제목은 *Ideen zu einer Philosophie der Natur*로서 제1판은 1797년에 나왔으며, 약간의 수정을 가해서 1803년 제2판이 나왔다. "자연철학 연구의 서론"이라는 부제가 말해 주듯이 전반적인 자연철학 연구를 위한 길잡이로서 구상된 것이며, 그런 의미에서 자연철학의 이념이라고 불린다. 본 역서는 1980

년 독일 다름슈타트에서 나온 셸링 전집 중 제6권 "셸링 :
1794∼1798의 글"(333∼397면)을 기본 텍스트로 삼았다.

2.《자연철학 체계의 제1기획》: 원제목은 *Erster Entwurf eines
Systems der Naturphilosophie*이다. 이 책은 본래 1799년 강의용으
로 씌어졌는데, 본문은 아래와 같은 제목의 3장으로 구성되어 있다.
제1장 : 자연은 그 근원적 생산물에 있어 유기적이라는 증명, 제2
장 : 무기적 자연의 제약의 연역, 제3장 : 유기적 자연과 부기적 자연
의 상호 규정.

본 역서에서는 그 중 서론과 각 장의 내용을 요약·정리한 전체의
윤곽 그리고 본문 중 제1장 제1절만을 번역하였으며, 원문은 앞서
언급한 전집 중 제7권 "셸링 : 1799∼1801의 글", 1면에서 20면까
지 실려 있다.

3.《자연철학 체계의 기획 서설》: 이 책은 *Einleitung zu dem
Entwurf eines Systems der Naturphilosophie*라는 제목의 1799년
작품으로 자연철학 체계의 기획에 대한 서설로 씌어진 것이다. "사
변적 자연학의 개념과 그 학문 체계의 내적 조직에 관하여"라는 부
제를 갖고 있다. 원문은 앞서 언급한 전집 제7권 중 269면에서 326
면까지이다.

여기 번역된 글들은 셸링의 자연철학 시기의 대표적 저작들이긴
하지만 일관된 하나의 논지를 체계적으로 전개해 나가는 방식으로
짜임새 있게 다듬어진 글들은 아니다. 그 안에는 정신과 물질의 동
일성, 이념적인 것과 실제적인 것의 동일성, 정신 독립적 물자체 비
판, 기계론적 자연관 비판, 주관적 유기체론 비판, 스피노자나 라이프
니츠 철학의 재평가, 생산성과 생산성의 지양이라는 자연의 이원성,
유기물과 비유기물의 관계 등 많은 중요한 철학적 통찰들이 반짝이

고 있지만, 대개 단상처럼 흩어져 있을 뿐 체계적으로 논의되고 있
지는 않다. 더구나 글 전체가 장절의 구분 없이 하나로 연결되어 있
기에, 독자들에게 다소 혼란스럽고 난해할지도 모른다는 염려에서
역자 나름대로 본문을 그 내용 전개에 따라 문단별로 구분하고 소제
목을 붙여 보았다. 따라서 다음의 목차는 역자가 첨부한 것임을 밝
혀 둔다. 그리고 끝으로 전체의 내용을 문단별로 정리 요약한 해제
를 덧붙여 놓았다. 번역 문장의 옆에 기록된 숫자는 원문의 면수를
의미하고, [ ] 속의 글은 이해를 돕기 위해 역자가 첨가한 설명이
다. 이 책이 셸링의 자연관 및 서양 형이상학에 있어서의 자연관의
이해에 작은 도움이 될 수 있기를 바랄 뿐이다.

1998년 11월
한자경

차 례

자연철학의 이념

-자연철학 연구의 서론-

1797
제 2 판 1803

① 철학이란 무엇인가 하는 문제는 그렇게 직접적으로 대답
할 수 있는 것이 아니다. 철학의 개념을 규정하는 데에
있어 의견 일치를 보는 일이 그렇게 간단한 일이었다면, 당장 보편
타당한 철학을 소유하기 위해 우리는 단지 철학의 개념을 분석하기
만 하면 됐을 것이다. 그러나 사태는 그렇게 간단하지 않다. 철학은
우리의 정신 활동의 개입 없이 근원적으로 자연 자체에 의해 우리의
정신 안에 주어져 있는 것이 아니다. 철학은 전적으로 자유의 작품
이다. 철학은 각자에게 있어 오직 그가 만들어 나가는 것일 뿐이다.
그리고 바로 그렇기 때문에 철학의 이념 역시 오직 철학 자체, 즉 무
한한 학문이면서 동시에 자기 자신에 의한 학문인 철학 자체의 결과
일 뿐이다.[1]

그러므로 철학 일반 또는 자연철학의 임의적인 개념을 미리 전제
하고 나서 나중에 해당 부분에서 비로소 그 개념을 풀이하려고 하는

---

1) 제1판: 철학의 이념은 오직 철학 자체의 결과일 뿐이다. 그러나 보편
   타당한 철학이란 영광스럽지 못한 환상일 뿐이다.

대신에, 나는 철학의 개념 자체가 독자의 눈앞에서 비로소 생성될 수 있게끔 노력해 보고자 한다.

그렇지만 우리는 어떤 것으로부터이든 시작해야만 하므로, 나는 자연철학은 자연의 가능성, 즉 총체적인 경험 세계의 가능성을 원리로부터 도출해야만 한다는 것을 전제하고자 한다. 그렇다고 이 개념을 분석적인 것으로 취급한다거나 아니면 그것을 정당한 것으로 미리 전제하고 그것으로부터 결론들을 이끌어내지는 않을 것이며, 오히려 무엇보다도 그 개념에 실재성이 속하는지, 그리고 그 개념이 실행될 수 있는 어떤 것을 표현하는지를 우선 탐구할 것이다.

자연철학이 해결해야 하는 문제에 관하여   **336**

　자연의 탐구와 자연의 풍요로움의 단순한 향유에 빠져 있는 사람
은 자연과 자연에 관한 경험이 과연 가능한 것인가를 결코 묻지 않
는다. 그에게는 자연이 그를 위해 그곳에 존재한다는 것만으로도 충
분하다. 그는 행동(Tat) 자체에 의해 자연을 현실적인 것으로 만든다.
반대로 무엇이 가능한가 하는 물음은 오직 현실성을 자신의 손 안에
유지할 수 있다고 믿지 않는 사람만이 던질 수 있다. 오랜 시간을 자
연을 탐구하는 데에 흘려 보냈으며, 여전히 사람들은 그 탐구에 지
칠 줄 모른다. 사람들은 자연의 탐구에 종사하면서 자신들의 생을
보내며, 은폐된 여신인 자연에 기도하기를 멈추지 않는다. 자연 탐구
의 위대한 정신들은 그들의 발견물의 원리에 대해서는 별로 신경 쓰
지 않은 채 그들 자신의 세계 속에서 살아왔다. 하나의 세계를 그의
머릿속에 지니고 전체 자연을 그의 상상력 속에 지니는 인간의 삶에
비하면, 예민하게 회의하는 자의 영광이란 도대체 무엇이겠는가?
　우리 외부의 세계는 어떻게 가능한가, 자연과 자연에 관한 경험은
어떻게 가능한가? 이러한 물음을 우리는 철학 덕분에 갖게 된다. 아
니 오히려 바로 이 물음과 더불어 철학은 시작된다. 이런 물음을 던
지기 이전에는 인간은 (철학적인) 자연 상태에 살고 있었다. 그때 인
간은 여전히 자기 자신과 자신을 둘러싼 세계와 합일되어 있었다.
이런 시기는 희미한 기억 속에서 혼동스런 사유자들에게 아직도 부
유하고 있다. 만일 몇몇 가슴 아픈 사건들이 그들을 그 상태로부터
끌어내지 않았더라면, 많은 사람들은 결코 그 자연 상태를 벗어나지
못했을 것이며, 자기 자신 안에서 행복해했을 것이다. 왜냐하면 자연

24

이 자발적으로 누군가를 그의 미성숙 상태로부터 끌어내지는 않으며, [천성적으로] 타고난 자유의 자식이란 존재하지 않기 때문이다.[2]

그러므로 만일 자유를 본질로 삼는 인간 정신은 자기 자신을 자유롭게 만들고자 추구한다는 것, 그리고 자기 자신에 대한 무지 속에서 이성의 유아기를 보내 왔던 그 상태[자연 상태]로 이제는 그 자신의 공적에 의해 승리자로서 되돌아가기 위해서는 스스로 자연의 속박과 배려로부터 벗어나 불확실한 운명인 자기 자신의 힘에 자신을 맡겨야만 한다는 것을 우리가 알지 못한다면, 우리는 어떻게 인간이 그런 자연 상태를 떠날 수 있었던 것인지를 이해할 수 없을 것이다.

337

인간이 자기 자신을 외부 세계와 대립된 것으로 정립하자마자(그가 어떻게 이렇게 했는지에 대해서는 뒤에서 언급할 것이다), 철학으로의 첫걸음이 내디뎌졌다. 이 분리와 더불어 비로소 반성은 시작된다.[3] 이때부터 인간은 자연이 항상 통합하는 것을 분리한다. 즉 대상을 직관으로부터, 개념을 표상으로부터, 그리고 결국은(그가 자기 자신의 객체가 됨으로써) 자기 자신을 자기 자신으로부터 분리한다.

그러나 이 분리는 단지 수단일 뿐이지 목적은 아니다. 왜냐하면 인간의 본질은 행위(Handeln)이기 때문이다. 그리고 인간은 자기 자신에 대해 덜 반성하면 할수록, 더 활동적이게 된다. 인간의 가장 고상한 활동성은 자기 자신을 알지 못하는 활동성이다. 인간은 자기

---

2) 위대한 철학자들이 그리로 복귀한 최초의 인간들이다. 소크라테스는 (플라톤이 전하는 대로) 온 밤을 사변에 잠겨 서서 보낸 후, 아침 일찍 떠오르는 태양을 보며 기도했다(제1판의 첨가).
3) 이곳과 이후의 면에서도 계속 제1판에서는 "반성" 대신에 "사변"이라는 단어, "반성하다" 대신에 "사변하다"라는 단어가 사용되었다.

자신을 객체로 만들자마자, 더 이상 전체로서 행위하지 않는다. 그는 다른 것을 반성할 수 있기 위해서 그의 활동성의 일부분을 지양한다. 그러나 인간은 상상된 세계의 환상과 싸우는 데 자신의 정신력을 소모하기 위해 태어나는 것이 아니라, 오히려 그에게 영향을 끼치며 그로 하여금 그 힘을 감각하게 하는 세계 그리고 그가 다시 거기에 반작용할 수 있는 [그런 현실적] 세계에 그의 모든 힘을 사용하기 위해 태어나는 것이다. 그러므로 인간과 세계 사이에는 어떠한 간극도 고정되어 있지 않다. 오히려 그 둘 사이에는 접촉과 상호 작용이 가능해야만 한다. 왜냐하면 오직 그러한 접촉과 상호 작용을 통해서만 인간은 인간이 되기 때문이다. 근원적으로 인간 안에는 힘과 의식의 절대적 균형이 있다. 그리고 인간은 이 균형을 자유에 의해 다시 건설하기 위해 이 균형을 자유에 의해 지양할 수 있다. 그러나 [정신의] 건강은 오직 이 힘의 균형 안에만 존재한다.

그러므로 단순한 반성은 인간이 갖는 일종의 정신병이며, 게다가 그것이 한 인간 전체에 대해 지배력을 가질 경우에는 인간의 중심에 있는 보다 고차적인 현존인 인간의 정신적 삶을 그 뿌리로부터 말살시키는 정신병이 된다. 왜냐하면 인간의 고차적인 정신적 삶은 오직 동일성으로부터만 가능하기 때문이다. 단순한 반성은 삶에 있어서까지 인간 자신을 따라다니면서 고찰의 일반적 대상을 얻기 위해 삶에서의 모든 [개별적] 직관을 파괴하는 악이다. 그러나 분열시키는 반성의 작업은 현상적인 세계로 뻗어 나갈 뿐만 아니라 오히려 반성이 현상으로부터 그 정신적 원리를 분리시킴으로써, 반성은 지적인 세계를 가상물로 채워 놓는다. 그런데 이 가상물에 대항해서는 그것이 어차피 모든 이성 너머에 있으므로 어떠한 논쟁도 가능하지 않다. 반성은 세계를 직관도 상상력도 오성도 이성도 도달할 수 없는 물자

338

체로 간주함으로써, 인간과 세계 사이의 그러한 분리를 영구적인 것
으로 만든다.[4]

이에 반해 진정한 철학은 반성을 단순한 수단으로만 간주한다. 물
론 철학은 그러한 근원적 분리를 전제해야만 한다. 왜냐하면 그런
분리가 없다면 우리는 철학하고자 하는 어떠한 욕구도 갖게 되지 않
았을 것이기 때문이다.

그러므로 진정한 철학은 반성에 대해 오직 소극적 가치만을 부여
한다. 철학은 근원적 분리에서 출발하지만, 이것은 오직 인간 정신
안에 본래 필연적으로 통합되어 있었던 것을 [반성적으로 분리한
후] 자유에 의해 다시 통합시키기 위해서, 즉 그 분리를 영원히 지양
하기 위해서일 뿐이다. 그리고 철학은 그 자체가 오직 분리에 의해
필연적으로 만들어진 것으로서 그 자체 단지 필연적 악이며 혼동된
이성의 한 분야일 뿐이므로, 이런 관점에서 보면 철학은 결국 그 자
신의 무화(無化)에 이르도록 작업해 간다. 반성 철학을 그 마지막 이
339 원성을 통해 지양하기 위해서 그 반성 철학을 끝없는 이원화에 이르

---

4) 이 마지막 구절은 제1판에서는 다음과 같이 나타난다 : 그러므로 단
순한 사변은 인간이 갖는 일종의 정신병이며, 그것도 인간 실존의 핵
심을 말살시키고 인간 현존의 뿌리를 근절시키는 가장 위험한 정신병
이다. 그것은 고통의 정신으로서, 일단 한번 세력을 얻고 나면, 더 이상
자연의 유혹에 의해서도(사멸한 영혼에 대해 자연이 무엇을 행할 수
있겠는가?) 삶의 소란함에 의해서도 결코 제거될 수 없는 것이다.
  사변을 수단이 아닌 목적으로 삼는 철학을 비판하기 위해서는 어떠한
무기라도 정당하다. 왜냐하면 그런 철학은 가상물을 가지고 인간 이성
을 괴롭히는데, 그런 가상물에 대해서는 그것이 이미 모든 이성 너머
에 있기에 논쟁 자체가 가능하지 않기 때문이다. 그런 철학은 세계를
직관도 상상력도 오성도 이성도 도달할 수 없는 물자체로 간주함으로
써 인간과 세계 사이의 분리를 영구적인 것으로 만든다(제1판).

도록 좇아가는 것에 그의 전 생애 또는 그 일부를 바친 철학자가 만
일 반성의 파열 이후 스스로 소생하는 절대적 형태의 철학을 바라보
는 즐거움을 누리지 못하게 된다면, 비록 소극적 공적만 갖게 되는
것이겠지만, 그래도 그는 다른 최고의 것들과 동일하게 간주될 만한
그 공적에 의해 최고의 가치 있는 지위를 획득할 만하다.[5]—복잡한
문제에 대해서는 가장 단순한 표현이 항상 최선이다. 자기 자신을
외부 사물로부터 구분할 수 있다는 것 그리고 그렇게 함으로써 표상
을 대상으로부터 구분할 수 있고 또 반대로 대상을 표상으로부터 구
분할 수 있다는 것을 처음으로 주목한 사람이 바로 최초의 철학자이
다. 그가 최초로 사유의 [자연적] 기제를 중단하고, 주체와 객체를
내적으로 통합한 의식의 균형을 지양하였다.

　내가 대상을 표상할 때, 대상과 표상은 하나이며 동일한 것이다.
일반적 오성[상식]이 갖는 외적 사물의 실재성에 대한 확신은 바로
표상 자체에 있어 대상과 표상을 구분하는 것이 가능하지 않다는 것
에 근거하고 있다. 외적 사물의 실재성은 오직 표상에 의해서만 오
성에 알려진다.

---

5) 사변 철학의 마지막 기초를 근거 없는 심연 안에 매장하기 위해 바로
　그 사변 철학을 근거 없는 심연에 이르도록 좇아가는 것에 그의 전 생
　애 또는 그 일부를 바친 철학자는 인류에게 하나의 제물을 바친 셈이
　다. 그는 그가 가지고 있는 것 중에서 가장 고상한 것을 바쳤기 때문에
　아마도 그것은 대부분의 다른 것들과 마찬가지로 존중되어도 좋다. 만
　일 그가 특수한 학문으로서의 철학에의 궁극적 욕구를 그리고 그것과
　더불어 그 자신의 이름을 영원히 인간의 기억으로부터 사라지게 할 수
　있을 만큼 철학을 완성시켰다면, 그는 그것으로써 충분히 행복할 것이
　다(제1판).

② 그런데 철학자는 "어떻게 외적 사물의 표상이 우리 안에 발생하게 되는가?"라는 물음을 던짐으로써 대상과 표상의 이러한 동일성을 지양한다. 이 물음을 통해 우리는 사물을 우리 외부에 위치시키며, 그것을 우리의 표상으로부터 독립적인 것으로서 전제한다. 그러면서 동시에 우리는 사물과 우리의 표상 사이에 어떤 연관성이 존재한다고 생각한다. 그런데 우리는 서로 다른 사물 사이에 있어서는 원인과 결과의 연관성 이외에 다른 어떠한 실제적 연관성도 알지 못한다. 그러므로 철학의 첫번째 시도는 대상과 표상을 원인과 결과의 관계로서 정립하는 것이었다.

340 그러나 우리는 명시적으로 사물을 우리와는 독립적인 것으로서 정립하였다. 그에 반해 우리는 우리 자신을 사물에 의존하는 것으로서 느낀다. 왜냐하면 우리가 표상과 사물 사이의 일치를 전제해야만 하는 한, 우리의 표상은 그 자체 단지 실질적(reell)일 뿐이기 때문이다. 따라서 우리는 사물을 우리의 표상의 결과로 만들 수는 없다. 그러므로 우리는 표상을 사물에 의존하는 것으로 이해하고, 사물을 원인으로 그리고 표상을 결과로 간주하는 수밖에 없다.

그러나 이런 시도로는 우리가 본래 원했던 것을 결코 이루지 못하리라는 것을 우리는 첫눈에 알아볼 수 있다. 우리가 설명하고자 했던 것은 대상과 표상이 우리 안에서 뗄 수 없게 통합되어 있는 것이 어떻게 가능한가이다. 왜냐하면 외부 사물에 관한 우리 지식의 실재성은 오직 이런 통합 안에만 놓여 있기 때문이다. 그리고 철학자는 바로 이 실재성을 설명해야만 한다. 그러나 만일 사물이 표상의 원인이라면, 사물은 표상에 선행하는 것이 된다. 그리고 그렇게 됨으로써 그 둘 사이의 분리는 영구적인 것으로 될 것이다. 그러나 우리가 원했던 것은 객체와 표상을 자유에 의해 분리시키고 난 후 다시 그

둘을 자유에 의해 통합하는 것이었다. 우리는 그 둘 사이에 근원적
으로 어떠한 분리도 존재하지 않는다는 것과 또 그것이 왜 그런가를
알고자 했던 것이다.

나아가 우리는 사물을 오직 우리의 표상을 통해서 그리고 우리의
표상 안에서만 알 수 있다. 그러므로 사물이 우리의 표상에 선행하
는 한, 따라서 표상되지 않는 한, 그 사물이 무엇인지에 대해 우리는
아무런 개념도 가질 수가 없다.

나아가 "내가 표상한다는 것은 어떻게 가능한가?"라는 물음을 던
짐으로써 나는 나 자신을 표상 너머로 고양시킨다. 이 물음 자체를
통해 나는 모든 표상에 있어 자기 자신을 근원적으로 자유롭다고 느
끼는 존재, 표상 및 그 표상들의 전체 연관성을 자기 자신 아래로 내
려다보는 그런 존재가 된다. 이 물음 자체를 통해 나는 외부 사물과
독립적으로 자기 자신 안에 존재(Sein)를 갖는 그런 존재가 된다.

그러므로 이 물음 자체와 더불어 비로소 나는 나의 표상의 계열로
부터 벗어나 사물과의 연관성을 끊으면서 더 이상 어떠한 외적 힘도
내게 미치지 못하는 그런 지점에 돌입하게 된다. 그리고 이제 비로
소 두 가지 적대적 존재인 정신과 물질이 서로 분리된다. 나는 그 둘
을 그 사이에 어떠한 연관성도 더 이상 가능하지 않은 서로 다른 세
계 안에 설정한다. 내가 나의 표상의 계열로부터 벗어남으로써, 원인
과 결과 자체도 내가 내 아래로 내려다보게 되는 개념이 된다. 왜냐
하면 원인과 결과 관계는 오직 내가 [나와의] 연관성을 끊은 나의
표상들의 필연적 연속 안에서만 발생하기 때문이다. 그러므로 내가
어떻게 나 자신을 다시 그런 개념들 아래 종속시키고, 내 외부의 사
물이 나에게 작용하는 것이라고 간주할 수 있겠는가?[6]

341

3 아니면 이제 그 반대되는 시도로서 외부 사물로 하여금 우리에게 작용하게 하고, 그럼에도 어떻게 "우리 안의 표상은 어떻게 가능한가?" 하는 물음에 우리가 이르게 되는지를 설명하도록 해 보자.

그러나 그 경우에도 나는 어떻게 사물이 나(자유로운 존재)에게 작용할 수 있는지는 전혀 이해할 수 없으며, 단지 어떻게 사물이 사물에 작용할 수 있는지만을 이해할 수 있을 뿐이다. 그런데 나는 자유로운 존재인 한(그리고 나는 나 자신을 사물의 연관성 너머로 고양시키면서 어떻게 그런 연관성 자체가 가능한 것인지를 물음으로써, 실제로 자유롭다), 결코 사물이 아니며 객체가 아니다. 나는 완전히 나 자신의 세계 안에 살고 있으며, 그것도 다른 존재를 위한 존재가 아니라 오히려 자기 자신을 위해 존재하는 그런 존재이다. 내 안에는 오직 행동과 행위만이 있을 수 있으며, 나로부터는 오직 작용만이 나올 수 있고, 내 안에 수동성은 있을 수가 없다. 왜냐하면 수동성은 오직 작용과 반작용이 있는 곳에만 있을 수 있는데, 이것은 오직 사물의 연관성 안에만 있을 뿐이며, 나는 나 자신을 이미 그런 연관성 너머로 고양시켰기 때문이다. 내가 원인과 결과의 계열 안에 포함되어 있는 사물이라고 해 보자. 내가 나의 표상의 전체 체계와 더불어 그 자체 다양한 작용들, 외부로부터 나에게 발생하는 작용들의 단순한 결과라고 해 보자. 간단히 말해 나 자신이 기계의 단순한

---

6) 바로 이 점에 관해 일부 명석한 사람들은 이미 처음부터 칸트 철학을 비판하였다. 칸트 철학은 원인과 결과의 개념을 오직 우리의 심성, 우리의 표상 안에서만 발생하는 것으로서 이해했으면서도, 표상을 다시 그 자체 인과성의 법칙에 따라 외부 사물에 의해 내게 작용한 것으로서 간주하고 있다. 당시 사람들은 이 점에 주의하려 하지 않았지만, 그러나 이제 우리는 이것을 주목해야만 한다.

결과물이라고 해 보자. 그러나 기계에 속하는 것이 그 기계로부터 벗어나 "어떻게 이 전체가 가능해졌는가?"라는 물음을 던질 수는 없다. [기계에 있어서는] 현상 계열 내의 절대적 필연성이 그 기계에다 그의 위치를 지정해 줄 것이며, 만일 그 기계가 그 위치를 떠난다면, 그것은 더 이상 그런 [기계적] 존재가 아닐 것이다. 그러므로 우리는 아직 어떻게 하나의 외적 원인이 그 자체로서 전체이며 완성된 존재인 자립적 존재[나]에게 작용할 수 있는지를 이해할 수가 없다.

342

그러나 우리가 철학을 할 수 있기 위해서는 그 물음 [우리 안의 표상이 어떻게 가능한가 하는 물음] 자체를 던질 능력이 있어야만 한다. 왜냐하면 일체의 철학은 바로 그 물음과 함께 시작되기 때문이다. 그 물음은 누군가 자기 자신의 개입[자기 자신의 철학적 사유] 없이 단지 다른 사람을 따라 말할 수 있는 그런 물음이 아니다. 그 물음은 자유롭게 산출되고 자체적으로 부과된 문제이다. 내가 이 물음을 던질 능력이 있다는 사실이 곧 내가 그런 능력을 가진 자로서 외부 사물로부터 독립적이라는 것을 충분히 증명해 준다. 그렇지 않을 경우 내가 어찌 "어떻게 이 사물들이 그 자체 나를 위해, 나의 표상 안에서 가능한가"라고 물을 수 있겠는가? 그러므로 이 물음을 던질 수 있는 자는 그렇게 함으로써 이미 그의 표상을 외부 사물의 작용에 의해 설명하기를 단념한 것이라고 생각해야만 한다. 그런데 문제는 스스로 이 물음을 제기할 능력이 전혀 없는 사람들 사이에서 이 물음이 논의되었다는 것이다. 이 물음이 그들의 입에 오르내림으로써, 이 물음은 전혀 다른 의미를 띠게 되거나 아니면 아예 모든 뜻과 의미를 상실하게 되고 말았다. 그들은 원인과 결과의 법칙이 그들을 명령하고 지배하지 않으면 결코 자기 자신을 발견하지 못하는 그런 사람들이다. 내가 이 물음을 제기할 때는 나는 이미 나 자신을 그런 인과 법칙 너머로 고양한 것이다. 그들은 그들의 사유와 표상의 [인과 법칙적] 기제에 사로잡혀 있는 데 반해, 나는 그 기제를 부순 것이다. 그러니 그들이 어떻게 나를 이해할 수 있겠는가?

자기 자신을 오직 사물이나 환경이 만들어 놓은 것 이외에 다른 것이 아니라고 생각하는 사람, 그 자신의 표상에 대한 아무런 지배 없이 원인과 결과의 흐름에 사로잡혀 휩쓸려 가는 사람, 그가 어떻게 그가 어디에서 와서 어디로 가며 어떻게 해서 현재와 같은 상태에 있게 되었는지를 알고자 할 수 있겠는가? 흐름 안에 내몰리는 물결이 그런 것을 알겠는가? 그는 사실 그 자신이 외부 사물들의 연합 작용의 결과라고 말할 권리조차 갖고 있지 않다. 왜냐하면 이것을 말하기 위해서라도 그는 그가 자기 자신을 안다는 것, 따라서 그가 자기 자신에 대한 존재[대자적 존재]라는 것을 전제해야만 하기 때문이다. 그러나 그는 그렇지 않다. 그는 자기 자신에 대해서가 아니라 오직 다른 이성적 존재에 대해서만 존재하는 것이며, 세계 안의 단순한 객체일 뿐이다. 그리고 그가 다른 것들에 관해 결코 듣지도 않고 다른 것들을 스스로 상상하지도 않는다는 것이 그나 학문을 위해서나 유익한 것이다.

343 ④ 예전부터 보통 사람들은 어린아이나 미성숙자들조차도 이해할 수 있는 것들을 가지고 위대한 철학자들을 반박해 왔다. 우리는 그렇게 위대한 사람들에게는 그렇게 평범한 것들이 알려지지 않았고, 반면 소위 소인배들은 그런 것들을 알고 있었다는 것을 듣거나 읽고는 놀라게 된다. 그러나 어느 누구도 그 위대한 철학자들 역시 그런 것들을 모두 알고 있었을 것이라고는 생각하지 않는다. 그러나 그들이 그런 것들을 알았던 것이 아니라면, 그들이 어떻게 그렇게 [상식적인] 명증성의 흐름에 대항하여 저항할 수 있었

겠는가? 많은 사람들은 플라톤이 만일 로크를 읽을 수만 있었더라면 부끄러워했을 것이라고 확신하며, 라이프니츠조차도 만일 그가 죽은 자들 가운데서 다시 살아나서 한 시간이라도 학교에 가게 된다면 생각을 바꿀 것이라고 믿는다. 그리고 또 얼마나 많은 미성숙한 자들이 스피노자의 무덤 위에서 승리의 노래를 불러대는가?

그러나 한 시대의 평범한 표상 방식을 벗어나서 대다수의 사람들이 예전부터 믿어 오고 상상해 오던 모든 것에 대립되는 체계를 고안해 내도록 그 사람들을 몰고 갔던 것, 그것은 도대체 무엇인가? 그것은 바로 그들을 특정한 한 영역으로 고양시키는 자유로운 비약이었다. 그 영역 안에 들어서면 당신은 더 이상 그들의 과제를 이해할 수가 없게 되며, 또 반면 당신에게는 가장 단순하고 명백한 것처럼 보이는 많은 것들이 그들에게는 이해될 수 없는 것이 되고 만다.[7]

그들에게는 당신에게 있어 자연과 [인과] 기제가 언제나 결합시켜 놓은 사물들을 그런 방식으로 결합시키고 접촉시키는 것이 불가능하였다. 그들은 세계가 그들 외부에 있다는 것 또는 정신이 그들 안에 있다는 것을 부정할 수는 없었지만, 그럴 경우 그들에게는 그 둘 [물질과 정신] 사이에 어떠한 연관성도 가능하지 않을 것처럼 여겨졌으며, 바로 그것이 문제가 되었다. 그런데 당신이 그런 문제를 생각할 때는 당신에게는 세계를 개념의 유희로 변형시키거나 아니면 당신 안의 정신을 사물들의 죽은 거울로 변경시키는 것[8]이 그렇게 심각

7) 그것은 그들이 스스로 행한 자유로운 비약이었으며, 당신의 상상력의 무거운 날개로는 결코 도달할 수 없는 지점까지 그들을 고양시킨 자유로운 비약이었다. 그들이 그런 방식으로 자신들을 자연 경과 너머로 고양시킨 이후 그들에게는 당신에게 그렇게 당연하게 보이는 많은 것들이 이해할 수 없는 것이 되었다(제1판).
8) 물질로 변형시키는 것(제1판).

한 문제가 되지 않는다.

이미 오랫동안 인간 정신은(젊고 힘 있게 그리고 신들에 의해 신선하게) 신화와 시의 형식으로 이 세계의 근원에 관해 생각해 왔으며, 또 모든 민족들의 종교는 정신과 물질의 투쟁에 근거하고 있다. **344** 이는 아직 한 행운의 천재—최초의 철학자—가 나타나서 그 이후의 모든 시기에 걸쳐 우리 지식의 두 극단으로서 파악하고 고수하게 될 그런 개념들을 발견하기 이전이었다. 고대의 가장 위대한 사상가들도 그러한 [정신과 물질의] 대립을 감히 벗어나지 못했다. 플라톤(Platon)도 여전히 물질을 신과는 다른 어떤 것으로서[9] 신에 대립시킨다. 정신과 물질이 하나라는 것을 충분히 의식하고, 사유와 연장을 동일한 원리의 단순한 양태의 차이로 간주한 최초의 철학자가 바로 스피노자(Spinoza)이다. 그의 체계는 무한자 자체의 이념 안에서 직접적으로 유한자를 파악하고 또 그 유한자를 오직 무한자 안에서만 인식하는 창조적 구상력의 최초의 대담한 시도였다.[10]

그 후 라이프니츠(Leibniz)가 나타나서 그와 상반되는 길을 갔는데, 이제 우리가 다시 그의 철학을 부활시킬 수 있는 시기가 되었다. 라이프니츠의 정신은 학계의 속박을 무시하였다. 그의 정신이 우리 중에 오직 그와 유사한 소수의 정신 안에서만 살아 남고 그 외의 다른 사람들에게는 이미 오래 전에 낯설게 되어 버렸다는 것은 결코 놀라운 일이 아니다. 그는 학문까지도 자유로운 작품으로 다룰 수 있는 소수의 사람들 중에 하나이다.[11]

---

9) 하나의 자립적 존재로서(제1판).

10) 이념 안의 무한자로부터 직관 안의 유한자로 이행해 가는 창조적 구상력의 최초의 대담한 시도(제1판).

11) 모든 것을 그리고 진리까지도 자신 아래 내려다볼 수 있는 소수의

그는 아주 다양한 형식으로 자기 자신을 드러내며 또 그것이 나아
가는 곳마다 생명을 확장시키는 보편적인 세계 정신을 자신 안에 가
지고 있었다. 그러므로 이제야 비로소 우리는 그의 철학에 대한 정
당한 단어를 발견하고자 하며, 또 칸트 학계가 그에게 그들 학계의
허구를 강요하며 그로 하여금 본래 그가 가르친 것과는 완전히 상반
되는 것을 사물에 대해 말하게 한다는 것은 이중적으로 견딜 수 없
는 것이다. 라이프니츠는 어떠한 정신에 의해서도 인식되지도 직관
되지도 않지만 그럼에도 우리에게 작용하며 우리 안에 모든 표상을
만들어 내는 그런 물자체의 세계에 관한 사변적 허구로부터 최대한
으로 거리가 멀다. 그가 출발한 최초의 사유는 다음과 같은 것이다.
"만일 신(무한자)과 영혼(그 무한자의 직관)만이 현존하는 것이 아
니었다면, 영혼 안에 외부 사물의 표상들은 영혼 자체의 법칙의 힘
에 의해 마치 한 특수한 세계 안에서 생기는 것처럼 영혼 안에 생겨
났을 것이다." 그는 그의 후기 저서들 안에서도 역시 외적인 원인이 **345**
정신의 내면에 작용하는 것은 절대적으로 불가능하다고 주장하며,
따라서 모든 변화, 즉 정신 안에서의 지각과 표상의 모든 교체는 오
직 그 [정신의] 내적 원리에 의해서만 발생할 수 있다고 주장한다.
라이프니츠가 이것을 말했을 때는, 그는 이것을 오직 철학자들을 향
해서만 말한 것이다. 오늘날은 다른 모든 것에 대해서는 감각을 갖
고 있으나 오직 철학에 대해서만은 아무런 감각도 갖지 않은 많은
사람들이 억지로 철학을 하고 있다. 그러므로 우리 안의 어떠한 표
상도 외적 작용에 의해 발생한 것일 수가 없다는 것이 우리 사이에
서 이야기되면, 그 놀라움은 끝이 없게 된다. 그리하여 이제는 모나

사람들(제1판).

드가 사물이 들어가고 나올 수 있는 창을 가지고 있다고 믿는 것이
철학에 있어 타당한 것으로 되었다.[12]

5 물론 표상을 야기시키는 것으로서의 물자체에 대한 절대
적 신봉자를 온갖 종류의 물음을 통해 구석으로 몰고 가
는 것도 가능할 것이다. 우리는 그에게 다음과 같이 말할 수 있다.
나는 어떻게 물질이 물질에 작용하는지는 이해한다. 그러나 어떻게
하나의 물자체가 다른 물자체에 작용하는지는 이해할 수 없다. 왜냐
하면 지적(知的)인 것의 영역에서는 원인도 결과도 있을 수가 없기
때문이다. 그리고 또 어떻게 하나의 세계의 법칙이 그것과 완전히
다른, 아니 그것과 대립되는 세계에 영향을 미칠 수 있는지를 이해
할 수가 없다.[13] 그리고 만일 내가 외적 인상에 의존적인 존재라면,
당신은 나 자신도 물질, 예를 들어 세계의 광선이 되비치는 광학 유
리(눈) 이외에 다른 것이 아니라고 주장해야만 할 것이다. 그러나 눈
은 자기 자신을 보지 못한다. 눈은 단지 이성적 존재의 손 안에 있는
도구일 뿐이다. 그에 반해 인상이 나에게 발생한다는 것을 판단하는
내 안의 그 판단자는 과연 무엇인가? 그것은 판단하는 자로서 수동
적이지 않고 오히려 활동적인 나 자신이며, 따라서 자신을 인상으로
부터 자유롭다고 느끼면서 그 인상을 자각하고 이해하며 그것을 의
식으로 고양시키는 내 안의 어떤 것이다.

나아가 직관하는 동안에는 외적 직관의 실재성에 대한 어떠한 의
심도 발생하지 않는다. 그런데 거기에 오성이 출현하면 분할하기 시
작하여 무한히 분할해 나간다. 만일 물질이 실제로 당신 외부에 있

---

12) 라이프니츠의 《철학의 원리》, 제7장.
13) "그러나 어떻게 하나의 물자체가 … 이해할 수가 없다" 이 부분은
제1판에는 빠져 있다.

는 것이라면, 그것은 무한한 부분으로 구성되어 있어야만 할 것이다. 그리고 그것이 무한히 많은 부분으로 구성되어 있다면, 그것은 그런 무한한 부분들로 이루어진 복합적인 것이어야만 할 것이다. 그런데 그러한 복합에 대해 우리의 상상력은 단지 유한한 척도만을 가졌을 **346** 뿐이다. 따라서 무한한 복합이 유한한 시간 안에서 발생해야만 할 것이다. 또는 복합은 [무한히 소급되는 것이 아니라] 어디에선가 시작해야만 할 것이다. 즉 물질의 [더 이상 분할될 수 없는] 궁극적 부분이 존재하고, 따라서 나는 (분할에 있어서) 그런 궁극적 부분에 도달해야만 할 것이다. 그러나 실제로 나는 [분할에 있어서] 언제나 오직 동일한 종류의 물체만을 발견할 뿐이며, 그 표면 너머 그 이상으로 나아가지 못하므로, [더 이상 분할될 수 없는 궁극적 부분으로서의] 실제적인 것은 나로부터 달아나거나 아니면 슬며시 사라진 것처럼 보인다. 이렇게 하여 모든 경험의 최초의 기반으로서의 물질은 우리가 아는 것 중 가장 비본질적인 것으로 되고 만다.

아니면 이런 모순[물질은 무한히 분할 가능한 부분으로도 또는 더 이상 분할될 수 없는 궁극적 부분으로도 설명될 수 없다는 모순]은 단지 우리가 우리 자신에게 설명하려고 할 경우에만 발생하는 것인가? 예를 들어 직관은 모든 이성적 존재들에게 실재성의 환상을 일으키는 단지 꿈일 뿐인가? 그리고 오성은 오직 그런 이성적 존재들을 때때로 일깨우기 위해서—그들의 실존이 잠과 깸으로 이루어질 수 있도록(그들은 분명히 중간적 존재이다), 그들이 어떤 존재인지를 기억시키기 위해서—그들에게 주어지는 것인가? 그러나 그러한 근원적 꿈을 나는 이해할 수가 없다. 더구나 모든 꿈은 현실의 그림자, "이전에 존재했던 세계로부터의 기억"이다. 만일 우리가 어떤 하나의 상위 존재가 우리에게 그런 현실성의 영상들을 만드는 것이라

고 가정하려 한다면, 여기에서는 다시 그런 관계 개념의 실제적 가
능성을 되물어야만 한다. 그런데 (나는 이 영역에 있어서는 원인과
결과로부터 귀결되는 어떤 것도 알지 못하므로, 그리고) 그 상위 존
재는 나에게 전달할 것을 그 자신으로부터 생산해야 하므로, 만일
필연적으로 그렇듯이 그 존재가 나에게 어떠한 이행적 작용도 가질
수 없다고 전제한다면, 이 경우 나는 그 영상을 단지 그의 절대적 생
산성의 제한 또는 양태로서만 얻을 수 있으며, 따라서 비록 그런 한
계 내에서일지라도 여전히 생산에 의해서만 얻을 수 있다는 것 이외
에 다른 가능성이 없게 된다.[14]

　　물질은 어떤 분할에 의해서도 무화(無化)될 수 없는 근원적인 힘
(Kraft)을 가졌으므로 본질이 없는 것이 아니라고 당신들은 말한다.
347　"물질은 힘을 가진다." 나는 이 표현이 아주 일상적이라는 것을 알고
있다. 그러나 그것은 어떻게 그러한가? "물질은 …을 가진다." 따라
서 여기에서 물질은 힘으로부터 독립적이며 그 자체로서 존립하는
어떤 것으로서 전제되어 있다. 그렇다면 물질에 있어 힘이란 단지
우연적일 뿐인가? 물질은 당신들 외부에 현존하는 것이므로, 물질은
그 힘 역시 어떤 외적 원인 덕분에 가지는 것이어야 한다. 힘은 뉴턴
주의자들이 말하듯이 예를 들어 한 상위 존재의 손에 의해 물질에
심겨진 것인가? 그러나 그 힘이 심겨지도록 하는 그 작용에 대해서
당신들은 어떠한 개념도 갖고 있지 않다. 당신은 오직 물질 즉 그 자

---

14) 하나의 상위 존재가 그런 영상을 가지고 우리를 희롱하는 것이라고
　　가정할 경우에도, 나는 역시 내가 이전에 그런 현실성 자체를 알았던
　　것이 아니라면, 그가 어떻게 내 안에 그런 현실성의 상을 일으킬 수 있
　　는 것인지를 이해할 수가 없을 것이다.─이런 체계는 전체적으로 누군
　　가 그것을 진지하게 주장할 수 있기에는 너무도 모험적이다(제1판).

체 힘이 어떻게 [다른] 힘에 대해 작용하는가만을 알 수 있을 뿐이
다. 그렇지만 어떻게 힘이 근원적으로 힘이 아닌 것에 작용할 수 있
는 것인가에 대해서 우리는 전혀 이해하지 못한다. 우리는 그런 것
을 말할 수는 있으며, 그런 것을 입에서 입으로 이야기할 수는 있다.
그러나 그것은 어떤 인간의 머릿속에서도 실제로 파악되지는 않는
다. 왜냐하면 어떠한 인간의 머리도 그런 것을 생각할 수 있는 능력
을 갖고 있지 않기 때문이다. 그러므로 당신들은 힘을 갖고 있지 않
은 물질을 결코 생각할 수가 없다.

　나아가 그 힘은 인력(引力)과 척력(斥力)의 힘이다. — "인력과 척
력" — 이것이 빈 공간 안에 발생한다면, 그것은 이미 그 자체 충족된
공간, 즉 물질을 전제하는 것이 아닌가? 그러므로 당신은 물질 없는
힘도 힘 없는 물질도 상상할 수 없다는 것을 인정해야만 한다. 그러
나 물질은 당신이 그것 너머로 나아갈 수는 없는 인식의 마지막 기
체이다. 그리고 당신은 그 힘을 물질로부터 설명할 수가 없기 때문
에, 당신은 당신의 체계에 따라 그렇게 해야 함에도 불구하고 그것
[힘]을 어디에서도 경험적으로, 즉 당신 외부의 어떤 것으로부터도
설명할 수가 없다.

　그럼에도 철학은 어떻게 우리 외부의 물질이 가능한가, 즉 어떻게
우리 외부의 힘들이 가능한가를 물어 왔다. 우리는 다른 모든 것에
대해서는 철학함을 포기할 수도 있다(예를 들어 신에 대해 이해하지
못하는 자는 신에 대해 그럴 수 있다). 그러나 당신이 철학을 하고자
한다면, 당신은 결코 앞의 물음만은 피할 수 없을 것이다. 그럼에도
당신은 결코 당신과 독립적으로 존재하는 힘이 과연 무엇인가를 이
해시킬 수가 없을 것이다. 왜냐하면 힘이란 오로지 당신의 느낌에만
알려지는 것이기 때문이다. 그런데 느낌은 당신에게 어떠한 객관적

개념도 부여하지 않는다. 그럼에도 당신은 그 힘[의 개념]을 객관적
으로 사용한다. 왜냐하면 당신은 세계 물체의 운동을ー보편적 중력
348 을ー인력으로부터 설명하고, 그런 설명이 그 현상의 절대적 원리를
담고 있다고 주장하기 때문이다. 그러나 당신의 체계에 있어 인력은
더도 덜도 아닌 오로지 물리적 원인에 대해서만 타당할 뿐이다. 왜
냐하면 [당신의 체계에 따르면] 물질은 당신과 독립적으로 당신 외
부에 있는 것이므로, 어떤 힘이 그 물질에 부가되는가는 오직 경험
을 통해서만 알 수 있을 뿐이기 때문이다. 그러나 물리적 설명 근거
로서의 인력은 하나의 불명료한 성질 그 이상도 그 이하도 아니다.
그러므로 우리는 과연 경험적 원리가 세계 체계의 가능성을 설명하
기 위해 충분한지 그렇지 않은지를 먼저 물어 보아야 한다. 그런데
그 물음은 그 자체 부정적으로 대답할 수밖에 없다. 왜냐하면 경험
으로부터 [가능한] 최후의 지식은 곧 우주가 존재한다는 것인데, 이
명제는 바로 경험 자체의 한계이기 때문이다. 아니 오히려 우주가
존재한다는 것은 그 자체 단지 하나의 이념일 뿐이다. 그러므로 세
계 힘들의 일반적 균형은 더 이상 당신이 경험으로부터 이끌어낼 수
없는 것이 된다. 왜냐하면 당신은 그 이념을 그것이 이념인 한, 개별
적 체계를 위해 경험으로부터 취할 수는 없기 때문이다. 오히려 그
것[경험]은 오직 유비적 추론에 의해서만 전체로 나아간다. 그리고
그러한 추론은 단지 개연성만을 부여한다. 그에 반해 일반적 균형의
이념과 같은 그런 이념들은 그 자체 참이어야 하며 따라서 그 자체
경험에 의존하지 않고 절대적인 어떤 것의 산물이거나 아니면 절대
적인 어떤 것 안에 근거지어져 있어야만 한다.[15]

그러므로 당신들은 그 이념 자체는 단순한 자연과학의 영역보다
더 상위의 영역까지 포괄한다는 것을 인정해야만 한다. 결코 전적으

로 자연과학에만 의존하지는 않았기에 그 스스로 다시 끌어당김의
작용적 원인에 대해 물었던 뉴턴(Newton)은 그 자신이 자연의 한계
에 서 있으며 거기에서 두 개의 세계가 구분된다는 것을 아주 잘 알
고 있었다. 그 시대의 대사상가들 중 여러 방면에 있어 그와 같은 목
적 의식을 갖고 작업하지 않았던 자는 거의 없다. 라이프니츠가 예
정 조화에 근거하여 정신 세계의 체계를 건립한 데 반해, 뉴턴은 세
계 힘들의 균형 안에서 물질적 세계의 체계를 발견하였다. 그러나
우리 지식의 체계 안에 통일성이 존재하고, 그 체계의 궁극적 극단
[정신과 물질]을 통합하는 것이 가능하다면, 우리는 라이프니츠와
뉴턴이 서로 분리되는 바로 그 지점에 언젠가 더 포괄적인 사상가가
나와서 [그 둘을 통일시키는] 매개점을 발견하게 되리라는 것, 그리
하여 그 지점을 중심으로 해서 우리 지식의 전체―따라서 지금은
아직 그에 관한 우리의 지식이 분리되어 있는 그 두 세계―가 움직
이게 되고, 라이프니츠의 예정 조화와 뉴턴의 인력 체계가 하나이며
동일한 것으로서 아니면 하나이며 동일한 것의 단지 상이한 두 측면
으로서 나타나게 되기를 회구해야 할 것이다.[16)]

6 좀더 논의해 보도록 하자. 조야한 물질[질료], 즉 단순히
공간을 채우는 것만으로 생각된 한도에서의 물질은 단
지 그것으로부터 자연의 건축을 이끌어내는 확고한 근거이며 기반일
뿐이다. 그런 물질은 어떤 실제적인 것이어야 한다. 그러나 실제적인
것은 단지 감각될 수 있을 뿐이다. 그렇다면 내 안의 감각은 어떻게
가능한가? 당신들이 말하듯이, 외부로부터 나에게 작용한다는 것만

15) 그러나 보편적 균형의 이념과 같은 이념들은 오직 우리 안의 창조적
인 능력의 산물일 뿐이다(제1판).
16) "라이프니츠의… 나타나게 되기를"의 부분은 제1판에는 빠져 있다.

으로는 충분하지 않다. 왜냐하면 감각하는 무엇인가가 내 안에 있어야만 하는데, [내 안의 감각하는] 그 무엇과 당신이 나의 외부에 전제하는 것[물질] 사이에는 어떠한 접촉도 가능하지 않기 때문이다. 그렇지 않고 그 외부의 것이 나에게 마치 물질이 물질에 작용하듯이 작용하는 것이라면, 그 경우 나는 오직 그 외부의 것에(이를테면 척력에 의해) 반작용할 수 있을 뿐 결코 나 자신에게 반작용하지는 못할 것이다. 그러나 그럼에도 이러한 반작용은 발생한다. 왜냐하면 나는 감각하며, 이 감각을 의식으로 고양하기 때문이다.

당신은 물질에 대해 당신이 감각하는 것을 성질(Qualität)이라고 부르며, 또 그것이 오직 규정된 성질을 갖는 한에서만, 당신은 그것을 실제적이라고 부른다. 물질이 일반적으로 성질을 가진다는 것은 필연적이지만, 물질이 어떤 규정된 성질을 가진다는 것은 당신에게는 우연적인 것으로 여겨진다. 그리고 물질은 단 하나이며 동일한 성질만을 가질 수는 없다. 따라서 속성의 다양성이 존재해야만 하며, 당신들은 그 속성의 다양성을 모두 단순한 감각에 의해서만 알 수 있을 뿐이다. 그러나 그런 감각을 일으키는 것은 과연 무엇인가? 그것은 어떤 내적인 것, 물질의 내적인 속성인가? 그러나 그것은 단지 단어일 뿐이지 사태는 아니다. 물질의 내면이란 것이 과연 어디에 있는가? 당신이 물체를 아무리 무한히 분할한다고 해도 당신은 결코 그 물체의 표면 너머로 나아갈 수는 없다. 이것은 이미 오래 전부터 당신에게 분명한 것이었다. 그러므로 당신은 이미 오래 전부터 단지 **350** 감각될 뿐인 것은 단순히 당신의 감각 방식 안에 근거를 가지는 것으로서 설명해 왔다. 그러나 이것도 설명하는 바가 거의 없다. 왜냐하면 그 어떤 것도 그 자체로 달거나 신 것으로서 당신 외부에 존재하지는 않는다는 주장이 바로 그렇기 때문에 감각을 더욱 이해 가능

한 것으로 만드는 것은 아니기 때문이다. 왜냐하면 그럼에도 당신은
언제나 당신 외부에 실재하면서 당신 안에 그런 감각을 일으키는 어
떤 원인을 가정하고 있기 때문이다. 그러나 우리가 외부로부터의 작
용을 인정한다고 가정해도, 색이나 향기 등 당신 외부에 있는 감각
의 원인이 당신의 정신과 과연 어떤 연관성을 가질 수 있겠는가? 당
신은 어떻게 빛이 물체로부터 반사되어서 당신의 시각에 작용하는
지, 그리고 어떻게 망막 위의 거꾸로 된 상이 당신의 영혼에는 거꾸
로가 아닌 바르게 나타나게 되는지를 아주 분명하게 설명한다. 그러
나 망막 위의 상 자체를 다시 바라보며 그것이 어떻게 영혼 안에 나
타나는 것인지를 탐구하는 당신 안의 그것[정신]은 과연 무엇인가?
그것은 이 경우 외적 인상으로부터는 완전히 독립적이지만 그럼에도
그 인상에 대해 모르는 것이 없는 그런 어떤 것임이 분명하다. 인상
은 어떻게 그 인상으로부터 독립적이며 완전히 자유롭다고 느껴지는
당신 영혼의 바로 그 영역에까지 들어올 수 있는 것인가? 당신이 당
신의 신경, 당신의 두뇌 등의 촉발과 외부 사물의 표상 사이에다 아
무리 많은 중간항을 집어넣는다고 할지라도, 당신은 오직 당신 자신
만을 현혹할 뿐이다. 왜냐하면 물체에서 영혼으로의 이행은 당신 자
신의 표상에 따르면 연속적인 것이 아니라 오히려 하나의 비약에 의
해서만 발생할 수 있을 뿐인데, 당신은 그럼에도 그 비약을 피하고
자 하기 때문이다.

　나아가 하나의 질량(Masse)은 다른 질량에게 그것의 단순한 운동
에 의해서만(불가입성에 의해서) 작용한다. 이것을 그것의 충격 또
는 기계적 운동이라고 칭한다.

　또는 하나의 물질은 다른 물질에게 그 이전에 보존된 운동의 조건
없이도 작용하며, 그리하여 운동은 정지 상태에서 시작된다.[17] 이는

44

끌어당김에 의한 것이며, 이것은 곧 물질의 중력(Schwere)을 의미한다.

당신은 물질을 관성적인 것으로, 즉 스스로 자립적으로 움직이는 것이 아니라 오직 외적 원인에 의해서만 움직일 수 있는 것으로 생각한다.

351 나아가 당신이 물체에 귀속시키는 중력을 당신은(부피는 고려하지 않고) 물질의 양의 특정한 무게와 동일하게 놓는다.[18]

그러나 당신은 한 물체가 다른 물체에게 그 자체의 움직임 없이, 즉 충격에 의해 작용함이 없이 운동을 전달할 수 있다는 것을 발견한다.

나아가 당신은 두 물체가 단적으로 그것들의 질량과 관계없이, 즉 중력의 법칙과 독립적으로 서로 끌어당길 수 있음을 관찰한다.

그러므로 당신은 이 끌어당김의 근거가 중력에서도 또는 그런 방식으로 움직여진 물체의 표면에서도 찾아질 수 없다는 것, 따라서 그 근거는 내적인 것이어야 하며 물체의 성질에 의존하는 것이어야 한다는 것을 가정한다. 그러나 당신은 물체의 내면으로서 무엇을 이해해야 하는지를 결코 설명하지 못한다. 나아가 성질은 단지 당신의 감각과의 연관하에서만 타당하다는 것이 증명되었다. 그러나 여기에서 논의되고 있는 것은 당신의 감각이 아니라, 오히려 당신의 외부에 나타나는 것, 즉 당신이 당신의 감관으로써 파악하고 당신의 오성이 이해 가능한 개념으로 번역하고자 하는 그런 객관적 사실이다.

---

17) "그 이전에… 없이도", "그리하여… 나오게 된다" 이 부분은 제1판에는 빠져 있다.

18) 나아가 물체에는 특정한 중력이 속한다. 즉 인력의 양은 (그것의 부피를 고려함이 없이) 물질의 양과 동일하다(제1판).

이제 성질이 단지 당신의 감각 안에만 있는 것이 아니라 당신 외부의 물체에도 그 근거를 가진다고 인정한다면, 이 경우 하나의 물체가 다른 물체를 그의 성질 때문에 끌어당긴다는 것은 무엇을 의미하겠는가? 왜냐하면 이 끌어당김에 있어 실제적인 것, 즉 당신이 직관할 수 있는 것은 단순히 그 물체의 운동뿐이기 때문이다. 그러나 운동은 순수 수학적 크기이며 따라서 순수하게 수학적으로 규정될 수 있다. 그렇다면 이 외적 운동은 내적 성질과 어떻게 연관되는가? 당신은 살아 있는 존재에서 유래하는 형상적인 표현, 예를 들어 유사성이라는 표현을 빌려 온다. 그러나 그 표상을 이해 가능한 개념으로 변화시키고자 하면 당신은 몹시 당황하게 될 것이다. 나아가 당신은 근본 요소를 또 다른 근본 요소 위에 쌓아 갈 뿐이다. 그러나 근본 요소란 무지의 피난처 이외에 다른 것이 아니다. 즉 당신은 근본 요소로서 무엇을 이해하는가? 물질 자체, 예를 들어 석탄이라는 물질 자체가 아니라 오히려 그 물질 안에 감추어진 채로 포함되어 있으며, 당신이 비로소 그것의 성질을 부여하는 어떤 것일 것이다. 그러나 물체 내부 그 어디에 그런 근본 요소가 들어 있는가? 누구 하나라도 그것을 분할이나 나눔에 의해 발견한 적이 있었던가? 당신은 지금까지 그 요소들 중 어느 하나도 감각적으로 기술할 수가 없었다. 우리가 그 현존을 인정한다고 할지라도, 그렇게 함으로써 무엇을 얻는단 말인가? 예를 들어 그렇게 함으로써 물질의 성질이 설명되는가? 나는 다음과 같이 결론 내린다. 근본 요소들이 물체에 전달하는 성질은 근본 요소 자체에 귀속되든지 그렇지 않든지 둘 중 하나이다. 전자의 경우 당신은 아무것도 설명한 것이 아니다. 왜냐하면 어떻게 성질이 발생하는가 하는 것 자체가 바로 물음이었기 때문이다. 후자의 경우에도 또다시 아무것도 설명된 것이 없다. 왜냐하면

352

46

어떻게 한 물체가 다른 물체에 (기계적으로) 충격을 주고 그렇게 함으로써 그것에 운동을 전달할 수 있는지는 이해할 수 있지만, 어떻게 완전히 성질들을 떠나 있는 한 물체가 다른 물체에게 성질을 전달할 수 있는지는 아무도 이해할 수 없으며 또 아무도 그것을 이해 가능하게 만들 수도 없기 때문이다. 이처럼 성질이란 바로 당신이 지금까지 그것에 대해 어떠한 객관적 개념도 부여할 수 없었음에도 불구하고 (적어도 화학에서는) 객관적으로 사용해 온 것이다.

7 우리의 경험적 지식의 요소들은 바로 다음과 같다. 만일 우리가 일단 물질과 또 그와 함께 인력과 척력, 나아가 성질에 의해 서로 구분되는 물질의 무한한 다양성을 전제해도 된다면, 우리는 범주표의 안내에 따라 다음과 같은 것을 얻게 된다.

1. 양적인 운동, 이것은 오직 물질의 양에 비례적이다.–중력
2. 질적인 운동, 이것은 물질의 내적 속성에 따르는 것이다.–화학적 운동
3. 상대적 운동, 이것은 외부의 작용(충격)에 의해 물체에 전달되는 것이다.–기계적 운동

바로 이 세 가지 가능한 운동을 통해 자연학의 전체 체계가 성립하며 전개된다.

물리학 중에서 그 첫번째 운동을 다루는 부분을 정태학(Statik)이라고 부르며, 그 세 번째 운동을 다루는 부분을 역학(Mechanik)이라고 부른다. 이것이 곧 물리학의 두 가지 주요 부분이다. 왜냐하면 전체 물리학은 근본적으로 응용된 역학 이외에 다른 것이 아니기 때문이다.[19]

353

두 번째 종류의 운동을 다루는 부분은 물리학에서 단지 보조적 역할만을 할 뿐인데, 이것이 곧 화학(Chemie)이다. 화학의 대상은 본래

물질의 특수한 상이성을 도출하는 것으로서, 화학은 역학(그 자체 완전히 형식적 학문인 역학)에 비로소 그 내용과 다양한 적용을 제공하는 학문이다. 그러므로 화학의 원리로부터 물리학이(그것의 역학적 그리고 동역학적 운동에 따라)[20] 탐구하는 근본 대상들을 도출하려고 하는 것은 아주 간단한 일이다. 예를 들어 물체들 사이에 화학적 끌어당김이 발생하기 위해서는 그것을 연장적이게 하며 관성에 반작용하는 물질, 즉 빛과 열이 존재해야만 하고, 나아가 상호적으로 끌어당기는 요소들이 존재해야만 하며, 그리고 다시 최고의 단순성이 가능하기 위해서는 그 모든 것들을 끌어당기는 단 하나의 근본 요소가 존재해야만 한다고 말할 수 있을 것이다. 그리고 자연 자체는 그것의 존속을 위하여 많은 화학적 과정들을 필요로 하므로, 그런 화학적 과정들의 조건들, 즉 빛과 근본 요소의 산물로서의 생의 공기(Lebensluft)는 어디에나 현존해야만 한다. 그리고 공기는 우리의 기관의 힘을 소진시키는 불의 세력을 강하게 촉진하므로, 공기와 이에 전적으로 대립되는 공기류의 혼합인 천체 원자적 공기 등이 존재해야 한다.

8 이상과 같은 것이 대개 자연학이 그 완성을 위해 나아가는 길이다. 그러나 우리에게 문제가 되는 것은 우리가 그런 체계를—만일 그런 체계가 존재한다면—어떻게 서술할 것인

---

19) 역학에 있어서 물체의 일반적 속성들은, 그것이 기계적 운동에 영향을 미치는 한, 예를 들어 유연성·강도·밀도 등과 같이 함께 다루어질 수가 있다.—그러나 일반적인 운동 이론은 결코 경험적 자연학에 속하지 않는다—이 구분에 따르면 물리학이 지금까지 대부분의 교재에서 다루어진 것보다 훨씬 더 간단하고 더 자연스런 연관성을 얻게 될 것이라고 나는 생각한다.
20) "그리고 동역학적"은 제2판의 첨가이다.

가가 아니라 오히려 도대체 어떻게 그런 체계가 존재할 수 있는가 하는 것이다. 그러므로 문제는 자연 과정이라고 불리어지는 현상의 연결과 원인 결과의 계열이 과연 우리의 외부에 있는가 그리고 그것이 어떻게 그렇게 있는가가 아니라, 오히려 그것이 어떻게 현실적으로 우리에 대해 있으며, 어떻게 그 체계와 현상의 복합이 우리의 정신에 이르는 길을 발견하며, 어떻게 그것들이 우리의 표상 안에서 우리가 단적으로 요구하는 필연성에 이르게 되는가이다. 왜냐하면 우리 외부의 원인과 결과라는 연속의 표상이 마치 그것이 정신의 존재와 본질에 속하기라도 하는 것처럼 우리의 정신에 필연적이라는 것은 부정할 수 없는 사실로서 전제되기 때문이다. 바로 이 필연성을 설명하는 것이 모든 철학의 근본 문제이다. 그러므로 물음은 이 문제가 도대체 현존하는가 그렇지 않은가가 아니라, 오히려 이 문제는 일단 존재하므로 어떻게 이 문제를 해결해야만 하는가이다.

354

우선 우리가 단적으로 필연적인 현상의 연속을 생각해야만 한다는 것은 무엇을 의미하는가? 그것은 분명히 현상이 오직 규정된 연속 안에서만 서로 이어질 수 있으며 또 반대로 오직 그 규정된 현상에서만 연속이 진행될 수 있다는 것을 의미한다.

우리의 표상들이 이렇게 규정된 질서 안에서 서로 이어진다는 것에 대해서, 예를 들어 번개가 천둥에 선행하지 후행하지는 않는다는 것에 대해서 우리는 그 근거를 우리 안에서 찾지 않는다. 즉 그 표상들을 어떻게 서로 이어지도록 하는가는 우리에게 달려 있지 않다. 따라서 그 근거는 사물 안에 놓여 있어야만 한다. 그리고 현상 자체가 다른 방식으로가 아닌 바로 그런 방식으로 서로 이어지는 한, 우리는 그 규정된 이어짐이 사물에 대한 우리의 표상의 이어짐이 아니라 사물 자체의 이어짐이라고 주장하며, 또 그 연속이 단지 주관적으로 필연적이지 않고 객관적으로 필연적일 경우 그리고 오직 그런 경우에만 우리는 그것을 그 질서에 따라 표상해야 한다고 주장한다.

나아가 이상으로부터 규정된 연속은 규정된 현상과 분리될 수 없다는 것이 귀결된다. 그러므로 연속은 그것의 현상과 동시에 그리고 또 반대로 현상은 그것의 연속과 동시에 생겨나며 발생하는 것이다. 따라서 그 둘, 즉 연속과 현상은 상호 관계에 있으며, 그 상호 연관에 있어 서로 필연적이다.

우리가 현상과 관계하여 매번 행하고 있는 가장 일반적인 판단들 안에 그런 전제가 이미 포함되어 있다는 것을 발견하기 위해 우리는 그런 판단들을 분석해 보기만 하면 된다.

만일 현상도 그것의 연속으로부터 그리고 반대로 연속도 그것의 현상으로부터 분리될 수 없다면, 오직 다음과 같은 두 경우만 가능 **355** 할 것이다.

1. 연속과 현상은 둘 다 동시에 불가분적으로 우리 외부에서 발생하거나

2. 연속과 현상은 둘 다 동시에 불가분적으로 우리 안에서 발생한다.

오직 이 두 경우에 있어서만 우리가 표상하는 연속은 사물의 실제적 연속이 되고, 우리의 표상의 단순한 이념적 이어짐이 아닐 것이다.

그 중 첫번째 주장은 일반적 인간 오성[상식]과 철학자 라이트(Reid)나 베아티(Beatti)의 주장으로서, 흄(Hume)의 회의주의와 형식적으로 대립되는 관점이다. 이 체계에 따르면 물자체는 서로 이어지는 것이며, 우리는 이 연속에 있어 단지 방관만 할 뿐이다. 그러나 어떻게 그런 사물의 표상이 우리 안에 들어오게 되는가 하는 물음은 이 체계에 있어서는 너무 수준 높은 물음이다. 그렇지만 우리가 알

고자 하는 것은 어떻게 연속이 우리 외부에서 가능한가가 아니라, 그 규정된 연속이 전적으로 우리로부터 독립적으로 생긴다면, 그것이 그럼에도 불구하고 어떻게 그런 연속으로서 그리고 그러는 한 절대적 필연성을 지닌 것으로서 우리에 의해 표상될 수 있는가 하는 것이다. 이 물음에 대해서 이 체계는 어떠한 고려도 하지 않는다. 따라서 이 체계는 어떠한 철학적 비판의 능력도 갖고 있지 않다. 이 체계는 우리가 탐구하고 시험하며 논쟁할 수 있을 만한 어떤 것을 철학과 공통으로 갖고 있지 않다. 왜냐하면 이 체계는 본래 철학의 작업이 해결하고자 하는 물음조차도 알지 못하기 때문이다.

그러므로 우리가 그 체계를 평가하고자 한다면, 그럴 수 있기 위해서 우리는 우선 그 체계를 철학적으로 만들어야만 한다. 그러나 그 경우 우리는 단순한 허상과 싸우는 위험에 빠지게 된다. 왜냐하면 상식은 그렇게 일관적이지도 않을 뿐 아니라, 상식의 일관성 있는 결론이 될 그런 체계는 사실 어떤 인간의 머릿속에서도 실제 존재한 적이[생각된 적이] 없기 때문이다. 왜냐하면 우리가 그것을 철학적 표현으로 옮기려고 시도하자마자, 그것은 전적으로 이해 불가능한 것이 되기 때문이다. 그것은 나로부터 독립적으로 나의 외부에서 발생하는 연속에 대해서 말한다. 그러나 나는 어떻게 (표상들의) 연속이 내 안에서 발생하는가는 이해할 수 있지만, 그와 달리 유한한 표상들로부터 독립적으로 사물 자체 안에서 발생하는 연속은 전혀 이해할 수가 없다. 왜냐하면 유한하지 않고 따라서 표상들의 연속에 매여 있지 않은 존재, 오히려 모든 현재적인 것과 미래적인 것을 하나의 직관 안에 종합할 수 있는 그런 존재를 우리가 가정해 본다면, 그런 존재에 대해서는 그 외부의 사물 안에 어떠한 연속도 존재하지 않을 것이기 때문이다. 그러므로 연속은 표상의 유한성의 제

356

약하에서만 존재한다. 그렇지 않고 만일 연속이 모든 표상으로부터 독립적으로 사물 자체 안에 근거지어진 것이라면, 우리가 가정한 그런 존재에 대해서도 역시 연속은 존재해야만 했을 것이다. 그러나 그것은 말이 되지 않는다.

그러므로 지금까지 모든 철학자들은 하나같이 연속은 유한한 정신의 표상과 독립적으로는 결코 생각될 수 없는 것이라고 주장해 왔다. 그러나 이제 우리가 확정할 수 있는 것은 만일 연속의 표상이 필연적이라면 그 연속은 사물과 동시에 발생하며 또 그 반대도 마찬가지라는 것이다. 즉 연속은 사물 없이는 가능하지 않으며, 또 사물도 연속 없이는 가능하지 않다. 그러므로 연속이 오직 우리의 표상 안에서만 가능한 것이라면, 우리는 [사물과 연속의 이해에 있어] 다음 두 경우 중 어느 하나를 선택해야만 한다.

1. 우리는 사물이 우리의 표상과 독립적으로 우리 외부에 존재한다는 입장에 머무른다. 그리고 그렇게 함으로써 사물의 규정된 연속의 표상과 결부되는 객관적 필연성을 단순한 착각으로 설명한다. 왜냐하면 그 경우 연속이 사물 자체 안에서 발생한다는 것이 부정되기 때문이다.

2. 우리는 현상 자체 역시 연속과 마찬가지로 우리의 표상 안에서만 존재하며 발생한다는 것, 그리고 오직 그러는 한에서만 현상의 서로 이어지는 질서가 실제로 객관적 질서일 수 있다는 주장을 선택한다.

첫번째 주장은 분명히 아주 위험한 체계를 낳게 되는데, 그런 체계는 예전에도 존재한 적이 있었으며, 또 우리 시대에도 몇몇 소수의 사람들이 그들 자신도 그것을 모르는 채 주장하고 있다. 이 부분이 바로 우리 외부의 사물이 우리에게 작용한다는 원칙을 완벽하게 반박해야만 하는 지점이다. 그러기 위해 우선 다음과 같이 물어보자. 표상으로부터 독립적인 우리 외부의 사물은 과연 무엇인가? 우선 우리는 그 사물로부터 우리의 표상 능력에 고유하게 속하는 것들을 모두 제거해야만 할 것이다. 그런데 거기에는 연속뿐만 아니라, 원인과 결과의 개념도 속하며, 또 만일 우리가 일관성을 갖고자 한다면, 공간과 연장의 표상도 속하게 된다. 왜냐하면 이 둘[공간과 연장]은 시간이 없이는 결코 표상될 수 없는데, 우리는 물자체로부터 시간을 배제하기 때문이다. 이처럼 물자체는 우리의 직관 능력으로는 도저히 접근할 수 없는 것인데도, 그것은—그것이 어디에 그리고 어떻게 존재하는지는 우리가 알지 못하지만—아마도 에피쿠로스의 중간 세계쯤에 실제로 존재해야만 하며, 그러면서 그것은 나에게 작용해야만 하고 내게 표상을 일으켜야만 한다. 물론 사람들은 본래 그런 사물에 관해 어떤 표상을 형성할 것인지를 논의하지는 않았다. 물자체는 표상 가능한 것이 아니라고 말하는 것이 하나의 도피책일 수는 있지만, 그러나 그것은 곧 배척된다. 왜냐하면 우리가 그것[물자체]에 대해 말할 때, 우리는 이미 그것[물자체]에 대해 하나의 표상을 갖고 있거나 아니면 적어도 [물자체에 대해] 우리가 어떻게 말해서는 안 되는가를 말하고 있는 것이 되기 때문이다. 무(無)에 대해서도 우리는 하나의 표상을 가진다. 우리는 그것을 적어도 절대적 공허, 어떤 순수 형식적인 것 등으로 생각한다. 우리는 물자체의 표상 역시 이와 유사한 표상이라고 생각할 수도 있을 것이다. 그러나 무의 표상은 그래도 빈 공간의 도식을 통하여 감성화될 수 있다. 그에 반해 물자체는 명시적으로 시간과 공간을 벗어나 있다. 왜냐하면 시간과 공간은 유한한 존재의 특수한 표상 방식에 속하는 것이기 때문이다. 그러므로 [물자체에 관해서는] 어떤 것과 무 사이의 한가운데서

유동하는 표상 이외에 다른 아무것도 남아 있지 않다. 그것은 절대
적 무일 수조차 없다. 이렇게 보면 모든 감성적 규정으로부터 벗어
났으면서도 감성적 사물로서 작용해야만 한다고 간주되는 그런 사물
[물자체]에 관한 모순적인 복합적 주장이 인간의 머릿속에 떠오를
수 있었다는 것 자체가 사실 잘 믿어지지 않는다.[21] 사실 객관적 세
계의 표상에 속하는 모든 것을 우리가 이미 지양한다면, 나에게 이
해 가능한 것으로서 남겨질 수 있는 것은 과연 무엇이겠는가? 그것
은 분명히 오직 자아 자체일 뿐이다. 그러므로 외부 세계의 모든 표
상은 나 자신으로부터 전개되어야만 한다. 그러나 연속·원인·결과   **358**
등이 나의 표상 안에서 비로소 사물로 전가될 수 있는 것이라면, 우
리는 사물 없이 그런 개념이 무엇인지를 이해할 수 없듯이 또 마찬
가지로 그런 개념 없이 사물이 무엇인지도 이해할 수 없게 된다. 그
러므로 그런 체계가 표상의 근원에 대해 부여해야만 하는 설명은 모
험적인 설명이다. 그 체계는 물자체에 대해 하나의 심성(Gemüt)을
정립하는데, 이 심성은 그 자체 안에 특정한 선험적 형식들을 포함
하며, 이 형식들은 물자체에 비해 우리가 그 형식들을 적어도 어떤
절대적 공허로서 표상할 수는 있다는 그런 우선권을 가진다. 우리가
사물을 표상할 때, 사물은 이 형식 안에서 파악된다. 그렇게 함으로
써 형식 없는 대상들이 형태를 갖게 되고, 공허한 형식은 내용을 갖
게 된다. 사물이 표상된다는 것 자체가 어떻게 가능한지에 대해서는
깊은 침묵이 있다. 우리는 우리 외부의 사물을 표상한다라고 주장하
지만, 그러나 그 사물에 대한 표상 안에서 비로소 우리는 공간과 시
간 나아가 실체와 속성, 원인과 결과 등을 사물로 전가할 뿐이다. 이

---

21) 물자체의 이념이 전통을 통해 칸트로 이어졌으며 그 전수 과정에서
모든 의미를 상실했다는 것은 사실이다(이 주는 제1판에는 빠져 있다).

와 같이하여 우리의 표상의 연속, 그것도 필연적 연속이 우리 안에 발생하게 되며, 우리는 의식 안에서 비로소 산출된 연속, 우리 자신에 의해 만들어진 연속을 자연 경과(Naturlauf)라고 부르게 된다.

그러나 이 체계는 어떠한 반박도 필요로 하지 않는다. 이 체계를 서술하는 것 자체가 [이미] 이 체계를 그 근거로부터 전복시키는 것을 의미하기 때문이다. 실제로 이것과는 비교가 안 될 만큼 훨씬 더 뛰어난 것이 흄의 회의주의다. 흄은 (그의 원리에 충실하게) 우리 외부의 사물이 우리의 표상에 상응하는지 그렇지 않는지에 관하여 전적으로 비결정적인 채로 남는다. 그렇지만 어떤 경우이든 현상의 연속은 오직 우리의 표상 안에서만 발생한다는 것을 받아들인다. 또한 흄은 이런 규정된 연속을 필연적인 것으로서 생각하는 것을 단순한 착각이라고 설명한다. 다만 우리가 흄에게 정당하게 요구할 수 있는 것은 그가 적어도 그 착각의 근원을 설명해야만 한다는 것이다. 왜냐하면 우리가 원인과 결과의 이어짐을 실제로 필연적인 것으로서 생각한다는 것, 우리의 모든 경험적 학문, 자연학과 역사학(흄 자신이 역사학의 거장이었다)이 그것[인과의 필연적 연속]에 의거하고 있다는 것을 흄 역시 부정할 수 없기 때문이다. 그렇다면 이러한 착각은 과연 어디에서 온 것인가? 흄은 다음과 같이 대답한다. "습관으로부터 온다. 현상이 지금까지 그런 질서로 이어져 왔기 때문에, 상상력이 그 질서를 미래에 대해서도 그렇게 기대하는 것에 익숙해져 있으며, 이 기대가 결국 다른 모든 오래 된 습관과 마찬가지로 또 다른 자연으로 되어 버린 것이다." 그러나 이 설명은 순환적이다. 왜냐하면 지금까지 사물이 왜 그 질서로 이어져 왔는가(이 점은 흄도 부정하지 않는다) 하는 것이 바로 설명되어야 하기 때문이다. 이러한 이어짐은 우리 외부의 사물 안에 있었는가? 그러나 우리 표상의 연속 이외에 달리 연속이란 존재하지 않는다. 아니면 그것은 단순히 우리 표상의 연속이었는가? 그렇다면 이런 연속의 지속성의 근거가 제시되어야만 한다. 나로부터 독립적으로 존재하는 것을 설명할 수 있는 능력이 나에게는 없다. 그러나 오직 내 안에서 발생하는 것에 대해서는 그 근거 역시 내 안에서 발견할 수 있어야만 한다. 흄은 다음과 같이 말할 수 있을 것이다. "그것은 그냥 그렇다. 그리고 그것으로 내게 충분하다." 그러나 그것은 철학함의 태도가 아니다. 물론 나는 흄이 반드시 철학을 해야만 한다고 말하지는 않는다. 그러나 우리가 일단 철학을 하기로 마음먹었다면, 우리는 더 이상 "왜"의 물음을 거절해서는 안 된다.

그러므로 [이제] 표상의 연속의 필연성을 우리의 자연으로부터 그리고 그러는 한 유한한 정신 일반으로부터 도출하는 것, 따라서 그런 연속이 실제로 객관적일 수 있기 위해서 물자체 역시 유한한 정신 안에서의 연속과 동시에 성립하며 발생한다고 간주하는 것 이외에 더 이상 다른 길이 없다.

9 지금까지의 모든 체계들 중에서 [이런 시도를 행한 체계로서] 내가 아는 체계는 오직 다음 두 가지뿐이다. 즉 스피노자의 체계와 라이프니츠의 체계가 그것이다. 이 두 체계는 단지 이런 시도를 할 뿐만 아니라, 오히려 그들 전체 철학 자체가 바로 이 시도 이외에 다른 것이 아니다. 이제 이 두 체계의 관계에 대해 —그들이 서로 상반되는 것인지 아니면 일치하는 것인지—많은 말들과 의심이 행해지고 있으므로, 그 점에 대해 미리 몇 가지를 언급하는 것이 유익하리라고 본다.

스피노자(Spinoza)는 매우 일찍이 우리의 이념과 우리 외부의 사물의 연관성에 관하여 고심하였으며, 흔히 사람들이 그 둘 사이에 확립하는 분리를 견딜 수가 없었다. 그는 우리의 자연[본성] 안에 이념적인 것과 실제적인 것(사고와 대상)이 내적으로 통합되어 있다는 것을 통찰하였다. 우리가 우리 외부의 사물의 표상을 가진다는 것, **360** 우리의 표상 자체가 그 표상 너머로 나아간다는 것을 그는 오직 우리의 이념적 자연으로부터만 설명할 수 있었다. 그리고 그 표상에 실제적 사물이 상응한다는 것을 그는 우리 안의 이념적인 것의 촉발과 규정으로부터 설명해야만 했다. 즉 우리는 이념적인 것을 실제적인 것의 반대로서만 의식할 수 있듯이 실제적인 것도 이념적인 것의 반대로서밖에는 달리 의식할 수가 없다. 그러므로 실제적인 사물과 그것에 대한 우리의 표상 사이에는 어떠한 분리도 있을 수 없다. 개념과 사물, 사고와 연장은 그에게는 하나이고 동일한 것이며, 그 둘은 단지 하나이며 동일한 이념적 자연의 변양들일 뿐이다.

그러나 그는 자기 의식의 심연으로 파고들어 그곳으로부터 우리 안의 그 두 세계—이념적 세계와 실제적 세계—의 발생을 관찰하는 대신에, 오히려 자기 자신을 넘어가 버리고 말았다. 즉 우리 안에 근원적으로 통합되어 있는 유한자와 무한자가 어떻게 서로 상대로부터 나올 수 있는지를 우리 자신의 자연으로부터 설명하는 대신에, 그는 우리 외부의 무한자의 이념 안에서 자기 자신을 상실해 버리고 말았다. [그에 따르면] 촉발과 변양 그리고 그와 더불어 유한한 사물의 끝없는 계열은 무한자 안에서 발생했거나 또는 근원적으로 무한자 안에—무엇으로부터 발생한 것인지는 알 수 없지만—존재해 온 것이다. 그런데 그의 체계에는 무한자에서 유한자로의 이행이 존재하지 않으므로, 그 체계에서 생성의 시작은 존재의 시작과 마찬가지로 이해할 수 없는 것이다. 다만 그러한 끝없는 연속이 나로부터 표상된다는 것, 그것도 필연성을 가지고 표상된다는 것은 사물과 나의

표상이 근원적으로 하나이며 동일하다는 사실로부터 귀결된다. 나
자신은 오직 무한자의 한 생각이거나 아니면 오히려 그 자체 단지
표상들의 고정된 연속일 뿐이다. 그러나 내가 어떻게 다시 그 연속
을 의식하게 되는지를 스피노자는 이해 가능하게 설명할 수가 없었다.
　그러므로 그의 체계는 그의 손에서 벗어나자마자 지금까지 있었
던 체계 중 가장 이해하기 힘든 것으로 되고 말았다. 결국 무한자와
유한자가 우리 외부에서가 아니라 우리 안에서, 그리고 발생하는 것
이 아니라 근원적으로 동시에 그리고 분리될 수 없이 거기 존재한다
는 것, 그리고 바로 이 근원적인 통합 안에 우리 정신의 자연과 우리
의 전체 정신적 현존이 근거하고 있다는 것을 이해할 수 있기 위해
서는 그 [스피노자의] 체계를 우리 자신 안에 받아들이되 그 무한한
실체의 자리에다 [대신] 우리 자신을 정립해야만 했다. 왜냐하면 우
리는 오직 우리 자신의 본질만을 직접적으로 알고 또 오직 우리 자
신만이 우리에게 이해 가능한 것이기 때문이다. 나의 외부에 있는
절대자에게 있어 촉발과 규정이 어떻게 존재하며 또 어떻게 존재할
수 있는지 나는 이해하지 못한다. 그러나 내 안에 유한한 것이 아닌
어떤 무한한 것도 동시에 있을 수 없다는 것을 나는 이해한다. 왜냐
하면 이념적인 것과 실제적인 것, 절대적으로 활동적인 것과 절대적
으로 수동적인 것의 필연적 통합은(스피노자는 이것을 나의 외부의
무한한 실체 안에 정립했다) 아무런 나의 개입 없이도 내 안에 근원
적으로 놓여 있기 때문이다. 그리고 바로 그 안에 나의 자연이 존재
한다.[22]

361

---

22) 그러나 유한한 것과 무한한 것의 절대적 동일성을 내 안에 정립하는
　　것은 나의 외부에 정립하는 것과 마찬가지로 다시금 오직 나의 정립이
　　라는 것, 따라서 그것은 그 자체 내 안에 정립함도 나의 외부에 정립함

이 길을 라이프니츠(Leibniz)가 간다. 그리고 바로 이 점에서 라이프니츠는 스피노자와 구분되며 또 스피노자와 연관된다. 바로 이 지점에다 자신을 설정하지 않고서 라이프니츠를 이해한다는 것은 불가능하다. 야코비(Jacobi)는 라이프니츠의 전체 체계가 개체성의 개념에서 출발하고 다시 그리로 귀결된다는 것을 증명하였다. 오직 개체성의 개념 안에서만 다른 모든 철학이 분리한 것, 즉 우리의 자연의 적극적인 것과 소극적인 것, 활동적인 것과 수동적인 것이 근원적으로 통합된다. 어떻게 우리 외부의 무한자 안에 규정들이 있을 수 있는지를 스피노자는 이해시킬 수 없었으며, 그는 헛되이 무한자에서 유한자로의 이행을 피하고자 하였다. 그러나 이러한 이행이 발생하지 않아도 되는 경우는 오직 유한자와 무한자가 근원적으로 통합되어 있는 경우뿐이며, 이러한 근원적 통합은 개체적 자연의 존재 이외에 다른 어디에도 있을 수가 없다. 그러므로 라이프니츠는 무한자에서 유한자로 나아가지도 않았고, 유한자에서 무한자로 나아가지도 않았지만, 그러나 그 둘은 그에게는 단번에—말하자면 우리의 자연의 하나이며 동일한 전개에 의해서—정신의 하나이며 동일한 행위 방식에 의해서 현실적인 것이 되었다.

우리 안의 표상이 서로 이어진다는 것은 우리의 유한성의 필연적 결과이다. 그러나 그 계열이 끝이 없다는 것은 곧 그 계열이 자신의 자연 안에 유한성과 무한성을 통합적으로 지닌 존재에게서 나온 것임을 증명한다.

362

이 연속이 필연적이라는 것은 라이프니츠의 철학에 따르면 사물이 표상과 동시에 우리의 자연 법칙의 힘에 의해 즉 그 내적 원리에

도 아니라는 것은 조금만 정확하게 고찰해 보면 누구나 곧 알 수 있을 것이다(이 주는 제2판의 첨가이다).

따라 자신의 세계에서처럼 우리 안에 발생한다는 사실로부터 귀결된다. 라이프니츠가 근원적으로 실제적이며 그 자체 현실적이라고 간주한 것은 오직 표상하는 존재였다. 왜냐하면 오직 표상하는 존재 안에만 그러한 통합이 근원적으로 존재하며, 그 통합으로부터 비로소 다른 모든 현실적이라고 불리는 것들이 전개되고 산출되기 때문이다. 왜냐하면 우리 외부의 현실적인 모든 것은 유한한 것이며, 따라서 그것은 그것에 실재성을 부여하는 적극적인 것과 또 그것에 한계를 부여하는 소극적인 것이 없이는 생각될 수 없기 때문이다. 이 적극적 활동성과 소극적 활동성의 통합은 오직 개체의 자연 안에서만 근원적으로 존재한다. 외부 사물은 그 자체로서는 현실적인 것이 아니었다가 정신적 자연의 표상 방식에 의해서 비로소 현실적인 것으로 된 것이다. 그러나 자신의 자연으로부터 비로소 모든 현존을 산출하는 것, 즉 표상하는 존재만은 자기 자신 안에 그 자신의 현존의 원천과 근원을 지닌 것이어야만 한다.

표상의 전체 연속이 이제 유한한 정신의 자연으로부터 나온다면, 우리의 경험의 전체 계열 역시 그것으로부터 도출될 수 있어야만 한다. 왜냐하면 우리 인간 종의 모든 존재가 세계의 현상을 동일한 필연적 이어짐으로 표상한다는 것은 오로지 우리의 공통적 자연으로부터만 설명될 수 있기 때문이다. 그러나 우리의 자연에 있어서의 이러한 일치를 예정 조화에 의해서 설명한다는 것은 그것을 실제로 설명하지 않았다는 것을 의미한다. 왜냐하면 예정 조화라는 말은 오직 그런 일치가 발견된다는 사실만을 말할 뿐, 왜 그리고 어떻게 그러한가를 설명해 주진 않기 때문이다. 그러나 유한한 자연의 존재 자체로부터 그러한 일치가 나온다는 것은 라이프니츠의 체계 자체 안에 이미 놓여 있다. 왜냐하면 그렇지 않을 경우 정신은 그의 지식과 인식의 절대적 자기 근거이기를 멈출 것이기 때문이다. 그럴 경우 정신은 자신의 표상들의 근거를 자기 외부에서 찾아야만 할 것이며, 그렇게 되면 우리는 우리가 처음에 떠났던 그 지점으로 다시 되돌아

363 가게 될 것이다. 즉 세계와 세계의 질서는 우리에 대해 우연적이게 되고 그것의 표상은 우리에게 오직 외부로부터만 주어지게 될 것이다. 그러나 그 경우 우리는 어쩔 수 없이 스스로도 이해할 수 없는 한계 너머로 나아가 방황하게 될 것이다. 왜냐하면 만일 하나의 더 높은 손[창조자]이 우리를 그렇게 만들었기에 우리가 비로소 그런 세계와 그런 현상의 질서를 표상하는 것이라면, 이런 가정이 우리에게 전혀 이해될 수 없는 것이라는 점은 차치하고라도 이 전체 세계는 결국 하나의 착각으로 되어 버리기 때문이다. 그 손의 한 손놀림이 우리에게서 세계를 빼앗아갈 수도 있고 우리를 완전히 다른 사물의 질서 안에 놓을 수도 있을 것이다. 나아가 그 경우에는 우리와 같은 종류의 존재(우리와 동일한 표상의 존재)가 우리 외부에 존재한다는 것조차도 전적으로 의심스럽게 될 것이다. 그러므로 라이프니츠는 예정 조화를 우리가 일반적으로 그것과 결합시키는 이념과 결합시킬 수가 없었다. 왜냐하면 그는 어떠한 정신도 발생할 수 없다는 것, 즉 원인과 결과의 개념이 정신에는 적용될 수 없다는 것을 명시적으로 주장하기 때문이다. 그러므로 정신은 자신의 존재와 지식의 절대적 자기 근거이다. 정신은 단지 그것이 존재함으로써만 바로 그것이 현재 그러한 모습대로 된다. 즉 그것의 자연에 외부 사물의 표상들의 규정된 체계가 속하게 되는 그런 존재가 된다. 그러므로 철학은 우리 정신의 자연학 이외에 다른 것이 아니다. 그리고 이제부터 모든 독단론은 근본적으로 전도된 것이 된다. 우리는 우리의 표상 체계를 그것의 존재에 있어서가 아니라 그것의 생성에 있어서

고찰한다. 그러므로 철학은 발생적인 것이 된다. 즉 철학은 우리 표상의 전체적인 필연적 계열이 우리 눈앞에서 발생하고 경과하도록 한다. 따라서 이후로는 경험과 사변 사이에 어떠한 분리도 더 이상 존재하지 않을 것이다. 자연의 체계는 동시에 우리의 정신의 체계가 되며, 이 위대한 종합이 완성되고 나서야 비로소 우리의 지식은 분석으로(탐구와 시도로) 향할 수 있을 것이다. 그러나 그런 체계는 아직 존재하지 않으며, 많은 낙담한 사상가들은 미리부터 절망한다. 왜냐하면 그들은 우리의 자연(그 크기를 그들은 알지 못한다)의 체계에 대해서 마치 우리의 개념의 학설에 대해 이야기하듯이 말하고 있기 때문이다.[23]

10 모든 것을 (우리로부터 생성되고 산출된 것으로서가 아니라) 근원적으로 우리 외부에 현존하는 것으로서 전제하는 독단론자는 적어도 우리 외부에 있는 그것을 외적 원인으로부터 설명해야만 할 책임이 있다. 그런데 그러한 설명은 그것이 원인과 결과의 연관 안에 있는 한에서는 성공적일 수 있지만, 어떻게 원인과 결과의 연관 자체가 발생하는 것인지는 결코 이해 가능하게 만들 수 없다. 그[독단론자]가 개별적 현상의 영역 너머로 나아가자마자, 그의 전체 체계는 끝나고 말 것이다. 기계론의 한계가 곧 그의 체계의 한계인 것이다.

364

나아가 자연을 만드는 것은 결코 그런 기제[기계론]들만이 아니다. 왜냐하면 유기적 자연의 영역으로 들어서자마자, 원인과 결과의 모든 기계적 연결은 설명력을 잃기 때문이다. 유기적 산물은 모두

---

23) 독일 순수주의의 초기의 글이나 번역에서 우리는 매우 흔하게 본질의 학설, 자연의 학설이라는 표현을 발견한다. 우리의 현대 철학자들이 이 표현을 사용하지 않고 내버려둔 것은 유감스러운 일이다.

자기 자신에 대해 존립하는 것이므로, 그것의 현존은 다른 어떤 현존에도 의존적이지 않다. 그러나 원인은 결코 결과와 동일한 것이 아니며, 따라서 오직 완전히 서로 다른 사물 사이에만 원인과 결과 관계가 가능하다. 이에 반해 유기체는 자기 자신을 산출하며 자기 자신으로부터 생긴다. 각각의 식물은 같은 종류에 속하는 개체의 산물이다. 이처럼 각각의 유기체는 오직 자신의 유(類)만을 무한히 산출하고 재산출할 뿐이다. 그러므로 어떠한 유기체도 계속 진화하는 것이 아니라 오히려 언제나 자기 자신에게로 무한히 되돌아갈 뿐이다. 결국 유기체로서의 유기체는 그 외부의 다른 사물의 원인도 아니고 결과도 아니며, 따라서 기계론의 연관 안에서 파악될 수 있는 것이 아니다. 오히려 모든 유기적 산물은 자기 자신에 대해 원인과 동시에 결과가 됨으로써 자신의 현존 근거를 자기 자신 안에 지니게 된다. 유기체에서는 어떠한 개별적 부분도 그 전체 안에서가 아니면 발생할 수가 없으며, 또 그 전체 자체는 오직 그 부분들의 상호 작용 안에서만 성립한다. [유기체 이외의] 다른 모든 객체에서는 부분들은 임의적이다. 부분들은 내가 분할하는 한에서만 존재할 뿐이다. 그러나 유기적 존재에서는 부분들은 실제적이며, 그것들은 나의 개입 없이도 존재한다. 왜냐하면 그 부분들과 전체 사이에는 하나의 객관 **365** 적 관계가 성립하기 때문이다. 즉 각 유기체에는 하나의 개념이 그 근거에 놓여 있다. 왜냐하면 전체의 부분에 대한 그리고 부분의 전체에 대한 필연적 연관이 있는 곳에만 개념이 존재하기 때문이다. 그리고 이런 개념은 유기체 자체 안에 있는 것이며, 유기체와 분리될 수 없다. 유기체는 스스로 자기 자신을 유기화하며, 따라서 그것은 단순한 예술품과도 구분된다. 왜냐하면 예술품의 경우 그것의 개념은 그것 외부의 예술가의 오성 안에만 현존하기 때문이다. 유기체

에서는 그것의 형식뿐만이 아니라 그것의 현존도 합목적적이다. 유
기체는 이미 유기화되어 있지 않고서는 자신을 유기화할 수가 없다.
식물은 외적 요소들에 동화됨으로써만 성장하고 존속할 수 있다. 그
러나 이미 유기화되어 있지 않다면, 식물은 어느 것에도 동화할 수
없었을 것이다. 살아 있는 물체의 지속은 호흡과 결합되어 있다. 그
것이 들이마시는 생의 공기는 전기(電氣)적 액으로 신경을 통과하기
위해 그의 기관에 의해 분해된다. 그러나 이 과정을 가능하게 하기
위해서는 이미 유기체 자체가 존재해야만 하며, 이 유기체는 다시금
이 과정이 없이는 존속하지 못할 것이다. 그러므로 오직 유기체로부
터만 유기체가 형성된다. 바로 그렇기 때문에 유기적 산물에서 형식
과 물질은 불가분리적이다. 규정된 물질은 오직 규정된 형식과 동시
에, 그리고 또 반대로 규정된 형식은 오직 규정된 물질과 동시에 발
생하고 생성한다. 그러므로 각각의 유기체는 하나의 전체이다. 그것
의 통일성은 그것 자체 안에 놓여 있으며, 그것을 하나로 또는 다수
로 생각하는 우리의 임의적 판단에 의존적이지 않다. 원인과 결과는
지나치는 어떤 것이고 사라지는 어떤 것이며, 단순한 현상(일상적
의미의 현상)일 뿐이다. 그러나 유기체는 단순한 현상이 아니라 오
히려 그 자체 객체이며, 그것도 자기 자신에 의해 존립하고 그 자체
전체적이며 분할 불가능한 객체이다. 그리고 그것에서는 형식이 물
질로부터 분리될 수 없으므로, 유기체로서의 유기체의 근원을 물질
자체의 근원과 마찬가지로 기계론적으로 설명하기는 힘들다.

그러므로 유기적 산물의 합목적성을 설명할 수 있기 위해서 독단
론자가 자신의 체계를 완전히 떠나야만 한다는 것은 자명하다. 여기
에서는 우리가 흔히 하듯이 개념과 대상, 형식과 내용을 분리하는
것이 전혀 도움이 되지 않는다. 왜냐하면 적어도 유기체에서는 이

두 가지가 우리의 표상 안에서가 아니라 오히려 객체 자체 안에서
366 근원적이고 필연적으로 통합되어 있기 때문이다. 바로 이 분야에 있
어서 개념의 유희를 철학이라고 간주하고 사물의 환상물을 현실적
사물이라고 간주하는 사람들 중 하나가 감히 우리와 겨루어 왔던 것
이다.

11 여기에서는 무엇보다도 단적으로 물질로부터는 설명될
수 없는 통일성이 언급되고 있다는 것을 인정해야만 한
다. 왜냐하면 그것은 개념의 통일성이며, 그런 통일성은 오직 직관적
이며 반성적인 존재와의 연관 아래에서만 존재하기 때문이다. 왜냐
하면 하나의 유기체 안에 절대적 개체성이 있다는 것, 그리고 그것
의 부분들은 오직 전체에 의해서만 가능하고, 또 전체는 부분들의
복합에 의해서가 아니라 부분들의 상호 작용에 의해서만 가능하다는
것은 하나의 판단인데, 이 판단은 부분과 전체, 형식과 내용을 서로
연관짓는 정신에 의해서가 아니라면 결코 판단될 수 없는 것이며,
나아가 오직 이 연관 안에서만 그리고 이 연관을 통해서만 비로소
모든 합목적성과 전체에 대한 일치가 발생하기 때문이다. 만일 부분
들이 단순히 물질로서 간주된다면, 그런 부분들은 하나의 이념, 즉
근원적으로는 물질과 이질적인데 그럼에도 부분들과 상응해야 하는
그런 이념과 무엇을 공유하겠는가? 이럴 경우 물질과 개념 모두를
포함하는 표상의 제3자에 의하지 않고서는 어떠한 연관도 있을 수
가 없을 것이다. 그런데 그런 제3자는 오직 직관하며 반성하는 정신
일 뿐이다. 이와 같이하여 유기체란 오직 정신과의 연관 아래에서만
표상 가능하다는 것을 인정하지 않을 수 없다.

그런데 이 점은 유기적 산물을 원자들의 놀라운 충돌을 통해 발생
하는 것으로 간주하는 사람들조차 [실제로] 인정하고 있는 셈이다.

왜냐하면 그들은 사물의 근원을 맹목적 우연으로부터 도출함으로써
결국 사물 안의 모든 합목적성과 그와 더불어 유기체의 개념 자체도
함께 지양하기 때문이다. 이것은 일관성 있게 사유되었다는 것을 의
미한다. 왜냐하면 합목적성은 오직 판단하는 오성과의 연관 아래에
서만 표상 가능한 것이므로, 어떻게 유기적 산물이 나로부터 독립적
으로 발생할 수 있는가 하는 물음은 마치 유기체와 판단하는 오성
사이에 아무런 연관도 없는 것처럼, 즉 그들 안에 아무런 합목적성
도 없는 것처럼 대답될 수밖에 없기 때문이다.

그러므로 당신이 인정해야만 하는 첫번째 것은 다음과 같다. 합목
적성의 개념은 오직 오성 안에서만 발생할 수 있으며, 오로지 그런 **367**
오성과의 연관 아래에서만 사물은 합목적적이라고 불릴 수 있다.

그럼에도 우리는 자연 산물의 합목적성이 자연 산물 자체 안에 놓
여 있다는 것, 합목적성이 객관적이고 실제적이라는 것, 따라서 그것
은 우리의 우연적 표상에 속하는 것이 아니라 오히려 우리의 필연적
표상에 속한다는 것을 마찬가지로 인정해야만 한다. 왜냐하면 우리
는 우리의 개념 결합에 있어 무엇이 임의적이고 무엇이 필연적인지
를 잘 구분할 수 있기 때문이다. 즉 우리가 공간에 의해 분리된 사물
을 아무리 자주 하나라는 수로 파악한다고 할지라도, 우리는 그런
파악에 있어 전적으로 자유롭다. 왜냐하면 우리가 그것에 부여하는
통일성은 오직 우리의 생각으로부터 우리가 그것에 부가한 것이며,
그 사물 자체 안에 우리로 하여금 그것을 하나라고 생각하게끔 강요
하는 근거가 놓여 있는 것은 아니기 때문이다. 그러나 각각의 식물
을 하나의 개체, 즉 그 안에서 모든 것이 단 하나의 목적에 일치하는
그런 개체라고 생각하는 것에 대한 근거는 [우리 안이 아니라] 우리
외부의 사물에서 구해야만 한다. 우리는 그렇게 판단하도록 강요되

어 있다고 느끼며, 따라서 우리는 그 사물에 속한다고 생각되는 통일성을 단순히 (우리의 사유 안의) 논리적인 것이 아니라 오히려 (우리 외부의 현실적인) 실제적인 것이라고 인정해야만 한다.

사람들은 다시 당신에게 다음과 같은 물음에 대답할 것을 요구할 것이다. 즉 분명히 오직 우리 안에만 실재하고 또 오직 우리와의 연관 아래에서만 실재성을 가질 수 있는 하나의 이념[합목적성 또는 통일성의 이념]이 그럼에도 불구하고 우리 자신에 의해서 우리 외부의 것으로서 현실적으로 직관되고 표상될 수 있어야 한다는 것은 어떻게 가능한가?

이러한 물음에 대해 단 하나의 만능 대답을 가지고서 그것을 각각의 경우에 반복해서 계속 말하는 것에 지치지 않는 철학자들이 있다. 즉 그들은 사물의 형식은 우리가 비로소 사물에 전가시킨 것이라고 말한다. 그렇다면 그 경우 우리가 사물에 비로소 전가할 형식을 아직 갖지 않은 사물이란 과연 무엇이며, 또 형식이 부가될 사물을 아직 갖지 않은 형식이란 과연 무엇인가? 그것이 무엇인지를 당신이 어떻게 알 수 있는가를 밝혀야 한다는 것이 바로 내가 오래 전부터 요구해 온 것이다. 그러나 당신은 여기에서 적어도 형식이 물질로부터, 개념이 객체로부터 단적으로 분리될 수 있는 것이 아니라는 것을 인정해야만 한다. 만일 합목적성의 이념을 우리 외부의 사물에 전가시키든지 그렇지 않든지 하는 것이 오로지 우리 임의로 결정할 수 있는 것이라면, 우리가 그 이념을 오직 특정 사물에만 전가할 뿐 모든 사물에 대해 그렇게 하지 않는다는 것, 그리고 우리가 합목적적 생산물의 표상에 있어서는 전혀 자유롭지 않으며 오히려 단

368 적으로 강요되었다고 느끼는 것이 어떻게 가능하겠는가? 그 두 경우에 대해서는 그러한 합목적성의 형식이 우리의 임의적 개입 없이 근

원적으로 우리 외부의 특정 사물에 단적으로 속한다는 것 이외에 다른 어떤 근거도 제시될 수 없을 것이다.

이것이 전제되면 앞서 타당했던 것, 즉 사물의 형식과 물질은 결코 분리될 수 없으며, 그 둘은 오직 서로에 의해서 동시적으로 그리고 상호적으로만 발생할 수 있다는 것이 여기에서 또다시 정당화된다. 이처럼 유기체의 근거에 놓여 있는 개념은 [물질을 떠나] 그 자체 어떠한 실재성도 갖고 있지 않으며, 또 반대로 규정된 물질은 [개념을 떠난] 물질 자체로서가 아니라 오히려 오직 물질에 내재하는 개념에 의해서만 유기화되는 물질이 된다. 그러므로 규정된 객체는 오직 개념과 동시에 그리고 규정된 개념은 오직 규정된 객체와 동시에 발생할 수 있다.

지금까지의 모든 체계는 이러한 원리에 따라 평가되어야만 한다.

개념과 물질의 이러한 통합을 파악하기 위해서 당신은 하나의 상위의 신적인 오성을 가정하는데, 그런 신적 오성이 그의 창조를 이념적인 것 안에서 기획하고 그 이념적인 것에 따라 실제적인 것을 산출한다는 것이다. 그러나 개념이 행위에, 기획이 실행에 선행하는 존재는 [실제로] 아무것도 산출할 수 없고, 단지 이미 존재하는 물질을 형상화하고 형성할 수만 있을 뿐이며, 따라서 물질에는 오직 외적으로만 오성과 합목적성을 각인할 수 있을 뿐이다. 그러므로 그가 산출한 것은 그 자체로서 합목적적인 것이 아니라 오직 그 제작자의 오성과의 연관 아래에서만 합목적적인 것이 되고, 따라서 근원적이고 필연적으로 합목적적인 것이 아니라 오직 우연적 방식으로만 합목적적인 것이 된다. 그러나 그런 오성은 이미 죽은 능력이 아니겠는가? 그것은 현실성이 주어져 있을 때 그 [주어진] 현실성을 이해하고 파악하는 것 이외에 다른 무엇을 할 수 있겠는가? 그런 오성은

68

현실적인 것을 창조하는 대신 오히려 현실적인 것으로부터 비로소 그 자신의 실재성을 얻는 것이 아니겠는가? 그리고 그것과 현실성 사이의 매개를 설정하면서 그런 현실성의 윤곽을 기술하는 그의 활동성은 단순히 그런 [수동적] 능력에 종속되는 것이 아니겠는가? 그러나 여기에서 문제가 되는 것은 어떻게 현실적인 것이 발생할 수 있으며, 또 그 현실적인 것과 더불어 비로소 그리고 그것과 불가분리적으로 이념적인 것(합목적적인 것)이 발생할 수 있는가이다. 자연 사물은 예술 작품이 합목적적인 것과 마찬가지 방식으로 합목적적인 것이 아니다. 왜냐하면 자연 사물의 합목적성은 결코 외적으로 부가될 수 없으며, 따라서 자연 사물은 근원적으로 자기 자신에 의해서 합목적적이기 때문이다. 바로 이것이 우리가 설명을 통해 밝히고자 한 것이다.

369

그러므로 당신은 다시 신의 창조적 능력, 즉 현실적 사물을 그것의 이념과 동시에 생겨나게 하는 그런 창조적 능력으로 도피한다. 즉 당신은 자기 자신에게 그리고 자기 자신에 의해 합목적적인 어떤 것을 당신 외부에 가정하고자 할 경우, 현실적인 것이 합목적적인 것과 동시에 발생하며 또 합목적적인 것이 현실적인 것과 동시에 발생하는 것으로 간주해야만 한다고 통찰한 것이다.

이제 잠시 당신이 주장하는 대로 가정해 보기로 하자(비록 당신 자신도 그것을 이해 가능하게 하지는 못함에도 불구하고 말이다). 즉 하나의 신의 창조력에 의해 자연의 전체 체계와 합목적적인 생산물의 전체 다양성이 우리 외부에 발생했다고 가정해 보자. 그러나 그렇다고 해서 우리가 현실적으로 단 한 발자국이라도 이전보다 더 앞으로 나아갔는가? 우리는 우리가 처음에 출발했던 바로 그 지점에서 다시 우리를 발견하게 된 것은 아닌가? 우리가 알고자 했던 것은 어떻게 유기화된 생산물이 우리의 외부에 그리고 우리와는 독립적으로 현실적으로 존재하게 되었는가가 아니다. 어떻게 우리가 그것[나의 외부의 존재]에 대해 분명한 개념이나마 만들 수가 있겠는가? 오히려 문제는 어떻게 우리의 외부에 있는 합목적적 생산물의 표상이 우리 안으로 들어올 수 있는가, 그리고 우리가 어떻게 합목적성을 그것이 비록 우리의 오성과의 연관 아래에서만 사물에 부가될 수 있는 것임에도 불구하고 그것을 우리 외부에 있는 현실적이고 필연적인 것으로서 생각하게끔 강요받을 수 있는가이다. 당신는 이 물음에 아직 대답하지 않았다.

당신이 자연 사물을 당신 외부의 현실적인 것으로서 따라서 한 창조자의 작품으로서 고찰하자마자, 그런 자연 사물들 자체 안에는 어떠한 합목적성도 존재할 수 없게 된다. 왜냐하면 합목적성은 오직 당신의 오성과의 연관 아래에서만 타당하기 때문이다. 아니면 당신은 사물의 창조자에게까지도 목적의 개념을 전제하고자 하는가? 그러나 당신이 그렇게 하자마자, 창조자는 창조자이기를 멈추게 되며, 그는 단순히 예술가가 되고 말 것이다. 그는 기껏해야 자연의 건축사가 되고 말 것이다. 다시 말해 당신이 합목적성을 외부의 어떤 한 존재의 오성으로부터 자연 안으로 들여오자마자, 당신은 자연의 모든 이념을 그 근거로부터 파괴하게 된다. 그리고 당신이 창조자의 이념을 유한하게 만들자마자, 그것은 창조자이기를 멈추게 된다. 반대로 당신이 그 이념을 무한성으로까지 연장할 경우, [오히려] 합목적성과 오성의 모든 개념은 사라지고 단지 절대적 힘의 이념만이 남겨질 뿐이다. 그렇게 되면 모든 유한한 것은 무한한 것의 단순한 변양이 될 것이다. 그러나 당신은 어떻게 무한한 것 안에서 변양이 가능한 것인지를 파악하지 못하며, 또 어떻게 그런 무한한 것의 변양,

370

즉 유한한 사물의 전체 체계가 당신의 표상 안으로 들어오게 되는
지, 또는 무한한 존재 안에서는 오직 존재론적으로만 있을 수 있는
사물의 통일성이 어떻게 당신의 오성 안에서는 목적론적으로 될 수
있는 것인지를 이해하지 못한다.

　당신은 다시 그것을 유한한 정신의 고유한 자연[본성]으로부터 설
명하고자 시도해 볼 수도 있을 것이다. 그리고 만일 그렇게 한다면
당신은 더 이상 무한자를 당신 외부의 존재로서 필요로 하지 않을
것이다. 따라서 당신은 이제부터 모든 것을 오직 당신의 정신 안에
서만 발생하고 생성하게 해야 한다. 왜냐하면 만일 당신이 당신의
외부에 당신과 독립적으로 그 자체 합목적적인 사물을 전제한다면,
당신은 어떻게 당신의 표상이 그 외적 사물과 일치하는지를 설명해
야만 하기 때문이다. 그 경우 당신은 예정 조화로 도피하여, 당신 외
부의 사물 자체 안에 당신의 정신과 유비적인 하나의 정신이 지배한
다는 것을 전제해야만 할 것이다. 왜냐하면 오직 그런 창조적 능력
의 정신 안에서만 개념과 현실성, 이념적인 것과 실제적인 것이 그
사이의 어떠한 분리도 가능하지 않게끔 그렇게 서로 결합되고 통합
될 수 있기 때문이다. 나는 라이프니츠가 유기적 존재에 내재하는
지배적 정신을 실체적 형식으로 생각했다고 간주하지 않을 수 없다.

　그러므로 라이프니츠의 철학은 자연 안에 생명의 단계가 있다는
것을 전제해야만 했다. 즉 단순히 유기화된 물질 안에도 오직 제한
된 방식의 생명일지라도 생명이 존재한다는 것이다. 이런 이념은 상
당히 오래 된 것이며 오늘날까지도 아주 다양한 형식으로 끊임없이
주장되기에(아주 옛날에도 이미 사람들은 전체 세계가 세계 영혼이
라고 불리는 생동적인 원리에 의해 움직인다고 보았으며, 라이프니
츠 이후에는 각 식물에 영혼을 부여했다), 우리는 이런 자연 이해의

근거가 인간 정신 자체 안에 놓여 있다고 추정해 볼 만하다. 그리고 **371** 실제로도 그러하다. 그런데 유기화된 물체의 근원에 관한 문제를 둘러싼 모든 신비는 이 사물 안에 필연성과 우연성이 내적으로 통합되어 있다는 점과 관련된다. 여기에서 필연성은(예술 작품의 경우처럼) 유기체의 형식뿐만이 아니라 그것의 현존 자체도 이미 합목적적이기 때문에 성립하며, 우연성은 그 합목적성이 오직 직관하고 반성하는 존재에 대해서만 현실적이기 때문에 성립한다. 이렇게 함으로써 인간 정신은 일찍부터 자기 자신을 유기화하는 물질의 이념으로 인도되었으며, 또 유기체는 오직 하나의 정신과의 연관 아래에서만 표상 가능하므로, 그런 사물 안에서의 정신과 물질의 근원적 통합으로 인도되었다. 인간 정신은 사물의 근거를 한편으로는 자연 자체에서 또 다른 한편으로는 자연을 넘어선 원리에서 찾으려 했다. 그러므로 인간 정신은 아주 일찍부터 정신과 자연을 하나로 생각하게 되었다. 바로 여기에 비로소 정신의 성스러운 심연으로부터 이념적 존재가 출현한다. 그 존재 안에서 정신은 개념과 행위, 기획과 실천을 하나로 간주한다. 여기에 비로소 인간 고유의 자연에 대한 예감, 즉 그 자연에 있어서 직관과 개념, 형식과 대상, 이념적인 것과 실제적인 것이 근원적으로 하나이며 동일하다는 예감이 생긴다. 그러므로 이런 문제를 둘러싼 본래적 가상은 오직 분리로만 끝나 버리는 단순한 반성 철학은 결코 전개하지 못할 가상이다. 반면 순수 직관 또는 창조적 상상력은 이미 오래 전에 상징적 언어를 발견하였으므로, 우리가 자연에 대해 반성적 사유를 적게 하면 할수록 자연이 우리에게 보다 더 이해 가능하게 말한다는 것을 발견하기 위해서, 우리는 단지 그 상징적 언어를 분석하기만 하면 된다.

⑫ 그러나 언어가 독단론적으로 사용될 경우[24] 곧바로 그 뜻과 의미를 상실하게 된다는 것은 전혀 놀라운 일이 아니다. 나 자신이 자연과 동일한 것인 한, 나는 나 자신의 생명을 이해하듯, 생동적인 자연이 무엇인지를 이해한다. 나는 어떻게 자연의 보편적 생명이 매우 다양한 형식으로 단계적인 전개를 통해 자유에 점진적으로 접근하며 자신을 드러내고 있는지를 이해한다. 그러나 내가 나를, 그리고 나와 더불어 모든 이념적인 것을 자연으로부터 분리하자마자, 나에게는 죽은 객체 이외에 다른 아무것도 남겨지지 않게 되며, 나는 어떻게 나의 외부에 생명이 가능한 것인지를 전혀 이해하지 못하게 된다.

372

상식에게 물어 보면, 상식은 오직 자유로운 운동이 있는 곳에서만 생명을 본다고 믿는다. 왜냐하면 동물적 기관―감수성[수동적 감각 기관], 자극 반응성[능동적 운동 기관] 등―의 능력은 그 자체 충동적인 원리를 전제하며, 그것이 없다면 동물은 외부의 자극에 반작용하지 못할 텐데, 오직 그런 기관의 자유로운 반작용을 통해서만 외부로부터 전달된 자극이 흥분과 압력으로 될 수 있기 때문이다. 그리고 바로 여기에 가장 완벽한 상호 작용이 지배한다. 즉 오직 외부의 흥분에 의해서만 동물은 운동의 산출로 규정되며, 또 반대로 오직 자신 안에서 운동을 산출할 수 있는 능력에 의해서만 외부 압력이 흥분으로 된다(그러므로 감수성 없이는 자극 반응성이 가능하지 않고, 자극 반응성 없이는 감수성이 가능하지 않다).

그러나 기관의 이런 모든 능력도 단순히 그것만으로 생명을 설명하기에는 충분하지 못하다. 왜냐하면 우리는 외부 자극에 의해 자유

---

24) 과학주의적으로 그리고 독단론적으로 사용될 경우(제1판).

로운 운동을 산출하지만 그럼에도 그것에 생명을 귀속시킬 수는 없는 열과 신경 등의 복합물을(예를 들어 전기와 금속 자극 등에 의해 파괴된 유기적 물체의 신경에서) 생각할 수 있기 때문이다. 사람들은 아마도 이 모든 운동의 일치가 곧 생명을 야기시킨다고 반박할 수도 있을 것이다. 그러나 생명에는 우리가 물질 자체로부터는 더 이상 설명할 수 없는 보다 더 상위의 원리, 즉 모든 개별적 운동들을 정리하고 종합하며 그렇게 함으로써 서로를 산출하고 재산출하여 상호 일치하는 운동의 다양성으로부터 비로소 전체를 창조하고 산출하는 원리가 속한다. 따라서 우리는 여기에서 비로소 하나이며 동일한 존재에 있어 자연과 자유의 절대적 통합을 대면하게 된다. 생명 있는 유기체는 바로 자연의 산물이어야만 한다. 그러나 이 자연 산물 안에는 또한 정리하고 종합하는 하나의 정신이 지배하고 있어야만 한다. 그리고 이 두 원리[자연과 정신]는 유기체에 있어 결코 분리됨이 없이 오히려 가장 내적으로 통합되어 있어야만 한다. 직관에 있어 그 둘은 전혀 구분될 수 없어야 한다. 그 둘 사이에는 이전과 이후가 있을 수 없으며 오히려 절대적인 동시성과 상호 작용이 성립해야 한다.

그런데 철학이 이 내적 결합을 지양하자마자, 두 개의 서로 대립되는 체계가 발생한다. 그러나 그 중 어느 하나도 다른 하나를 반박할 수는 없다. 왜냐하면 그 두 체계가 모두 일체의 생명 이념을 근본적으로 파괴하기 때문이다. 그 둘이 그 이념에 더 가까이 다가간다고 믿으면 믿을수록, 그 이념은 점점 더 그 둘로부터 멀어질 뿐이다. **373**

13 나는 우리 안의 사고와 표상과 의지를 조금 전에 이미 유기화된 신체의 우연한 충돌에 의해 발생하는 것으로 설명하다가 또 이제는 신체를 이루는 근육·힘줄·피부 등과 신체

안에 흐르는 유동적 물질로부터 발생하는 것으로 설명하는 자들의 철학을 이야기하고 있는 것이 아니다. 오히려 나는 우리 외부의 의식과 마찬가지로 우리 외부의 생명 역시 경험론적으로 다 파악할 수는 없다는 것, 생명도 의식과 마찬가지로 물리적 근거로부터는 설명 가능하지 않다는 것, 따라서 이런 관점에서 보면 물체를 단지 유기적 물질 요소들의 우연적 집합으로 고찰하든 아니면 수력적 기계로서 또는 화학적 공장으로 고찰하든 아무 상관이 없다는 것을 주장하고자 한다. 예를 들어 살아 있는 물질의 모든 운동이 그것의 신경이나 섬유질 또는 그 안에 돌고 있는 피의 혼합의 변화에 의해 설명 가능하다고 전제한다면, 어떻게 그 변화 작용이 가능한가라고 하는 것뿐만 아니라 과연 어떤 원리가 이 모든 변화들을 조화롭게 종합하는가도 역시 묻게 된다. 그러므로 만일 어디에서도 멈추지 않고 계속 발전하는 체계인 자연을 향한 철학적 시선이 결국 살아 있는 물질로서의 자연은 죽은 화학의 한계로부터 벗어나며, 그렇지 않을 경우 물체의 화학적 과정은 피할 수 없고 또 죽은 물체는 정말로 화학적 용해로 파괴되기 때문에 살아 있는 물체 안에는 화학 법칙으로부터 벗어나게 하는 원리가 존재해야만 한다는 것을 발견하게 된다면, 그리고 만일 그 원리를 생명력이라고 부른다면, 이런 의미로 사용된 생명력(이 표현이 아무리 흔하다고 할지라도)은 완전히 모순된 개념이라고 생각한다. 왜냐하면 우리는 힘을 오직 어떤 유한한 것으로서만 생각할 수 있기 때문이다. 그러나 대립된 것에 의해 제한되지 않고서는 어떠한 힘도 자연적으로 유한하지 않다. 그러므로 우리가 힘을 생각하는 곳에서는 (물질 안에서처럼) 역시 그것에 대립된 힘도 생각해야만 한다. 그러나 대립된 힘들 사이에서 우리는 오직 이중의 관계만을 생각할 수 있다. 그들은 상대적 균형 안에 있거나(절대적

374

균형 안에서라면 그 둘은 완전히 지양되었을 것이다)—그 경우 그들은 관성적이라고 불리는 물질 안에서처럼 정지한 것으로서 생각된다—혹은 하나가 교체하여 이기고 지고 하면서 결코 결판나지 않은 채 계속되는 투쟁 중에 있을 것이다. 그러나 이 경우에는 교체하여 이기고 지고 하는 힘들의 투쟁에 그 투쟁을 지속하게 하면서 자연의 작품을 유지하는 제3자가 다시 있어야만 한다. 그런데 이 제3자가 다시 그 자체 힘일 수는 없다. 왜냐하면 그럴 경우 우리는 다시 첫번째 대안으로 되돌아가게 되기 때문이다. 그러므로 그것은 그 자체 힘보다 더 상위의 어떤 것이어야만 한다. 그러나 힘이란 우리의 모든 물리학적 설명이 봉착하게 되는 궁극적인 것이다(이 점은 우리가 증명하게 될 것이다). 따라서 이 제3자는 완전히 경험적 자연 탐구의 한계 너머에 있는 것이어야만 할 것이다. 그러나 일상적 표상에서는 자연 외부에 그리고 자연 너머에 정신보다 더 상위의 것은 아무것도 알려져 있지 않다.[25] 그러나 그렇다고 해서 생명력을 정신적 원리로서 이해한다면, 우리는 그 개념을 완전히 지양하게 된다. 왜냐하면 힘이란 적어도 자연과학의 정점에 그 원리로서 설정될 수 있는 것이며 또 비록 그 자체로서는 기술될 수 없다고 할지라도 그것의 작용 방식은 물리적 법칙에 의해서 규정 가능한 것이기 때문이다. 반면 정신이 어떻게 물리적으로 작용할 수 있는가에 대해 우리는 최소한의 개념도 갖고 있지 않다. 그러므로 정신적 원리를 생명력이라고 부를 수는 없다. 왜냐하면 생명력이라는 표현은 아직도 우리가 그 원리를 물리적 법칙에 따라 작용하는 것으로 이해할 수 있다는

---

25) 그러나 우리는 힘이 그것에 대해 있을 수 있는 것으로서 정신보다 더 상위의 것을 알지 못한다. 왜냐하면 오직 정신만이 물질의 힘과 균형 또는 투쟁을 표상할 수 있기 때문이다(제1판).

76

희망을 암시하기 때문이다.[26]

375 **14** 그러나 우리가 이 (생명력의) 개념을 받아들이게 되면, 우리는 다시금 정신과 물질이 서로 대립되는 완전히 반대되는 체계로 도피하게 되는데, 그 체계에 있어서는 우리가 지금까지 어떻게 물질이 정신에 작용하는지를 파악하지 못했듯이 이제는 어떻게 정신이 물질에 작용하는지를 잘 파악하지 못하게 된다.

생명의 원리로서 생각된 정신은 영혼이라고 불린다. 그러나 나는 우리가 이원론자의 철학에 반대하여 이미 오래 전부터 반박해 오던 것을 되풀이하고자 하지는 않는다. 우리는 지금까지 대부분 그것을 원리적으로 반박하여 왔는데, 그 원리는 문제가 되는 체계 자체만큼이나 내용을 갖고 있지 않다. 우리가 묻고자 하는 것은 도대체 어떻게 영혼과 신체의 결합이 가능한가(이 물음은 그것을 묻는 자 자신도 이해하지 못하는 물음이므로 정당화될 수 없는 물음이다)가 아니다. 오히려 우리가 이해할 수 있고 또 대답해야만 하는 것은 어떻게 그런 결합의 표상이 우리 안에 생겨날 수 있는가이다. 내가 생각하고 표상하고 의지한다는 것, 그러나 이런 생각과 표상 등이 나의 신체의 결과일 수는 없으며, 오히려 나의 신체가 사유하고 의지하는 능력에 의해서 비로소 나의 신체로 된다는 것을 나는 잘 알고 있다. 단지 사변을 위해서는 운동의 원리를 움직여진 것으로부터, 영혼을

---

26) 우리는 생명력을 변호하는 많은 사람들이 사용하는 표현으로부터 이 점을 아주 분명하게 확인할 수 있다. 예를 들어 브란디스(Brandis)는 (생명력에 관한 그의 시도, 81면에서) 다음과 같이 말하고 있다. "(가연적[可燃的, phlogistische] 과정에서 함께 작용하는 것처럼 보이는) 전기력은 (저자가 가정하는) 가연적 생명의 과정에 참여해야만 하는가, 아니면 전기력은 생명력 그 자체인가? 나는 그것을 거의 확실한 것이라고 생각한다."

물체로부터 구분하는 것이 허용될 수 있을 것이다. 그러나 행위를 언급하게 되자마자 이 구분은 완전히 잊혀져야 한다. 이 모든 전제들과 더불어 이제 분명한 것은 만일 물체와 구분되는 것으로서의 영혼과 생명이 내 안에 존재한다면, 나는 그런 영혼과 생명에 대해 오직 직접적인 경험에 의해서만 확신을 가질 수 있게 된다는 것이다. 내가 존재한다는 것(사유하고 의지한다는 것 등)은 내가 다른 어떤 것이든지 알고 있을 때에 이미 알고 있어야 하는 것이다. 그러므로 나 자신의 존재와 생명의 표상이 어떻게 내 안에 들어오게 되는지를 나는 이해할 수 있다. 왜냐하면 내가 어떤 무엇이든 이해하고 있다면, 나는 우선 이것[나의 존재와 생명]을 이해하고 있어야만 하기 때문이다. 또한 나는 나 자신의 존재를 직접적으로 의식하고 있으므로, 내 안의 영혼에 대한 추론은 비록 그 결론이 거짓이라고 할지라도, 적어도 단 하나의 의심할 수 없는 전제, 즉 '나는 존재하고 살며 표상하고 의지한다' 에 의거한다. 그러나 어떻게 해서 나는 존재와 생명 등을 나의 외부 사물에 전가시키게 되는가? 이런 전가가 발생하자마자, 나의 직접적 지식은 곧 간접적인 것으로 바뀌어 버리고 만다. 그러나 이제 나는 존재와 생명에 대해서는 오직 직접적 지식만이 가능하다는 것, 그리고 살아서 존재하는 것은 오직 그것이 우선적으로 그리고 다른 무엇보다도 먼저 자기 자신에 대해 존재하며, 그의 생명을 그의 생명에 의해 의식하게 되는 한에서만, 살아서 존재하는 것이라고 주장한다. 그러므로 나의 직관에 자유롭게 움직이는 하나의 유기체적 존재가 나타난다고 해도, 나는 그 존재가 실재한다는 것, 즉 그것이 나에 대해 존재한다는 것은 물론 알지만, 그러나 그것이 자기 자신에 대해 그리고 그 자체로 존재한다는 것은 알지 못한다. 왜냐하면 의식이 의식 외부에서 표상될 수 없는 것과 마

376

78

찬가지로 생명은 생명 외부에서는 결코 표상될 수 없기 때문이다.[27] 그러므로 어떤 것이 나의 외부에 살아 있다는 경험적[28] 확신은 단적으로 불가능하다. 왜냐하면 당신이 자유롭게 움직이는 유기적 물체를 표상한다는 것이 단지 당신의 표상 능력의 필연적 특징에만 속할 뿐이라고 관념론자는 주장할 수 있기 때문이다. 그리고 나의 외부의 모든 것을 살아 있게 하는 철학조차도 나의 외부의 생명의 표상을 외부로부터 나에게로 들어오게 하지는 못하기 때문이다. 그러나 생명의 표상이 오직 내 안에서만 발생한다면, 내가 어떻게 나의 외부의 어떤 것이 그 생명의 표상에 상응한다는 것을 확신할 수가 있겠는가? 분명한 것은 나의 외부의 생명과 자기 존재에 대해 나는 오직 실천적으로만 확신할 수 있다는 것이다. 나는 실천적으로 나와 동일한 존재를 나의 외부에서 인정해야만 하게끔 강요되어 있다. 내가 나의 외부의 다른 사람들과 더불어 공동체에 그리고 그와 결부된 모든 실천적 관계에 들어설 필요가 없었다면, 나는 외적 형태의 현상에 있어 나와 유사한 존재들에 대해 내가 그들의 자유와 정신성을 인정하는 것 이상으로 그들이 내 안의 자유와 정신성을 인정해야만 할 이유가 있지는 않다는 것을 알지 못했을 것이다. 나의 도덕적 실존이 나의 외부의 다른 도덕적 존재의 실존에 의해 비로소 목적과 규정을 얻게 된다는 것을 내가 알지 못했다면, 나는 단순한 사변에

377 만 머무른 채 그 각각의 인간의 모습 뒤에 그리고 그 각각의 가슴 안에 자유가 존재하는지를 의심할 수도 있었을 것이다. 그리고 이 점은 우리의 가장 일상적인 판단에 의해서도 증명된다. 생명에 있어 나와 같은 기반 위에 있고 그와 나 사이의 주고받음과 수동과 능동

27) 야코비(Jacobi)의 데이비드 흄(David Hume), 140면.
28) 이론적인(제1판).

이 전적으로 교체적인 나의 외부 존재에 대해서만 나는 그가 정신적 존재임을 인정하게 된다. 반면 동물도 영혼이 있는지에 대한 호기심에 찬 질문을 받을 때, 보통의 상식을 지닌 사람은 곧 당황하게 된다. 왜냐하면 그가 그것을 긍정할 경우 그는 직접적으로 알 수 없는 어떤 것[29]을 인정하게 되는 것이라고 믿기 때문이다.

물체로부터 구분되는 영혼이 적어도 내 안에는 존재한다는 이런 이원론적 믿음의 궁극적 근원에 있어, 내가 물체와 영혼으로 구성되어 있다고 판단하는 내 안의 그 판단자는 과연 무엇인가? 또 물체와 영혼으로 구성되어 있는 그 자아는 과연 무엇인가? 여기에는 분명히 물체로부터 독립적이고 자유로우면서 물체에 영혼을 부여하고 물체와 영혼을 함께 생각하지만, 그 자체는 다시 그 통합 안에 포함되어 있지 않은 더 상위의 어떤 것이 존재해야만 한다. 즉 물체와 영혼을 다시 동일하게 만드는 더 상위의 원리가 존재해야만 한다.

우리가 이런 이원론을 고수한다면, 우리는 결국 우리가 출발하면서 가졌던 대립, 즉 정신과 물질의 대립에 다시 가까워진다. 왜냐하면 물질과 정신 사이에 어떻게 연관성이 가능한가 하는 파악 불가능한 물음이 계속 우리를 내리누르기 때문이다. 우리는 이 대립의 심각성을 온갖 종류의 기만을 사용하여 감출 수 있으며, 정신과 물질 사이에 온갖 중간 물질을 집어넣을 수도 있다. 그러나 이 중간 물질이 아무리 점점 더 미세해진다고 할지라도 결국 어딘가에는 정신과 물질이 하나가 되거나 혹은 우리가 가능한 한 피하고자 하는 커다란 비약이 불가피하게 되는 그런 한 지점이 나타날 수밖에 없다. 내가 신경을 동물적 정신, 전기적 물질 또는 가스 종류가 통과하거나 그

---

29) 그가 오직 그 자신 및 그와 동일한 종류의 존재에 대해서만 정당하게 말할 수 있는 것(제1판).

378 것에 의해 채워진 것으로 여기며 그리고 그것에 의해 감관의 인상이 외부로부터 심어진다고 이해하든, 아니면 내가 영혼을 그 가장 극단적인 (거기에다 개연적인) 두뇌의 습윤성에 이르기까지 추적하든(이는 적어도 가장 극단적인 것을 행한다는 공적을 가지는 시도이다) 이것은 사태 자체의 측면에서 보면 전혀 중요하지 않은 일이다. 그렇게 행해진 우리의 비판이 원환을 이루게 되리라는 것은 분명하다. 그러나 [문제가 되는 그] 대립에 있어 우리가 출발할 때보다 조금이라도 더 현명해진 것인지는 분명하지 않다. 우리는 인간을 모든 철학의 계속되는 가시적 문제로서 남겨 놓을 것이며, 우리의 비판은 여기에서도 역시 그것이 시작한 것과 동일한 극단에서 끝나게 될 것이다.

⑮ 결국 우리가 자연을 하나의 전체로서 종합해 보자면, 원인과 결과의 하향적 계열인 기계론은 기계론으로부터의 독립성 또는 원인과 결과의 동시성인 합목적성과 서로 대립하게 된다. 만일 우리가 이 두 극단을 다시 통합하고자 한다면, 우리 안에는 전체의 합목적성에 관한 이념이 발생하게 되며, 자연은 자기 자신에게 되돌아가는 원환, 자기 자신 안에서 닫혀진 체계가 된다. 그렇게 되면 원인과 결과의 계열은 완전히 끝나게 되며, 대신 수단과 목적의 상호적 결합이 발생하게 된다. 그리하여 개체는 전체가 없이는 현실적이 될 수 없고 또 전체도 개체가 없이는 현실적이 될 수 없게 된다.

자연 전체의 이러한 절대적 합목적성은 우리가 임의적으로가 아니라 오히려 필연적으로 사유해야만 하는 이념이다. 우리는 모든 개체가 전체의 합목적성과 연관되어야만 한다고 느낀다. 우리가 자연 안에서 목적이 없거나 반목적적으로 보이는 어떤 것을 발견하게 되면, 우리는 사물의 전체 연관이 파괴되었다고 믿으며, 그 가상적 반목적성이 다른 관점에서 합목적성으로 바뀌기까지 안정을 찾지 못한다. 이와 같이 자연 어디에서든 목적과 수단의 결합을 전제하는 것은 반성적 이성의 필연적 준칙이다. 나아가 우리는 구성적 법칙으로 변경시키지 못함에도 불구하고 너무나 확고하고도 자연스럽게 이 준칙을 따름으로써, 마치 자연에서 절대적 합목적성을 발견하려는 우리의 노력에 자연 자체가 자발적으로 접근해 오는 것처럼 전제하고 있다. 마찬가지로 우리는 우리의 반성적 이성의 준칙과 자연의 일치에 대한 완전한 신뢰를 갖고서 보다 하위의 특수한 법칙에서 보다 상위의 일반적 법칙으로 나아간다. 또한 우리의 인식 계열에 있어 아직은 분리되어 있는 현상에 대해서조차도 그것 역시 어떤 공통의 원리에 의해 서로 연관되리라는 것을 선험적으로 계속 전제한다. 이처럼 오직 결과의 다양성과 수단의 통일성을 주목하는 곳에서만[30] 우리는 우리 외부의 자연에 대한 믿음을 갖게 된다.

379

그러나 우리의 정신을 자연과 연결시키는 이 신비한 끈은 과연 무엇인가? 또는 자연이 우리의 정신에 아니면 우리의 정신이 자연에 말을 거는 그 감추어진 기관은 과연 무엇인가? 우리는 어떻게 그러한 합목적적 자연이 우리 외부에서 현실적으로 되는지에 관한 당신의 설명을 이미 모두 언급하였다. 왜냐하면 그런 합목적성을 설명함에 있어 신적인 오성을 그 근원으로 설정하는 것은 철학함을 의미하지 않으며, 단지 경건한 고찰을 서술하는 것일 뿐이기 때문이다. 그럴 경우 당신은 아무것도 설명한 것이 없게 된다. 왜냐하면 우리가 알고자 하는 것은 어떻게 그런 자연이 우리 외부에 발생하게 되었는

---

30) 우리가 결과의 무한성과 수단의 유한성을 주목하는 곳에서만(제1판).

가가 아니라, 오히려 어떻게 그런 자연의 이념이 우리 안에 나타나게 되었는가이기 때문이다. 그것도 어떻게 우리가 합목적성의 이념을 임의적으로 산출하는가가 아니라, 오히려 어떻게 그리고 왜 그런 이념이 근원적이고 필연적으로 인류가 자연에 대해 예전부터 생각해 온 모든 것의 근거에 놓이게 되었는가이다. 왜냐하면 나의 외부의 그러한 자연의 현존이 곧 내 안의 그러한 자연의 현존을 설명해 주지는 않기 때문이다. 왜냐하면 당신이 그 둘[나의 안과 나의 외부] 사이에 예정된 조화가 성립한다고 가정한다면, 바로 그 관계 자체가 우리의 물음의 대상이기 때문이다. 또는 우리가 그런 이념을 자연에다 단지 전가할 뿐이라고 주장한다면, 우리에게 자연이란 과연 무엇이고 또 무엇이어야 하는가에 대한 예견이 당신의 영혼에는 아직 나타나지 않은 것이다. 왜냐하면 우리가 해명하고자 하는 것은 자연이 우리의 정신 법칙에 우연히 (이를테면 제3자의 매개에 의해) 일치한다는 것이 아니기 때문이다. 오히려 자연은 그 자체 필연적이고 **380** 근원적으로 우리의 정신 법칙을 표현할 뿐만 아니라, 또 스스로 그 법칙을 실현하고, 나아가 자연이 그 법칙을 실현하는 한에서만 자연은 자연이 되며 또 자연이라고 불릴 수 있는 것이다.

자연은 가시적 정신이며, 정신은 비가시적 자연이어야만 한다. 그러므로 우리 안의 정신과 우리 외부의 자연의 절대적 동일성 안에서만 어떻게 우리 외부의 자연이 가능한가 하는 문제가 해결될 수 있다. 따라서 우리의 계속되는 탐구의 궁극적 목적은 바로 이러한 자연의 이념이다. 그 이념에 도달하는 것에 성공하면, 우리는 그 문제를 충분히 다룬 것이라고 확신할 수 있을 것이다.

이상과 같은 근본 문제들을 해결하는 것이 바로 이 글의 목적이다. 그러나 이 글은 위에서부터(원리의 서술로부터) 출발하지 않고, 오히려 아래에서부터(경험과 지금까지 현존했던 체계의 비판으로부터) 출발한다. 이렇게 설정된 목적에 일단 도달하고 나서야 비로소 우리는 지나온 길을 다시 거꾸로 되돌아갈 수 있을 것이다.

자연철학의 이념에 대한 보충   381

-철학 일반 및 특히 철학의 필수적이고

통합적 부분으로서의 자연철학의 일반적 이념의 서술-

16 칸트(Kant) 이전의 일반적인 사유 체계일 뿐만 아니라 철학에 있어서조차 지배적이었던 경험적 실재론에 대항해서 다시 그와 마찬가지의 경험적인 관념론이 등장하여 타당한 것으로서 인정될 수 있었던 것은 모든 일방적인 것은 직접적으로 그에 대립되는 다른 일방적인 것을 야기시킨다는 필연성에 따른 것이었다. 경험적 관념론이 칸트 추종자들이 제시하듯 그렇게 모두 경험적인 특징으로 전개된 형태로서 칸트 자신 안에서 발견될 수 있는 것은 물론 아니지만, 그래도 칸트의 글들 안에는 그 맹아가 포함되어 있다. 경험론에 접근하기도 전에 이미 경험론에 거부감을 가지고 있던 사람들은 칸트의 경험적 관념론마저도 취하지 않았다. 그것은 단지 관념론적으로 들리는 또 다른 언어로 번역된 것일 뿐 역시 같은 경험론으로 남아 있었으며, 칸트로부터 그런 형식의 경험론을 읽어 내려고 하는 사람들이 자기 자신은 모든 측면에서 경험론으로부터 자유로우며 칸트를 넘어선다고 확신하면 확신할수록 더욱더 철저하

게 변형된 형태의 경험론으로 되돌아갔다. 그들은 오성에 의한 그리고 오성을 위한 사물의 규정이 결코 물자체에 해당하는 것이 아니라고 받아들였는데, 그러면서 그 물자체를 경험적 사물처럼 표상하는 자에 대해 촉발의 관계, 원인과 작용의 관계를 갖는 것으로서 이해하였다. 선행하는 서론은 부분적으로는 경험적 실재론 자체를 반박하기 위한 것이며, 또 부분적으로는 칸트 학파에서 행하는 것과 같은 결합, 즉 조야한 경험론과 일종의 관념론의 모순적 결합을 비판하기 위한 것이었다.

382

그 두 관점은 어느 정도는 모두 그 자신의 무기에 맞아 저절로 쓰러진다. 경험적 실재론에 대해서는 경험으로부터 얻어진 것으로서 그것 자체가 필요로 하는 개념과 표상 방식들이 논해질 것이며, 따라서 그것들은 변질되고 오용된 이념들이라는 것이 제시될 것이다. 그리고 경험론과 관념론의 모순적 결합에 대해서는 그 근저에 놓여 있으며 몇몇 개별적 경우에 현저히 눈에 띄게 드러나는 최초의 모순을 밝히는 것으로서 충분할 것이다.

현재의 보충에서는 철학의 이념 자체 그리고 특히 그 학문 전체를 구성하는 하나의 필수적 영역으로서의 자연철학의 이념을 좀더 적극적 방식으로 서술하고자 한다.

⑰ 철학을 향한 첫걸음이며 그것 없이는 결코 철학 안으로 들어갈 수 없는 철학의 조건은 바로 절대적으로 이념적인 것은 절대적으로 실제적인 것이라는 통찰, 그리고 절대적으로 이념적인 것 외에는 오직 감성적인 제약된 실재성만이 존재할 뿐, 절대적이고 무제약적인 실재성이란 존재하지 않는다는 통찰이다. 우리는 절대적으로 이념적인 것을 절대적으로 실제적인 것으로 아직까지 받

아들이지 않는 사람을 여러 가지 방식으로 그 통찰의 지점까지 나아가게 할 수는 있지만, 그 통찰 자체는 직접적 방식이 아닌 단지 간접적 방식으로만 증명될 수 있을 뿐이다. 왜냐하면 그 통찰 자체가 오히려 모든 증명의 근거이자 원리이기 때문이다.

우리는 누군가를 그 통찰로 이끌어가기 위한 가능한 방식 가운데 하나를 제시하기로 한다. 철학은 절대적 학문이다. 철학이 자신의 인식의 원리를 결코 다른 학문으로부터 이끌어오지 않는다는 것, 오히려 철학은 여러 대상 중에서 적어도 지식을 그 대상으로 삼기에 그 자체가 다시 종속된 지식일 수 없다는 것은 철학에 관한 여러 개념 가운데 그래도 가장 일반적으로 일치되는 의견이다. 철학이 학문인 한 제약된 학문일 수는 없다는 그런 철학의 형식적 규정으로부터 직접적으로 귀결되는 것은 철학은 그 대상이 무엇이든지 간에 그 대상에 대해 제약된 방식으로가 아닌 오직 무제약적이고 절대적인 방식으로만 인식한다는 것, 따라서 그 대상 자체의 절대적인 것만을 알 수 있다는 것이다. 철학을 어떤 하나의 우연성과 특수성 또는 제약성을 대상으로 삼는 학으로 간주하는 그런 철학 규정에 대해서는 우연성 또는 특수성은 명목적으로 또는 실제적으로 현존하는 다른 학문들에 이미 종속되어 있다는 사실을 제시함으로써 반박할 수 있을 것이다. 그러므로 절대적 방식으로 인식하기 위해 철학은 오직 절대자에 대해서만 인식할 수 있으며, 또 그 절대자가 철학에서 오직 지식 자체에 의해서만 알려지는 것이라면, 철학의 제1이념은 이미 암묵적으로 행해진 전제, 즉 절대적 지식과 절대자 자체는 무차별적일 수 있다는 전제에 기반을 두고 있으며, 따라서 절대적으로 이념적인 것이 절대적으로 실제적인 것이라는 것에 기반을 두고 있다는 것이 분명하다.

383

그러나 이러한 결론으로부터 그 이념의 실재성이 벌써 증명된 것은 아니다. 그 이념은 앞서 말했듯이 모든 명증성의 근거로서 오직 스스로 증명될 수 있을 뿐이다. 따라서 우리의 결론은 단지 가정적일 뿐이다. 즉 만일 철학이 존재한다면, 그 이념이 철학의 필수적 전제가 된다는 것이다. 이에 대한 반대자는 이 가정[철학이 존재한다는 것]을 부정하거나 혹은 그 추론의 정당성을 부정할 수 있을 것이다. 우선 그는 전자[철학이 존재한다는 것]에 대한 부정을 학문적 방식으로 행할 수 있다. 그러나 이 경우 그는 그것을 그 스스로 일종의 지식의 학문인 철학에 의거하지 않고는 달리 행할 수가 없을 것이다. 우리는 그가 그 시도에 있어서 의도적으로 제시하고자 하는 것[철학이라는 학문이 존재하지 않는다는 학문적·철학적 주장]이 그 자체 우리가 충분한 근거에 따라 비판할 수 있는 원칙이라는 것, 그러나 그 최초의 통찰은 오직 그 자신만이 스스로에게 제시할 수 있는 것이기 때문에 우리가 그를 확신시킬 수는 없지만, 마찬가지로 그 역시 우리의 약점을 증명할 만한 최소한의 것도 제시할 수 없다는 것을 미리 감지하고 확신할 수 있다. 또는 그는 전자의 부정을 어떠한 학문적 근거도 없이 단지 그가 철학을 학문으로서 인정하지 않고 또 인정할 생각도 없다는 것을 단언함으로써 행할 수도 있을 것이다. 그러나 이런 반론에 대해 결코 진지하게 관여할 필요는 없다. 왜냐하면 철학이 존재하지 않는다는 것을 그는 철학이 없이는 결코 알 수 없을 것이며, 우리의 관심은 오직 그가 가지는 앎이기 때문이다. 그러므로 그 문제에 대해서는 그는 다른 사람들이 결정하도록 내버려두어야 한다. 그는 그 문제에 대해 아무런 의견도 제시할 수가 없다.

또 다른 경우는 그가 그 추론[철학이 존재한다는 전제로부터 철학

384

은 절대적 학문이며 따라서 절대적으로 이념적인 것은 절대적으로 실제적인 것이라는 결론을 이끌어내는 추론]의 정당성을 부정하는 경우이다. 이것은 앞의 증명에 따르면 오직 그가 철학에 있어서도 제약적 인식이 있을 수 있다는 철학에 관한 다른 개념을 제시함으로써만 가능하다. 물론 우리는 그가 어떤 종류의 인식, 예를 들어 경험적 심리학의 인식이라고 할지라도, 그것을 철학이라고 부르는 것을 막을 수는 없다. 그러나 절대적 학문의 위치와 그것에 대한 물음은 그럴수록 더 절실하게 남겨질 뿐이다. 왜냐하면 하나의 사태를 지시하는 단어의 잘못된 사용이 우리가 그 단어에 더 적은 범위의 의미를 부여한다고 해서 그 사태 자체를 지양할 수는 없다는 것은 자명하기 때문이다. 또한 철학을 아는 사람은 이미 절대적 학문이라는 것 이외에 다른 어떤 철학 개념이 사용되든지 간에, 그런 개념은 철학 개념이 아닌 것은 물론이거니와 어떤 다른 학문의 개념도 아니라는 것을 분명하게 증명할 수 있다고 미리 확신할 수 있기 때문이다.

한마디로 말해 절대적으로 이념적인 것은 절대적으로 실제적인 것이라는 이 통찰은 단지 철학에서뿐만 아니라 기하학과 총체적 수학에 이르기까지 모든 고차적 학문성의 조건이다. 수학적 학문은 실제적인 것과 이념적인 것의 이러한 무차별성을 그 종속적 의미에 따라 수용하는 데 반해, 철학은 그로부터 모든 감성적 연관을 배제시킨 후 오직 최고의 의미 그리고 가장 일반적 의미에 있어 그 무차별성을 받아들이며, 따라서 그것을 그 자체 타당한 것으로 만든다. 고차적 학문들의 고유한 명증성은 바로 이 무차별성에 근거하고 있다. 절대적 실재성을 위해 절대적 이념성 이외에 다른 어떤 것도 요구되지 않는 기반 위에서만 기하학자는 그의 이념적인 구성 작용에다 절대적 실재성을 부여할 수 있으며, 형식으로서의 구성에 대해 타당한 것이 그 대상에 대해서도 역시 영원히 그리고 필연적으로 타당한 것이라고 주장할 수 있다.

385 이에 반해 누군가는 철학자에게 절대적으로 이념적인 것은 오직 그에 대해서만 그리고 그의 사유에 대해서만 실제적인 것이라고 상기시키고자 할 것이다. 이는 경험적 관념론이 스피노자에 대해 일반적으로 제기하는 문제라고 볼 수 있는데, 그러나 그들 비판의 핵심은 단지 스피노자가 그 자신의 사유를 다시 반성하지 않는 잘못을 범했다는 것 이외에 다른 것이 아니다. 만일 그가 그런 반성을 했다면 그는 분명히 그의 체계가 오직 그의 사유의 산물에 지나지 않는다는 것을 알게 되었으리라는 것이다. 그러나 그런 비판에 대해 우리는 다시 그 사유를 그의 사유이게끔 하고 따라서 주관적인 것이게끔 하는 반성[비판자들이 요구하는 반성] 역시 오직 그[비판자]의 반성일 뿐이며 따라서 단순한 주관적인 것에 지나지 않는다는 것, 그러므로 여기에서는 하나의 주관성이 다른 주관성에 의해 개선되고 지양되는 것일 뿐이라는 아주 간단한 생각을 제시하고자 한다. 그는 결코 이러한 생각을 부정할 수 없을 것이므로, 결국 절대적으로 이념적인 것은 그 자체 주관적인 것도 객관적인 것도 아니고, 그의 사유도 다른 사람의 사유도 아니며, 오히려 절대적 사유라는 것을 인정하게 될 것이다.

우리는 이하의 모든 서술에 있어 이와 같은 절대적으로 이념적인 것과 절대적으로 실제적인 것의 무차별성의 인식을 그 자체 절대적인 것으로서 전제하고자 한다. 그리고 누군가 그것 이외에 다른 어떤 절대적인 것을 사유하거나 요구한다면, 우리는 그것을 인식할 수 있도록 그를 도울 수 없을 뿐만 아니라, 절대적인 것에 대한 우리 자신의 인식도 그에게 이해 가능하게 만들 수 없다는 것을 확신시켜야만 한다.

18 우리는 절대적으로 이념적인 것의 이념에서 출발해야만 하는데, 이제 그것을 절대적 인식 또는 절대적 인식 행위로서 규정하기로 한다.

절대적 인식은 그 안에서 주관적인 것과 객관적인 것이 대립된 것으로서 통합되는 것이 아니라, 오히려 그 안에서 전체 주관적인 것이 곧 전체 객관적인 것이 되며, 또 그 반대도 마찬가지인 그런 것이다. 사람들은 철학의 원리인 주관적인 것과 객관적인 것의 절대적 동일성을 부분적으로는 단순히 소극적으로(단순한 비상이성으로) 그리고 또 부분적으로는 절대자로 간주되는 또 다른 하나 안에서의 그 자체 대립된 두 개의 단순한 결합으로 이해했으며, 아직도 일부는 그렇게 이해하고 있다. 그들은 주관적인 것과 객관적인 것은 그것에 우연적이거나 또는 그것에 낯선 결합 안에서만 그런 것이 아니라 그 자체로서 고찰하더라도 각각 하나라고 생각한다. 그러나 이러한 최고 이념의 제시에 있어서는 주관적인 것과 객관적인 것이 [미리] 전제되어서는 안 되고, 오히려 그 둘은 [동일성 안에서] 대립된 것 또는 결합된 것으로서 오직 그 동일성으로부터 이해되어야만 한다는 것이 지적되어야 한다.

386

어느 정도의 사고력을 가진 사람이면 누구나 인정하듯이 절대자는 필연적으로 순수한 동일성이다. 절대자는 오직 절대성일 뿐이며 그 이외에 다른 아무것도 아니다. 그리고 절대성이란 그 자체 오직 그 자신과만 동일할 뿐이다. 나아가 주관성과 객관성으로부터 독립적인 순수한 동일성은 바로 그런 것으로서 그 중 어느 하나[주관성이나 객관성]에 있어서도 동일한 것으로 남으며 그 자체로서 질료이자 형식이며, 주체이자 객체라는 것은 바로 그 순수한 동일성의 이념 자체에 속하는 것이다. 이 점은 오로지 절대자만이 절대적으로 이념적인 것이며, 또 그 반대도 마찬가지라는 것으로부터 귀결된다.

이와 같은 순수 절대성, 즉 주관적인 것과 객관적인 것 안에서의 동일성이 바로 우리가 여기에서 주관적인 것과 객관적인 것의 동일한 본질, 즉 동일성으로 규정했던 것이다. 이 설명에 따르면 주관적인 것과 객관적인 것은 마치 서로 대립된 것들이 [합하여서] 하나가 되듯이 그렇게 하나가 되는 것이 아니다. 왜냐하면 그럴 경우 우리는 주관적인 것과 객관적인 것을 그 자체 대립된 것으로 인정해야만 하기 때문이다. 그러나 실제로는 오히려 오직 하나의 주관성과 객관성만이 존재할 뿐이며, 이런 한에서만 앞서 언급한 순수 절대성은 존재한다. 이 순수 절대성은 그 자체 주관적인 것과 객관적인 것 둘로부터 독립적이고, 그 둘 중 어느 하나만으로 될 수 없으며, 나아가 자기 자신에 대해 그리고 자기 자신에 의해서 그 둘 안에서도 동일한 절대성을 실현시킨다.

⑲ 우리는 이러한 미분적 절대성의 주관-객관화의 필연성을 좀더 자세하게 기술해야만 한다.

절대자는 영원한 인식 행위이다. 그 인식 행위는 그 자체 질료이고 형상이며 일종의 산출로서, 이 산출을 통해 절대자는 영원한 방식으로 이념 또는 순수한 동일성인 그의 전체성 안에서 스스로 실제적인 것, 즉 형상이 되며, 또 다시금 마찬가지의 영원한 방식으로 형상으로서의 자기 자신 그리고 그러는 한 객체로서의 자기 자신을 존재 또는 주체로 해체시킨다. 우리는 우선 이러한 관계를 분명히 하기 위해서(왜냐하면 여기에서는 그 자체로 어떠한 이행도 없기 때문이다) 절대자를 순수하게 질료로서, 순수한 동일성으로서, 순수한 절대성으로서 사유해야만 한다. 절대자의 존재가 산출이고 또 절대자

는 형상을 오직 자기 자신으로부터만 취할 수 있는데, 그 절대자 자 **387**
체가 순수한 동일성이기 때문에, 그 형상 역시 이러한 동일성이어야
만 한다. 그리고 그 안에서 존재와 형상은 하나이고 동일한 것, 즉
동일한 순수 절대성이어야만 한다.

절대자가 단순한 질료, 즉 존재인 순간에는 그 절대자는 순수한
주관성이며, 자신 안에 폐쇄되고 가려져 있다. 그것이 자기 자신의
존재를 형상으로 만듦으로써 그 전체 주관성은 그것의 절대성에 있
어서 객관성이 된다. 그리고 또한 자신의 존재 안으로의 형상의 수
용 또는 형상의 변경을 통해 전체 객관성은 다시 그것의 절대성 안
에서 주관성이 된다.

여기서는 시간적인 선행이나 후행이 있는 것이 아니며, 절대자의
자기 자신으로부터의 벗어남이나 행위로의 이행이 있는 것도 아니
다. 오히려 절대자 자체가 바로 영원한 행위이다. 왜냐하면 절대자는
직접적으로 그 자신의 개념에 의해서 존재하며, 그의 존재가 곧 그
의 형상이고, 또 그의 형상이 곧 그의 존재라는 것은 절대자의 이념
에 속하는 것이기 때문이다.

우리는 절대적 인식 행위 안에서 우선 두 행위를 구분할 수 있다.
하나의 행위는 객관성과 유한성이 주관성과 무한성의 본질적 통일성
에 이르기까지 인식 행위가 그 주관성과 무한성을 객관성과 유한성
의 형태로 산출하는 행위이며, 또 다른 하나의 행위는 그 인식 행위
가 객관성 또는 형상의 자기 자신을 다시 존재로 해체시키는 행위이
다. 절대자는 주체도 아니고 객체도 아니며 오히려 그 둘의 동일적
존재이기 때문에, 절대자는 절대적 인식 행위로서 여기에서는 순수
주체로 저기에서는 순수 객체로 있을 수 있는 것이 아니다. 오히려
그것은 언제나(그것이 형상을 존재로 해체시키는 곳에서는) 주체로

서 그리고(그것이 존재를 형상으로 형성하는 곳에서는) 객체로서 오직 순수한 절대성일 뿐이며, 전체적 동일성일 뿐이다. 여기서 발생할 수 있는 모든 차별성은 항상 동일한 것으로 남아 있는 절대성 자체 안에서가 아니라, 오히려 존재로서의 행위 안에서 절대성이 미분적으로 형상으로 변화되거나 또는 형상으로서의 다른 행위 안에서 절대성이 미분적으로 존재로 변화되는 과정 안에만 있을 수 있다. 그러나 그 안에서도 절대성은 자신을 영원히 자기 자신과 하나로서 형성해 간다.

절대자 자체에 있어서 그 두 통일성은 구분되지 않는다. 우리는 절대자 자체를 다시 그 두 통일성의 통일성으로 규정하도록 유혹받게 되지만, 엄밀히 말해 절대자는 그것이 아니다. 왜냐하면 그런 통일성은 그 둘의 통일성으로서 오직 그 둘이 구분되는 한에서만 인식 가능하고 규정 가능하게 되겠지만, 절대자의 경우는 그렇지 않기 때문이다. 즉 절대자는 다른 어떤 더 이상의 규정 없이 단지 절대자일 뿐이다. 그것은 그 절대성과 영원한 행위에 있어서 단적으로 하나이며, 또 그 통일성 안에서 직접적으로 다시 세 가지 통일성의 전체성이다. 세 가지 통일성 중 하나는 그 안에서 존재가 절대적인 형상으로 전개되는 통일성이고, 다른 하나는 그 안에서 형상이 절대적인 존재로 전개되는 통일성이며, 마지막 하나는 그 안에서 그 두 절대성이 다시 하나의 절대성으로 되는 통일성이다.

절대자는 자신으로부터 자기 자신 이외에 다른 어떤 것도 산출하지 않는다. 그러므로 절대자는 다시 절대자를 산출한다. 세 가지 통일성 각각은 전체적인 절대적 인식 행위이며, 존재 또는 동일성으로서 절대자 자체와 마찬가지로 스스로 형상이 되는 것이다. 형식적 측면에서 보면 세 통일성 각각에는 하나의 특수성이 존재한다. 예를 들어 그 안에서 무한자는 유한자로 형성되고 또 그 반대도 마찬가지이다. 그러나 이러한 특수성은 절대성을 지양하지는 않는다. 그리고 비록 형상이 존재와 완전히 같게 형성되어 그 자체 존재가 됨으로써 특수성이 절대성 안에서 구분되지 않게 된다고 할지라도, 특수성이 그 절대성에 의해 지양되는 것도 아니다.

우리가 여기에서 통일성이라고 말하는 것은 다른 사람들이 이념 또는 모나드로서 이해한 것과 동일한 것이다. 비록 이들 개념들의 참된 의미가 상실되어 버린 지 이미 오래 되었지만 말이다. 각각의 이념은 그 자체로 절대적인 특수자이다. 절대성은 동일성에서의 절대성의 주체-객체성 자체와 마찬가지로 언제나 하나일 뿐이며, 단지 절대성이 이념 안에서 어떻게 주체-객체가 되는가 하는 방식만이 차별을 만들 뿐이다.

절대적 동일성과 특수한 형상의 종합이라는 이념에 있어서는 일반자와 특수자(존재와 형상)의 절대적 동일성이 그 자체 다시 일반자가 되기 때문에, 특수한 형상이 절대적 형상 또는 존재와 다시 동일하게 정립되는 한, 어떤 개별적 사물도 존재할 수가 없게 된다. [오히려] 절대자 자체 안에서 다시 하나가 되는 통일성들 중 하나의 통일성이 그것의 존재이자 동일성인 자기 자신을 단순한 형상으로, 따라서 상대적 차별성으로 파악하는 한에서만, 그 통일성은 개별적인 현실적 사물들에 의해 상징화된다. 개별적 사물은 존재가 형상으로 변형되는 영원한 행위에 있어 단지 하나의 계기일 뿐이다. 그러므로 형상은 특수한 것으로서, 예를 들어 무한자가 유한자로 형성되는 것으로써 구분된다. 그러나 형상에 의해 객관화된 것은 그럼에도 절대적 통일성 자체이다. 나아가 (예를 들어 존재가 형상으로 되는) 절대적 형성의 모든 계기와 단계가 절대적인 것 안에 놓여 있고, 또

389

우리에게 특수한 것으로서 나타나는 모든 것의 이념 안에 그것의 일
반자 또는 존재가 절대적으로 수용되어 있기 때문에, 그 어떤 것도
그 자체로 유한하게 발생하는 것도 아니고 진실로 발생하는 것도 아
니며, 오히려 그것은 그것을 포함하고 있는 통일성 안에서 절대적이
고 영원한 방식으로 표현되고 있는 것일 뿐이다.

그러므로 물자체는 영원한 인식 행위에서의 이념일 뿐이다. 그리
고 그 이념은 다시 절대자 자체에 있어 단 하나의 이념이기 때문에,
따라서 모든 사물들 역시 진실로 그리고 내적으로 단 하나의 존재일
뿐이다. 즉 주체-객체화의 형상에 있어서의 순수한 절대성의 존재이
다. 그리고 절대적 통일성이 오직 특수한 형상에 의해, 예를 들어 개
별적인 현실적 사물에 의해 객관화되는 그런 현상에 있어서도 그
[현상] 사물들의 모든 상이성은 본질적이거나 질적인 상이성이 아니
라 오히려 무한자가 유한자로 되는 형성의 단계에서 발생하는 단순
한 비본질적인 양적 상이성일 뿐이다.

유한자와 관련해서는 다음과 같은 법칙을 주목해야만 한다. 무한
자가 유한자에 대해 갖는 관계에 있어서는 유한자 자신은 다시 무한
자 안의 유한자로 있게 되며, 이 두 통일성은 각각의 존재에 있어 다
시 하나의 통일성이 된다.

절대자가 영원한 인식 행위 안에서 자기 자신을 특수자로 확장하
는 것은 오로지 무한성이 유한자로 되는 절대적 형성 안에서 유한자
를 다시 자기 자신 안에 거둬들이기 위한 것일 뿐이다. 그리고 이 두
행위는 절대자 안에서는 단 하나의 행위일 뿐이다. 그러므로 이 행
위로부터 하나의 계기, 예를 들어 통일성이 다양성으로 확장되는 계
기가 그 자체로 객관화되는 곳에서는 또 다른 하나의 계기, 즉 유한
자가 무한자로 복귀하는 계기 역시 그 자체로 그에 상응하는 행위로

서 동시에 객관화되어야 하며, 또 그 각각이 특수하게 구분 가능한 것이 되어야 한다. 이것은 하나의 행위(무한자가 유한자로 확장되는 행위)가 직접적으로 또 다른 하나의 행위(유한자가 무한자로 재형성되는 행위)이기 때문이다.

이처럼 영원한 인식이 그 구분 가능성 안에서 인식될 것을 부여하면서 존재의 밤으로부터 낮으로 이행해 가듯이, 바로 이런 방식으로 세 가지 통일성은 직접적으로 그 영원한 인식으로부터 특수한 것으로 드러나게 된다는 것을 우리는 알게 된다.

390

⑳ 절대성 안에서 무한자가 유한자로 형성되면서 직접적으로 다른 것으로 변형되고 다시 또 그 다른 것[유한자]이 그것[무한자]으로 변형되는 과정에서 최초의 것은 자연이며, 그것과 구분되는 또 다른 것은 이념적 세계이다. 그리고 이 둘에 있어서 각각의 특수한 통일성은 그 자체 절대적으로 되기 때문에 그것이 동시에 또 다른 하나로 해체되고 변형된다는 점에서 제3의 것은 그 둘과는 구분된다.

그러나 자연과 이념적 세계는 그 두 대립된 것이 합류하는 곳에서도 각각 그 자체 안에 절대성의 한 지점을 가지고 있기 때문에, 만일 그 각각이 특수한 통일성으로서 구분되어야 하는 한, 각각 다시 그 자체 안에 세 통일성을 구분 가능하게 포함하고 있어야만 한다. 우리는 이 통일성을 그 구분 가능성과 하나의 통일성으로의 포섭 가능성에 따라 활력(Potenzen)이라고 부르기로 한다. 따라서 이와 같은 현상의 일반적 유형은 필연적으로 특수자 안에서 그리고 동일한 것으로서 실제적 세계와 이념적 세계 안에서 반복된다.

우리는 이상의 글을 통해 독자가 일단 오직 철학만이 존재하는 세계의 직관, 즉 절대적 형상의 직관을 요구하고, 그러고 나서 다시 철학이 필연적으로 전개하는 학문적 형상의 직관을 요구할 수 있도록 독자를 인도하였다. 우리는 철학이라는 학문 전체에 대한 하나의 필수적이며 통합적 측면으로서 자연철학을 서술하기 위해 철학 자체의 일반적 이념을 필요로 했다. 철학은 절대자의 학문이다. 그러나 절대자가 그의 영원한 행위에 있어 필연적으로 두 측면, 즉 실제적 측면과 이념적 측면을 하나로서 포괄하고 있듯이, 철학 역시 형상의 측면에서 보면—비록 철학의 본질이 그 두 측면을 절대적 인식 행위 안에서 하나로 간주하고자 하는 데에 놓여 있지만—필연적으로 자신을 두 측면으로 구분해야만 한다.

절대자의 영원한 행위의 실제적 측면은 자연 안에서 드러난다. 자연 자체 또는 영원한 자연은 객관적인 것 안에 탄생한 정신, 형상 안에 인도된 신의 존재이다. 다만 형상 안으로의 이와 같은 인도는 직접적으로 다른 통일성을 포착한다. 이에 반해 드러나는 자연은 현상으로서의 자연 또는 존재가 형상으로 형성되어 특수성 안에 나타나는 자연이다. 따라서 드러나는 자연은 그것이 신체화됨으로써 그 자체에 의해 특수한 형상으로 전개되는 한에서만 영원한 자연이다. 자연은 그것이 자연으로서, 즉 특수한 통일성으로서 나타나는 한, 이미 그런 것으로서 절대자 외부에 있게 된다. 즉 그것은 절대적 인식 행위 자체로서의 자연(Natura naturans)이 아니라, 오히려 절대적 인식 행위의 단순한 신체 또는 상징으로서의 자연(Natura naturata)이다. 절대자에 있어 자연은 이념적 세계의 통일성인 대립된 통일성과 단 하나의 통일성으로서 존재한다. 그러나 바로 그렇기 때문에 절대자에 있어 자연은 자연으로서의 자연만도 아니고 이념적 세계로서의 이념적 세계만도 아니며, 오히려 그 둘이 단 하나의 세계로서 [통합되어] 있는 것이다.

㉑ 따라서 우리가 철학을 `전체적으로 그것이 모든 것을 직
관하고 서술하는 방식에 따라, 즉 절대적 인식 행위에
따라 규정한다면, 철학은 관념론이 된다. 왜냐하면 절대적 인식 행위
에 의해 자연은 다시 오직 하나의 측면, 즉 모든 관념들의 관념이 되
기 때문이다. 모든 철학은 관념론이며 또 관념론으로 남을 것이다.
이 관념론은 다시 그 자체 안에 실재론과 관념론을 포괄하게 되는
데, 우리는 여기서 전자의 절대적 관념론을 단순한 상대적 관념론인
후자의 관념론과 혼동하지 말아야 한다.

영원한 자연에 있어 절대자는 그 절대성(순수 동일성) 안에서 자
기 자신에 대해 하나의 특수자, 하나의 존재가 된다. 그러나 여기에
서도 그것은 절대적으로 이념적인 것, 절대적 인식 행위이다. 현상적
자연에 있어서는 오직 특수한 형상만이 특수한 것으로서 인식되며,
여기에서 절대자는 절대성으로서의 자기 자신과는 다른 것 안에, 즉
유한한 것 안에 자신을 감추는데, 그 유한한 것 또는 그것의 존재는
절대자의 상징이며, 따라서 그런 상징으로서 다른 모든 상징과 마찬
가지로 그것이 의미하고 있는 것과는 독립적인 생을 취하게 된다.
이념적 세계에 있어서는 절대자가 그런 덮개를 치워 버리며, 그 모
습 그대로 이념적인 것으로서, 인식 행위로서 나타난다. 그러나 그렇
게 함으로써 반대로 또 다른 측면이 뒤로 물러나고 오직 하나의 측
면 즉 유한성이 무한성으로 해체되는 측면, 특수자가 존재로 해체되
는 측면만이 드러날 뿐이다.

현상하는 이념적인 것 안의 절대자가 다른 것 안에서도 변화되지
않고 나타난다는 사실로 인해 사람들은 이러한 상대적인 이념적인
것에다 실제적인 것에 앞서는 우선성을 부여하게 되었으며, 또 절대
적 철학이라는 이름 아래 단지 상대적 관념론만을 서술하게 되었다.

392

[피히테의] 지식론의 체계가 이와 같은 상대적 관념론이라는 것은 의심의 여지가 없다.

자연철학의 출발점이 되는 전체는 절대적 관념론이다. 자연철학은 관념론이 절대적 관념론으로 이해되는 한, 관념론에 선행하지 않으며, 또 어떤 방식으로든 관념론에 대립되지도 않는다. 그러나 관념론이 상대적 관념론으로 이해되는 한, 자연철학은 관념론에 선행하며 그것에 대립된다. 왜냐하면 상대적 관념론 자체가 절대적 인식 행위의 오직 한 측면만을 포괄하는데, 그 한 측면은 또 다른 한 측면이 없이는 사유 불가능하기 때문이다.

22 우리의 목적을 충분히 달성하기 위해 우리는 우선 자연철학 전체의 내적 연관성과 구성에 관해 언급해야만 한다. 특수한 통일성은 그것이 바로 통일성이기 때문에 그 자신 안에 그리고 그 자신에 대해 다시 모든 통일성을 포함하고 있다는 것은 이미 언급하였다. 이것은 자연의 경우도 마찬가지이다. 무한자가 유한자로 형성되는 규정된 단계를 제시하는 각각의 통일성들은 자연철학에서 세 가지 활력으로 서술된다. 무한자가 유한자로 형성될 때, 그 형성을 이루는 첫번째 통일성은 전체적으로는 일반적 세계 건축에 의해 표현되고, 개체적으로는 물체 계열에 의해 표현된다. 특수자가 일반자 또는 본질로 귀환할 때의 또 다른 통일성은 자연에서 지배적인 실제적 통일성에 종속된 채 일반적 기계로 표현되는데, 여기에서는 모든 역학적 규정에 따라 일반자 또는 존재가 빛으로, 특수자가 물체로서 드러난다. 마지막으로 절대적인 합일의 형성 또는 그 두 통일성의 무차별화는 실제적인 것에 있어서 유기체가 표현한다. 따라서 유기체는 단지 종합으로서가 아니라 오히려 최초의 것으로서, 즉 앞의 두 통일성에 대한 그 자체 존재이며 또 자연에 있어 그

리고 자연을 위한 절대자의 완전한 모상(Gegenbild)인 최초의 것으로서 간주된다.

그러나 무한자가 유한자로 형성되어 절대적 무차별화의 지점까지 나아간 바로 그 지점에서 무한자는 다시 그것에 대립되는 것, 따라서 절대적 이념성의 공중으로 직접적으로 해체된다. 그리하여 실제 **393** 적 세계에서는 절대자의 완전한 실제적 상(Bild)인 가장 완전한 유기체와 더불어 또한 완전한 이념적 상이—비록 이 이념적 상은 오직 이성 안의 실제적 세계를 위해서만 출현하지만— 직접적으로 출현한다. 그리고 여기 실제적 세계에서는 절대적 인식 행위의 두 측면이 절대자에게서와 마찬가지로 서로에 대한 원형과 모상으로 나타난다. 즉 이성은 영원한 자연에서의 절대적 인식 행위와 마찬가지로 유기체 안에서 자신을 상징화하면서 절대적 이념성을 드러내고, 유기체는 유한자가 무한자로 영원히 귀환함에 있어서의 자연과 마찬가지로 이성 안에서 자신을 상징화하면서 절대적 이념성을 드러낸다.

형상에 있어서는 변화할지라도 존재에 있어서는 동일한 것으로 되돌아오는 이러한 이념적 측면에 대한 동일한 활력과 동일한 관계의 제시는 우리의 탐구 영역 밖에 놓여 있다.

㉓ 자연철학은 이 책에서 비로소 처음으로 다루어지는 것인데, 이것 역시 아직 상대적 관념론에 속하는 개념들 때문에 다소 불분명하고 불확실한 자연철학의 전망만을 담고 있을 뿐이다. 철학적 측면에서 고찰하자면 지금까지 자연철학이란 이념에 관한 그리고 자연과 이념 세계의 동일성에 관한 학설을 서술하고자 하는 철저한 시도였을 뿐이다. 최근에 라이프니츠가 이에 관한 뛰어난 통찰을 새롭게 제시하였지만, 그러나 그것은 그에게조차 대부분 그리고 그의 추종자에게는 더욱더 단지 너무 일반적인 학설에 그치

고 말았다. 더구나 그의 학설은 그의 추종자에 의해서 완전히 오해되었으며, 라이프니츠 자신에 의해서도 충분히 학문적으로 전개되지 않았다. 거기에는 자연철학을 통해 우주 전체를 진지하게 파악함으로써 결국 자연철학을 보편적이고 객관적으로 타당한 것으로 정당화하고자 하는 시도가 빠져 있다. 그러나 사람들이 조금 전까지만 해도 거의 예상하지 못하였거나 혹은 적어도 불가능한 것으로서 간주하였던 것, 즉 지적 세계를 현상하는 세계의 법칙과 형상을 통해 완벽하게 서술하고 그리고 다시금 현상 세계의 법칙과 형상을 지적 세계로부터 완전하게 파악하는 것이 이제는 부분적으로는 자연철학에 의해 이미 현실적으로 수행되었으며 또 부분적으로는 그것을 수행해 가는 도상에 있다.

우리는 아마도 그 가장 명백한 예로서 자연철학이 세계 물체의 운동의 일반적 법칙에 대해 부여하는 구성을 제시할 수 있을 것이다. 그 구성에 대해 사람들은 아마 그것의 핵심이 플라톤의 이데아론이

394 나 라이프니츠의 모나드론에 이미 포함되어 있었다는 사실을 결코 믿을 수 없을 것이다.

사변적 인식의 측면에서 또는 사변적 물리학으로서 자연을 고찰해 볼 경우, 자연철학은 그런 것과 유사한 점을 하나도 갖고 있지 않다. 우리는 르 사게(Le Sage)의 기계적 물리학을 생각해 볼 수 있는데, 그것은 다른 모든 원자론적 이론과 마찬가지로 아무런 철학도 갖추지 못한 경험적 허구와 임의적인 가정의 짜맞춤일 뿐이다. 이보다 더 [자연철학]에 근접했던 고대의 고찰은 대부분 손실되었다. 베이컨(Bacon)에 의한 철학의 타락과 보일(Boyle)과 뉴턴(Newton)에 의한 물리학의 타락 이후 일반적으로 진행되어 온 맹목적이고 몰이념적인 방식의 자연 탐구[시기]를 거친 후 [이제 다시] 자연철학과

더불어 비로소 보다 더 고차적인 자연의 인식이 시작되었다. 즉 자연의 직관과 이해를 위한 새로운 기관이 형성된 것이다. 자연철학의 관점으로 자신을 고양시킨 사람, 자연철학이 요구하는 직관과 방법을 갖춘 사람은 자연철학이 바로 지금까지의 자연 탐구에서 철저하게 다루지 못했던 문제들을 비록 사람들이 그것의 해결을 위해 찾았다녔던 것과는 완전히 다른 영역에서일지라도 확실성과 필연성을 갖고 해명할 수 있게 되었다는 것을 고백하지 않을 수 없을 것이다. 사람들이 지금까지 자연 현상의 이론으로 불러왔던 모든 것으로부터 자연철학을 구분짓는 것은 이전의 이론들은 현상으로부터 근거를 추론하고, 결과에 따라 원인을 설정하면서, 다시 그 결과를 그 원인으로부터 도출하였다는 것이다. 그러한 결실 없는 노력이 빠져 나올 수 없었던 영원한 순환 구조는 차치하고라도, 그런 방식의 이론은 비록 그것이 최고의 것을 이루었다고 할지라도 일종의 상황 가능성만을 제시할 수 있을 뿐, 그 상황의 필연성은 결코 제시할 수가 없다. 이런 종류의 이론에 대한 비판은 경험론자들이 그리로 향한 성향을 결코 극복하지 못한 채 끊임없이 제기하는 것인데, 우리는 그런 비판이 아직까지 자연철학에 대해서도 말해지고 있음을 본다. 즉 자연철학에서는 수학에서와 마찬가지로 설명이 거의 발생하지 않는다는 것이다. 자연철학은 현상에 의해 부여된 방향성 없이 그 자체로 확실한 원리에서부터 출발한다. 자연철학의 방향은 그것 자체 안에 놓여 있으며, 자연철학이 그것에 충실하게 머무르면 머무를수록 현상들은 더욱 확실하게 그 현상들이 필연적인 것으로 이해되도록 하는 바로 그 자리에서 발생하게 된다. 그러한 체계 내에서의 그 자리가 바로 현상에 대해 그 체계가 부여할 수 있는 유일한 설명이라는 것이다.

395

개체로서의 자연과 마찬가지로 전체로서의 자연을 위해 절대자와 이념 자체의 존재로부터 도출되는 전형과 체계의 일반적 연관성 안에서 현상은— 우리가 지금까지 단지 가정적으로만 알아 온 일반적 자연의 현상은— 이러한 필연성을 따라 파악될 뿐만 아니라, 그 관계가 지금까지 매우 깊이 감추어져 있어 언제나 인식 불가능한 것으로 간주되었던 유기체적 세계의 현상 역시 명료하고 확실하게 파악된다. 가장 의미심장한 가정에서조차도 남겨져 있었던 가능성, 즉 그 가정을 전제할 것인가 전제하지 말 것인가의 가능성은 여기[자연철학]에서는 완전히 배제된다. 그 연관성을 파악하여 전체의 관점에 도달하게 된 사람은 모든 의심을 벗어나게 된다. 그는 현상이 오직 그렇게만 있을 수 있으며 또 그 현상이 그 연관 안에서 서술되는 그런 방식으로 있어야만 한다는 것을 인식한다. 한마디로 말해 그는 대상을 그것의 형상을 통해 파악한 것이다.

우리는 자연철학이 현 시기와 현대 세계 일반에 대해 갖는 보다 고차적인 연관을 고찰하면서 글을 맺기로 한다.

스피노자는 백 년 이상 알려지지 않았다. 그의 철학을 단순한 객관성의 학설로서 파악한 것이 그의 철학에서의 참된 절대자를 알아보지 못하게 한 것이다. 그로 하여금 주관-객관성을 절대성의 필연적이며 영원한 특징으로 인식하게 했던 규정성은 그의 철학 안에 놓인 더 높은 규정을 보여 주는데, 그 규정의 완전한 전개는 그 이후의 시대에나 가능했다. 스피노자 자신에게 있어서는 실체의 첫번째 정의로부터 다음과 같은 그의 학설의 중요한 주명제로의 이행이 학문적으로 인식 가능하게 서술되고 있지 않다. 즉 무한한 지성으로부터 지각된 것은 모두 실체의 본질을 구성하는 것일 수 있으며, 그것은 모두 그 무한한 실체에 속한다. 따라서 사유적 실체와 연장적 실체

396

는 모두 같은 하나의 실체이며, 그 하나의 실체가 이 속성 또는 저 속성 아래 고찰되는 것일 뿐이다. 이러한 동일성에 대한 학문적 설명이 스피노자 철학에 빠져 있기 때문에 그의 학설이 지금까지 오해받게 된 것인데, 바로 이러한 동일성의 인식이 곧 철학 자체의 회복의 시작이어야만 한다.

우선 주관-객관성의 일반적 형식을 다시 철학의 유일한 것이며 모든 것으로서 정당화시킨 피히테(Fichte)의 철학은 그러나 그것이 전개되면 전개될수록 그 동일성 자체를 다시 특수성으로서의 주관적 의식으로 더욱더 제한하면서, 그것을 절대적인 과제, 그리고 그 자체로 무한한 과제의 대상, 즉 절대적 요구의 대상으로 만든 것처럼 보인다. 나아가 그는 그런 방식으로 모든 실체를 사변으로부터 이끌어냄으로써 동일성 자체를 공허한 폐물로 만들어 버리고, 반면 절대성을 칸트(Kant)의 학설에서와 마찬가지로 새로운 것에 대한 믿음과 행위에 의해 철저하게 주관성과 연결짓는 것처럼 보인다.[31]

---

31) 순수한 인식으로부터 모든 사변을 완전히 구분짓기 때문에 그리고 후자를 믿음을 통해 그것의 공허성 안에 포섭시키기 때문에, 우리는 [피히테의]《인간의 사명》,《명백한 보고》등에 의존할 필요가 없다. 《지식론》 자체에서 우리는 다음과 같은 구절을 발견한다. "(저자가 칭하는 대로 절대적 실체의 최고의 통일성의) 이러한 필연성에 대해 그(스피노자)는 더 이상의 근거를 제시하지 않으며, 오히려 그것은 단적으로 그러하다고 말한다. 그는 어떤 절대적인 최초의 것, 하나의 최고의 통일성을 가정해야만 하기 때문에 그렇게 말한다. 그러나 그가 그렇게 가정하려 한다면, 그는 그의 의식 안에 주어진 통일성에 멈추어야만 했으며 그보다 더 상위의 어떤 것을 상상해 낼 필요가 없었을 것이다"(46면). 그리고는 그를 멈춰서게끔 강요하는 것은 실천적 자료라고 주장한다. 이는 곧 "모든 비아가 자아의 실천적 법칙 아래에 필연적으로 소속되어 있다는 통일성의 느낌이다. 그러나 이것은 결코 개념의 대상으로서 존재하는 어떤 것이 아니라 오히려 이념의 대상으로서 존

철학은 더 높은 요구를 충족시켜야 하며, 또 믿음 안에서든 믿음 밖에서든 충분히 오랫동안 무가치하고 불만족스럽게 살아온 인간을 결국은 통찰로 이끌어가야만 한다. 전체 현대 시기의 특징은 관념론적이며, 그 지배적인 정신은 내면으로의 복귀이다. 이념적 세계가 강력하게 드러나고 있지만, 그것은 아직도 자연이 신비한 것으로서 물러나 있음으로 인해 억제되어 있다. 이념적 세계 안에 놓인 비밀은 자연의 신비가 명시화되는 경우가 아니라면 실제로 객관화될 수 없을 것이다. 이념적 세계를 준비하는 아직 알려지지 않은 신성(神性)은 그것이 자연에서 자기 자리를 점하기 전에는 아직 그러한 신성으로 드러날 수 없을 것이다. 모든 유한한 형상이 파괴되고 나면 그리고 이 넓은 [현상] 세계에서 인간을 공통체적 직관으로 통합시키는 것이 더 이상 없게 되면, 가장 완전한 객관적 총체성 안에서 오직 절대적 동일성의 직관만이 [모든] 인간을 새롭게 최종적으로 종교를 형성함으로써 영원히 통합할 수 있을 것이다.

397

재해야만 하는 어떤 것이며, 따라서 우리에 의해 산출되어야만 하는 어떤 것이다."

자연철학 체계의 제1기획

1799

이 책은 본래 1799년 강의용으로 씌어진 것으로서, 본문은 다음과 같은 제목의 3장으로 구성되어 있다.

제1장 : 자연은 그 근원적 생산물에 있어 유기적이라는 증명,

제2장 : 무기적 자연의 제약의 연역,

제3장 : 유기적 자연과 무기적 자연의 상호 규정.

다음의 번역은 들어가는 말과 각 장의 내용을 요약·정리한 전체의 윤곽 그리고 본문 중에서 제1장 제1절만 번역한 것이다.

들어가는 말

이 글처럼 오로지 강의를 위한 안내에만 충실하기 위해 씌어진 글에 대해서는, 본래 더 많은 청중을 위해 씌어진 글의 경우와 마찬가지의 요구가 정당하게 행해질 수 없다.

이 글 이전에는 이런 종류의 시도가 있었던 적이 없으므로, 단지 그 이유 때문에라도 이 글은 제1기획이라고 불릴 수 있다(왜냐하면 아무도 르 사게(Le Sage)가 역학(mechanisch) 체계에 대해 했던 것과 같은 것을 동역학적(dynamisch) 철학에 대해 감행하려고 하지 않았기 때문이다). 그러나 이 글은 그 외에 또 다른 의미도 가지고 있다.

현재의 글에서 (체계 자체를 서술하는 것은 차치하고) 단순한 제1기획 이상의 것을 제시하고자 한다면, 저자는 그의 계획의 크기를 너무 높게 잡은 것이 될 것이다.

그러므로 그가 요구하는 것은 다음과 같다. 독자는 활동들이 아직 그에게 완벽하게 주어진 것이 아니라는 판단을 기억해야만 한다. 자연철학 또는 사변적 자연학이 저자에게 무엇을 의미하는지를 알지 못하는 사람은 판단하지 말 것이며, 그래도 판단해야만 할 경우 그는 저자의 설명을 기다려야만 한다. 그것은 머지않아 사변적 자연학의 체계의 기초와 내적 조직에 관한 특별한 글에서 간단하게 제시될 것이다. 그러므로 다음의 윤곽은 입문의 위치를 차지하게 될 것이다.

제1장
자연은 그 근원적 생산물에 있어 유기적이라는 증명

　I. 자연에 관해 철학한다는 것은 곧 자연을 창조한다는 것을 의미하므로, 어느 지점에서부터 자연이 생성으로 정립될 수 있는지, 그 지점이 우선 발견되어야만 한다.

　무한한(그리고 그러는 한 이념적인) 생산적 활동성이 실제적 활동성이 되기 위해서는 그 활동성은 저지되고 정체되어야만 한다. 그러나 활동성은 근원적으로 무한하기 때문에 그것이 저지된다고 할지라도 유한한 생산물로 될 수는 없다. 따라서 유한한 생산물이 이루어진다고 해도, 그것은 단순히 가상 생산물(Scheinprodukte)일 수밖에 없다. 즉 그 각 개체 안에는 다시 무한한 발전의 성향이 놓여 있어야 하며, 각 생산물은 다시 [그 다음의] 생산물로 분해될 수 있어야 한다.

　II. III. 그러므로 분석은 여전히 생산물인 어떤 하나의 것에 멈추어 있을 수 없으며, 오히려 오직 순수 생산적인 것에 머물러 있어야 한다. 이러한 절대적으로 생산적인 것(더 이상 기체를 가지지 않고 오히려 모든 기체의 원인이 되는 것)만이 모든 분석의 절대적 저지자이지만, 바로 그 때문에 분석(경험)은 결코 거기에 도달할 수가 없다. 이 절대적으로 생산적인 것은 단적으로 자연 안에 정립되어야만 한다. 그리고 이것이 바로 모든 자연철학의 제1요청이다. 그것은 자연 안에서(역학적으로 그리고 화학적으로) 극복될 수 없는 것이어야만 하는데, 오직 모든 근원적 성질들의 원인만이 그런 것으로 생각될 수 있다. 이러한 절대적으로 생산적인 것은 단순한 활동(Aktion)의 개념을 통해서 제시된다(동역학적 원자론자의 원리).

객체로서의 자연에 있어서는 무한한 생산물들이 진화하기 때문에, 절대적 분석이 실제적인 것으로 생각될 수 있으려면, 단순한 활동들의 무한한 다양성은 자연의 요소들과 질료의 모든 구성의 다양성으로 생각되어야만 할 것이다.

(그러나 자연에 있어 그러한 절대적 분석은 결코 이루어질 수 없으며, 따라서 그러한 단순한 활동들은 단지 질료의 이념적 요소들이라는 것이 여기에서 기억되어야만 한다.)

6 그러나 그러한 단순한 활동들은 그것들이 생산해 내는 근원적 모습(Figur) 이외에 다른 어떤 것에 의해서도 서로 구분될 수가 없다. (이 점에서 우리는 원자론자들에게 동의한다. 그러나 자연을 생산물로 유지시키는 배합의 일반적 강제 때문에 절대적 진화는 결코 이루어지지 않으므로, 이러한 근본 형태는 원자론자들의 주장과는 달리 현존하는 것으로서 간주될 수 없다.[1]) 그러므로 단순한 활동들은 자신을 지양하는 것으로, 즉 서로 간섭하는 것(응집)으로 사유되어야만 한다. 이러한 상호 간섭의 가장 근원적 생산물은 가장 근원적인 유동성, 절대적으로 합성 불가능한 것(Incomponible), 따라서 절대적

---

1) 누군가 객체로서의 자연을 실제적인 것으로 간주하고, 그것을 진화에 의해 발생한 것이 아니라, 오히려 종합에 의해 발생한 것으로 간주한다면(경험적 관점에서는 이렇게 하지 않을 수 없듯이), 역학적 원자론이든 동역학적 원자론이든 원자론이 필연적이게 된다. 그러나 사변적 자연학이 궁극적으로 도달하고자 하는 초월적 관점에 의하면 모든 것은 완전히 달라지게 된다.

으로 분할 가능한 것(Decomponible)이다(열의 현상, 전기적 현상 그리고 빛의 현상에 관해 이런 관점에서 통찰[이 가능하다]). 이런 원리를 매개로 하면 자연에 있어 모든 개체성의 지양, 따라서 모든 생산물의 지양이 이루어지게 된다. 그러나 이것은 불가능하다. 그러므로 자연 안에는 균형이 존재해야만 하는데, 그 균형은 질료가 그와 다른 측면에서 절대적으로 분할 불가능한 것이 됨으로써만 가능하다. 그러나 이러한 절대적으로 분할 불가능한 것은 그것이 동시에 절대적으로 합성 가능한 것이 아닌 한, 있을 수가 없다. 그러므로 자연은 한 극단으로 또는 다른 한 극단으로 사라져 버릴 수 없다. 즉 자연은 근원적으로 두 극단의 중간자이다.

그러므로 형태화의 상태가 그 안에서 자연이 관조될 수 있는 가장 근원적인 상태이다. 즉 자연은 하나의 형태에서 다른 형태로 이행해 가는 생산물인데, 이는 특정한 질서에 따라 이루어지지만, 형성의 절대적 저지가 없다면 이 질서에 의해 어떠한 규정된 생산물도 이루어지지 않을 것이다. 그리고 이런 저지는 오직 형성 충동이 대립된 방향으로 이원화될 때에만 가능하다는 것이 증명될 것이다. 이러한 이원화는 근본적 단계에 있어서 성차(性差)로 나타난다.

그리고 이럴 경우에만 자연에서의 서로 다른 발전 단계의 영속성이 확고화된다는 것이 증명[될 것이다].

그러나 이러한 서로 다른 생산물들, 즉 서로 다른 단계에서 저지된 생산물들은 모두 단 하나의 근원적인 이상(Ideal)의 변형들이다. [이를 위해] 자연에 있어 동역학적 단계들의 연속성에 의한 증명[이 행해지며], 이것으로부터 자연 안의 동역학적 단계를 도출해야 하는 전체 자연철학의 근본 과제[가 주어진다].

IV. 개별적인 생산물들이 자연 안에 정립되지만, 자연은 일반적인 유기체로 나아간다. 모든 개별자에 대항하는 자연의 투쟁[이 제시될 것이다].

7 모든 유기적인 것에 있어서의 수용성과 활동성의 필연적인 상호 규정의 연역(이것은 뒤에서 자극 가능성으로서 제시될 것이다)과 또 그에 대립되는 다음과 같은 체계에서의 상호 규정의 지양[이 제시될 것이다].

a) 유기체 안에(주체가 아닌) 단순한 수용성을 정립하는 화학적 생리학의 체계.

b) 유기체 안에(어떠한 수용성에 의해서도 매개되지 않는) 절대적 활동성, 즉 살기 위한 절대적 힘을 정립하는 체계.

제3의 체계에 있어 이 두 체계의 통합.

그러나 유기체 안에 그 활동성의 매개자로서 필연적으로 수용성이 정립된다면, 그 유기체 자체 안에는 그것과 대립되며 그것에 특정한 작용을 하는 비유기적 세계가 전제되게 된다. 그러나 이 비유기적 세계는 그것이 특정한(불변적인) 세계이기 때문에, 유기적 세계와 더불어 다시 공통으로 하나의 내적인 것을 형성하기 위해 그 자체 다시 외적인 작용하에(동시에 강요된 상태에) 있어야만 한다.

이것이 비유기적 세계 일반의 조건으로부터 도출될 수 있어야만 한다.

제2장
비유기적 자연의 제약의 연역

단순한 옆에 있음과 나란히 있음의 가능성의 연역[이 제시될 것이다]. 그런 것은 오직 상호성의 경향으로만 사유 가능하므로, 그런 경향을 유지하는 원인이 요청된다.

a) 보편적 중력의 연역[이 제시될 것이다. 이를 위해] 대립되는 체계들. 즉 역학적 체계와 인력의 형이상학적 체계 그리고 그 두 체계로부터의 제3의 체계인 보편적 세계 형성의 이론에서 도출된 물리적 인력의 체계[가 서술될 것이다].

b) 보편적 중력과 더불어 자연 안에는 일반적 동화(Intussusception)의 경향이 놓여 있다. 실제적 동화가 이루어진다는 가설을 전제한다면, 중력의 활동은 단지 그것으로의 최초의 충격일 뿐이다. 그러므로 동화를 실제적으로 만들기 위해서는 그것과 다른 활동이 첨가되어야만 한다. 자연 안의 그런 활동을 제시하는 것이 요구된다.

규정된 영역의 모든 화학적 과정의 원리는 다시 바로 그 영역의 생산물이 아니라, 더 높은 영역의 생산물이어야 한다는 것이 증명[되어야 한다](산소의 연역). 그로부터 보다 낮은 영역의 모든 화학적 과정에서의 적극적 활동은 보다 상위의 영역에서 출발해야만 한다는 결론[이 나온다].

우리에게 알려진 우주의 부분 안의 빛은 보다 상위 질서의 세계 물체로부터 그 하위의 세계 물체에 실행되는 동역학적 활동의 현상이라는 것이 증명[될 것이다](연소는 대립되는 친화 영역 서로간의 이행이다).

c) 그 활동에 대한 모든 지구 실체의 하나의 대립된 관계의 연역 **8** (물체의 전기적 관계)[이 제시될 것이다].

전기적 과정과 화학적 과정의 차이[가 제시될 것이다]. 하나의 현상 안에서 직접적으로 나타나는 원리가 다른 하나의 현상 안에서는 간접적으로 규정적인 것이 된다.

d) 화학적 활동에 대한 중력 활동의 관계[가 제시될 것이다].

제3장
유기적 자연과 비유기적 자연의 상호 규정

I. 유기체와 비유기적 세계의 연관 관계를 표현하는 최고의 개념은 자극 가능성(Erregbarkeit)의 개념이다. 자극 가능성을 통해 유기체 안에 정립되는 이원성과 우주의 일반적 유기화로부터 이원성이 도출[된다].

유기체를 단순한 객체로 또는 단순한 주체로 정립하는 대립된 두 체계의 완전한 통합은 유기체를 자극 가능한 것으로 정립하는 제3 체계에서의 통합[으로 제시될 것이다]. 자극 가능성의 원인의 도출[이 제시될 것이다]. 자극 가능성의 조건은 그 경향에 있어서는 화학적이지만 근원적으로는 비화학적이라는 이중성[을 가진다]. 그리고 이에 근거하여 더 상위의 동역학적 과정의 가능성(생명 과정의 가능성)에 관한 완전한 증명[이 제시될 것이다]. 이 생명의 과정은 비록 그 자체 화학적이지는 않지만 그럼에도 화학적 과정과 동일한 원인과 동일한 조건을 가진다.

II. 개별적인 유기적 기능이 자극 가능성의 개념으로부터 도출[될 것이다].

a) 자극 가능성은 이원성을 전제하기 때문에, 자극 가능성의 원인이 다시 이원성의 원인일 수는 없다. 그러므로 이원성을 더 이상 전제하지 않는 다른 원인, 즉 유기적 활동 원천으로서의 감수성(Sensibilität)의 원인이 요청된다.

b) 그 원천이 감수성이 되는 활동성의 규정과(동전기학에 있어) 그 활동성의 조건의 규정이 자극 반응성(Irritabilität)[으로 제시될 것이다].

c) 생산물에 있어 이 활동성의 소멸, 모든 지분(영양·분할·성장·예술 충동 : 이론적 본능 일반, 동형성, 생산 충동)을 지닌 생산성[이 서술될 것이다].

III. 지금까지 언급된 것으로부터 [다음과 같은 것이] 귀결된다.

a) 유기적 기능은 하나가 다른 하나에 종속되며, 전체 유기적 자연에 있어서뿐 아니라 개체 안에 현상함(드러남)에 있어서도 대립된다.

b) 그러한 대립(왜냐하면 더 상위의 기능은 그에 종속된 것이 우세하므로 억압되기 때문이다)을 통해서 동역학적인 단계가 자연 안에 근거지어진다.

c) 이러한 동역학적 단계의 증명이 다음과 같은 것을 [제시할 것이다].

　aa) 감수성과 자극 반응성의 상호 작용.　　　　　　**9**

　bb) 감수성과 생산성의 상호 작용.

　cc) 전체 자연에 있어서 자극 반응성과 생산성의 상호 작용.

결론 : 감수성의 최고 단계로부터 결국 식물의 재생산력으로 사라지는 것은 하나이며 동일한 생산물이다.

d) 일반적 자연과 비유기적 자연 안에는 유기적 자연에서와 마찬가지로 동일한 동역학적 단계가 지배한다는 것이 증명[될 것이다].

이러한 단계의 일반적 도식

유기적 자연	일반적 자연	비유기적 자연
형성 충동	빛	화학적 과정
자극 반응성	전기성	전기적 과정
감수성	자기성의 원인	자기성[2]

e) 자연철학의 최고 과제는 어떤 원인이 자연의 일반적 동일성으로부터 그 최초의 이중성(그 이외의 대립이 그것의 단순한 유도체가 되는 그런 이중성)을 산출하는가이다.

III의 첨가로서 자연에서의 동역학적 단계로부터 도출된 질병의 이론[이 다루어질 것이다].

IV. 유기체의 종속적 기능뿐만 아니라 그것에 상응하는 일반적 힘들(전기성, 화학적 과정)도 근원적 이질성을 전제한다. 그러므로 앞의 과제(무엇이 근원적 이질성의 원인인가?)의 해결은 동시에 화학적 과정의 이론이 되며, 또 그 반대도 마찬가지이다.

화학적 과정의 일반적 이론으로서

a) 화학적 과정의 개념[과]

b) 화학적 과정의 실질적 조건[이 다루어진다]. 전기적 과정에서

---

2) 유기적 자연에서와 마찬가지로 일반적 자연에 있어서도 종속된 힘들이 근원적 이질성을 이미 전제하므로, (동질성으로부터) 하나의 이질성을 산출하는 원인이 요청된다. 그 자리에는 우선 단순히 가정적으로 일반적 자기성의 원인이 정립된다.

와 마찬가지로 화학적 과정에서도 오직 단 하나의 대립이 지배한다는 증명[이 제시된다].

c) 모든 화학적(그리고 전기적) 과정은 최초의 이질성에 의해 매개되기 때문에, 이 이질성은 일반적 자연에 대해 감수성이 유기적인 것에 대해 가지는 것과 동일한 기능을 가진다. 유기체에 대한 감수성의 역할을 일반적 자연에 대해 자기성이 한다는 것, 모든 유기적인 것이 감수성에 종속되듯이 우주의 모든 동역학적 힘은 자기성에 종속된다는 것, 유기적인 것에서의 자극성과 마찬가지로 비유기적 자연에 있어서 자기성이 일반적이라는 것(그리고 그것이 지양될 경우는 오직 현상을 위해서만 지양된다는 것) 등에 대한 완전한 증명[이 제시될 것이다]. 감수성의 궁극적 원인과 자기성의 동일성에 대한 결론[이 내려진다].

10

d) 화학적 과정과 모든 동역학적 과정의 완전한 구성.

aa) 오직 동질적인 것 자체가 자신 안에서 이원화되는 한에서만 이질적 물체들 간의 동화가 가능하기 때문에, 어떠한 동질적 상태도 절대적일 수 없으며 오직 무차별 상태만이 있을 수 있다. 이것을 설명할 수 있기 위해서는 우주 안에(자기적인) 분할을 통해 생산물에서 생산물로 존속하는 일반적 작용이 모든 성질의 일반적 규정자로(따라서 자기성이 일반적인 것으로) 가정되어야만 한다.

bb) 나아가 이질성을 개별적인 동역학적 영역 안에 산출하고 또 그렇게 함으로써 동역학적 무차별 상태의 지양의 가능성을 산출하기 위해서는 더 상위의 친화 영역과 더 하위의 친화 영역 간의 (빛의 매개에 의한) 전달[이 있어야만 한다]. 하위의 친화 영역에 의해서는 동역학적 과정의 외적 조건(이질성)이 주어지고, 상위의 친화 영역에 의해서는 동역학적 과정의 내적 조건(동질적인 것 자체 안에서의 이원화)이 주어진다.

V. 이제 도출된 동역학적인 유기적 조직은 그 토대로서 우주를 전제한다.

(자연 안의 근원적인 이중성의 전제 아래에서) 우주의 진화를 제약하는 다음과 같은 힘들의 연역[이 있다].

척력

인력

중력[이 그것이다].

이 힘들만이(서로간의 독립성 안에서) 자연을 공간과 시간의 각 순간을 위해 규정된 생산물로 만들며, 질료의 실질적 구성을 가능하게 만든다.

11   I

① 어떤 대상이 철학의 객체가 되든지 간에, 그것은 단적으로 무제약적인 것으로 간주되어야만 한다. 따라서 어느 정도까지 자연에 무제약성이 귀속될 수 있는가가 문제이다.

1) 우선 우리는 무제약자의 개념을 확실히 해야만 한다. 그러나 그럴 수 있기 위해서 우리는 초월 철학으로부터 이미 알려진 것으로 전제되는 몇몇 명제들을 필요로 한다.

제1명제 : 무제약자는 하나의 개별적 사물 안에서도 찾아질 수 없고, 또 우리가 '그것은 있다'라고 말할 수 있는 그런 것 안에서도 찾아질 수 없다. 왜냐하면 존재하는 것은 단지 존재에 참여하고 있는 것일 뿐이며, 존재의 개별적 형상 또는 방식일 뿐이기 때문이다. 반대로 우리는 무제약자에 대해서 결코 '그것은 있다'라고 말할 수 없다. 왜냐하면 무제약자는 존재 자체인데, 존재 자체는 어떠한 유한한 생산물 안에서도 자신을 완전하게 제시하지 않으며, 모든 개별자는 단지 그것의 특수한 표현일 뿐이기 때문이다.

설명 : 이 명제가 주장하고 있는 것은 매우 일반적으로도 그리고 모든 학문에 있어서의 무제약자에 대해서도 타당하다. 왜냐하면 비록 인간적 지식에 있어 절대적 무제약자까지는 오직 초월 철학만이 나아갈 수 있지만, 어느 학문이든 그것이 학문인 한, 그것의 무제약자를 가져야만 한다는 것은 초월 철학 자체가 증명하기 때문이다. 그러므로 앞의 명제는 자연철학에 대해서도 역시 타당하다. "자연의 무제약자는 개체로서의 어떠한 개별적 자연 사물 안에서도 찾아질 수 없다." 오히려 모든 자연 사물 안에서는 존재의 원리가 개시되는 **12** 데, 그러한 존재의 원리는 그 자체 존재하는 것이 아니다. 반면 무제약자가 결코 존재의 술어 아래 생각될 수 없다는 것은 그것이 모든 존재의 원리로서 그 이상의 존재에 참여할 수 없다는 사실로부터 자연스럽게 귀결된다. 왜냐하면 존재하는 모든 것이 오직 무제약자의 색채와 같은 것이라면, 그 무제약자 자체는— 보여지기 위해서 더 밝은 빛을 필요로 하지 않는 빛 자체처럼— 어디에서나 그 자체에 의해 보여지는 것이기 때문이다.

그러나 초월 철학에 있어 존재 자체, 즉 모든 개별적 존재가 오직 그 존재 자체의 특수한 형상일 뿐인 그런 존재 자체란 과연 무엇인가? 존재하는 모든 것이 존재의 원리에 따르는 정신의 구성이라면, 존재 자체는 그 구성 자체 이외에 다른 아무것도 아니거나, 아니면 그 구성이 단지 활동성으로만 표상 가능하기 때문에 존재 자체는 최고의 구성하는 활동성 이외에 다른 아무것도 아니다. 이 최고의 구성하는 활동성은 그 자체 객체는 아니지만 그럼에도 모든 객관적인 것의 원리가 된다.

이상에 따르면 초월 철학은 어떠한 근원적 존재도[3] 알지 못한다. 왜냐하면 존재 자체가 단지 활동성일 뿐이라면, 개별적 존재 역시 오직 근원적 활동성의 규정된 형상 또는 제한으로서만 간주될 수 있기 때문이다.—[초월 철학에 있어] 존재는 자연철학에 있어서와 마찬가지로 근원적인 것이 아니다.

"근원적인 것으로서의 존재 개념은(초월 철학에서와 마찬가지로) 자연철학으로부터도 단적으로 제거되어야만 한다."

바로 이것이 곧 앞서 말한 대로 "자연은 무제약적인 것으로 간주되어야만 한다"는 것을 의미한다.[4]

13   그러나 일반적인 합의에 따르면 자연은 그 자체 모든 존재의 총괄 이외에 다른 것이 아니다.[5] 그러므로 존재 자체의 개념 안에서 자유의 감추어진 흔적을 발견할 수 없다면,[6] 자연을 무제약자로 간주하

---

3) 어떠한 존재 자체도.
   《셸링 전집》의 편집자 주. 이 주와 다음에 나오는 주들은 그때마다 표시될 몇 안 되는 예외를 제외하고는 모두 강좌에 사용되었던 저자의 수고(手稿)에서 취한 것이다. 간략함을 위해서 본문 중에 여기저기 나타나는 괄호 안의 단어들 역시 동일한 자료에서 취한 것이다.
4) 초월 철학자가 자아를 다루듯이 자연철학자는 자연을 다룬다. 그러므로 자연철학자에게는 자연 자체가 무제약자이다. 그러나 이것은 우리가 자연 안의 객관적 존재로부터 출발할 경우에는 가능하지 않다. 자연철학에 있어서도 객관적 존재는 초월 철학에 있어서와 마찬가지로 근원적인 것이 아니다.
5) 그리고 이 경우 자연은 객체로서 간주될 것이다.
6) 즉 존재 자체의 개념 안에 더 상위의 개념, 즉 활동성 개념의 흔적이

는 것은 불가능했을 것이다. 따라서 우리는 다음과 같이 주장한다. (자연의) 모든 개별적인 것은 단지 존재 자체의 형상일 뿐이지만, 존재 자체는 절대적 활동성의 형상이다. 왜냐하면 존재 자체가 활동성이라면, 개별적 존재 역시 활동성의 절대적 부정성일 수는 없기 때문이다. 우리는 자연 산물 자체를 존재의 술어 아래 생각해야만 한다. 그러나 그 존재 자체는 더 상위의 관점에서 보면 자신의 생산물 안으로 사라지는 연속적으로 작용하는[7] 자연 활동성 이외에 다른 것이 아니다. ―그러나 우리에 대해서는 자연 안의 어떠한 개별적 존재도(특정한 상태에 도달한 것으로서) 근원적으로 현존하는 것이 아니다. 왜냐하면 그렇지 않을 경우 우리의 행위는 철학이 아니라 경험이 될 것이기 때문이다.― 우리는 객체가 무엇인지를 그 최초의 근원에서 발견해야만 한다. 그러므로 우선 자연 안에 존재하는 모든 것과 존재의 총괄로서의 자연 자체는 우리에 대해 전혀 현존하는 것이 아니다. 자연에 관해 철학한다는 것은 곧 자연을 창조한다는 것을 의미한다. 그러나 모든 활동성은 그것의 생산물 안에서 소멸한다. 왜냐하면 활동성은 오직 그 생산물로만 나아가기 때문이다. 그러므로 우리는 생산물로서의 자연을 알지 못한다. 우리는 자연을 오직 활동적인 것으로서만 알 뿐이다.― 왜냐하면 활동성으로 옮겨질 수 없는 그런 대상에 대해서는 철학할 수가 없기 때문이다. 자연에 대해 철학한다는 것은 곧 자연을 그것이 빠져 있는 것처럼 보이는 죽은 기계론으로부터 끄집어내어 그것으로 하여금 자유를 갖게 하고 생동적이게 만들어 그 자체의 자유로운 전개로 옮겨 놓는 것을 의미한다. 다시 말해 자연 안에서 단지 발생하는 것만을 ― 행위에 있어

놓여 있지 않았다면.
7) 같은 형상으로 작용하는.

행위 자체가 아니라 기껏해야 사실로서의 행위만을— 바라보는 그런 통속적 견해로부터 자기 자신을 해방시키는 것을 의미한다.[8]

14 　2) 어떻게 자연에 무제약성이 귀속될 수 있는 것인가 하는 첫번째 물음에 대해 우리는 자연이 단적으로 활동적인 것으로 간주되어야만 한다는 주장을 통해 대답하였다. 그러나 이 대답은 그 다음의 새로운 물음으로 우리를 이끌어간다. 즉 어떻게 자연은 단적으로 활동적인 것으로 간주될 수 있는가? 또는 더 정확하게 말해, 전체 자연은 그것이 절대적으로 활동적인[9] 것인 한, 우리에게 어떤 빛으로 나타나는가?

이 물음에 답하기 위해 우리는 다음과 같은 명제를 사용해야만 한다.

제2명제: 절대적 활동성은 유한한 생산물에 의해서가 아니라 오직 무한한 생산물에 의해서만 서술될 수 있다.

설명: 자연철학은 개념의 공허한 유희에 빠지지 않기 위해 그것의 모든 개념에 대해 그에 상응하는 직관을 제시할 수 있어야만 한다. 그러므로 절대적 활동성이 자연에 존재한다면, 그 절대적 활동성이 어떻게 경험적으로, 즉 유한한 것 안에 나타날 수 있는지를 묻게 된다.

②　—유한한 것 안에서의 무한한 것의 서술 가능성—이것은 모든 학문들의 최고 과제이다. 하위 학문들은 이 문제를 특수한 경우에 있어서만 해결하지만, 초월 철학은 이 문제를

---

8) 생산물에 대한 일상적 관점에서는 자연의 근원적 생산성은 사라져 버린다. 그러나 우리에 대해서는 생산성 너머의 생산물이 사라져야만 한다.

9) 생산적인.

그 최고의 보편성에 있어 해결해야만 한다. 이 해결은 의심할 바 없이 다음과 같은 결과로 나아갈 것이다.

모든 학문에 있어 무한자에 대한 전체 탐구를 둘러싼 가상은 그 개념 자체의 양의성에서 기인한다. 경험적 무한자는 오직 절대적인 (지적) 무한성의 외적 직관일 뿐이며, 그것의 직관은 근원적으로는 우리 안에 있지만, 그것은 외적인 경험적 서술 없이는 결코 의식에 이르지 못할 것이다. 경험적으로 무한한 계열이 구상력 앞에서 무화될 때 비로소 직관이 나타나게 된다는 것이 바로 이에 대한 증명이다("내가 그것을 제거하면, 너는 완전하게 내 앞에 놓여 있을 것이다"). 즉 오직 유한자만이 외적으로 직관될 수 있는 것이라면, 무한자는 외적 직관에 있어 오직 결코 완료되지 않는 유한성, 즉 그 자체무한한 유한성, 다시 말해 무한한 생성자에 의해서가[10] 아니라면 결코 제시될 수가 없다. 이 경우 무한자의 직관은 어떠한 개별적 계기 안에도 놓여 있지 않으며 오히려 유한한 과정 안에서 산출되어야만 할 뿐이다. 그러나 이 과정은 구상력이 감당할 수 있는 것이 아니며, 따라서 그 계열을 무화할 것인가[11] 아니면 그 계열의 이념적 한계를 설정할 것인가는 이성이 결정한다. 계열에 이념적 한계를 설정하는 것은 바로 수학자가 하나의 크기를 무한히 크거나 무한히 작은 것으로 가정할 때 행하는 것인데, 그러한 한계 설정은 실천적 사용에 있어 결코 그 한계 너머로 나아가야 할 필요가 없을 정도까지만 멀리

15

---

10) 생성하게 하는 자에 의해서가.
11) 그 계열이 무화된다면, 우리 자신 안의 무한한 경향의 느낌 이외에 다른 아무것도 남겨지지 않게 된다. 이제 이것이 직관되면, 그에 대한 시인의 표현이 있게 된다. 이 점으로부터도 근원적으로 모든 무한성은 본래 우리 자신 안에 놓여 있다는 것이 분명해진다.

나아갈 수 있다.

그러나 무한한 계열이 단지 근원적인 무한성의 외적 서술일 뿐이라면, 우리는 그 무한한 계열을 어떻게 표상해야 하는가? 우리는 무한자가 무한한 계열에 있어 복합(Zusammensetzung)에 의해 산출된다고 믿어야 하는가? 아니면 오히려 우리는 그런 연속성의 계열을 무한자 안으로 흘러 들어가는 단 하나의 기능으로 표상해야만 하는가? 수학에서 무한한 계열은 크기에 의해 복합된다는 사실이 전자의 가정이 옳다는 것을 증명하는 것은 아니다. 모든 개별적 계열이 (수학에서) 단지 그 모상일 뿐인 그런 근원적으로 무한한 계열은 복합에 의해 발생하는 것이 아니라 오히려 진화(Evolution)에 의해 발생한다. 즉 그것은 그 시작점에 있어 이미 무한한 단 하나의 크기의 진화에 의해 발생하는 것이며, 그 무한한 크기가 전체 계열을 통과한다. 이 단 하나의 크기 안에 근원적으로 전체 무한성이 집중되어 있으며, 계열상의 연속(Succession)은 오직 개별적 저지(Hemmungen),[12] 즉 무한한 계열(무한한 공간)로 그 크기가 확장됨에 있어 연속적으로 제한을 정립하는 저지를 나타낼 뿐이다. 만일 그런 저지가 없다면 크기의 확장은 무한한 속도로 발생하여 어떠한 실제적 직관도 발생할 수 없을 것이다.

16 그러므로 경험적 무한성의 본래적 개념은 무한히 계속적으로 저지되는 활동성[13]의 개념이다. 만일 활동성이 무한히 계속되는 것이 아니라면, 그리고 그 활동성이 기술하는 선(線)의 모든 개별적 점(點) 안에 그 활동성의 전체 무한성이 놓여 있는 것이 아니라면, 그 활동성은 어떻게 그럼에도 불구하고 무한히 저지될 수가 있겠는가?

---

12) 반성에 의한.
13) 경향.

자연철학을 위한 결론 명제들

－동시에 우리의 두 번째 물음의 대답으로

간주될 수 있는 명제들－

3 제1 결론 명제 : 자연이 절대적 활동성이라면, 그 활동성 은 무한히 저지되는 것으로 나타나야만 한다.[14] (그리고 자연은 단적으로 활동적인 것이므로, 저지의 근원적 근거는 다시 자 연 자체 안에서 찾아져야만 한다.)

제2 결론 명제 : 자연은 어디에서도 생산물로서 존재하지 않는다. 자연 안의 모든 개별적 생산물은 단지 가상 생산물일 뿐이지, 절대 적 생산물이 아니다. 그 안에서 절대적 활동성이 소진되는 그런 절 대적 생산물은 항상 생성될 뿐이며 결코 존재하고 있는 것이 아니 다.[15]

4 제1 명제에 따르면 자연 안에는 근원적인 이원성이 단적 으로 전제되어야만 한다. 왜냐하면 이원성만이 오직 그 아래에서 무한자가 유한하게 서술될 수 있는 조건, 즉 비로소 자연 을 가능하게 하는 조건이 되기에 그 이상으로는 더 이상 소급해서 물을 수 없기 때문이다. 자연 자체 안의 이 근원적인 대립을 통해 비

---

14) 그렇지 않다면 그 활동성에 대한 어떠한 경험적 서술도 가능하지 않 았을 것이다.

15) 생산성은 근원적으로 무한하다. 그러므로 그것이 생산물에 이르렀을 때조차 그 생산물은 단지 가상 생산물일 뿐이다. 각각의 생산물은 하 나의 저지물이지만, 그러나 그 저지물 안에도 아직 무한자는 있다(이 텍스트의 마지막 구절인 "항상 생성될 뿐이며 결코 존재하고 있는 것 이 아니다"는 수고에서는 지워져 있다).

로소 자연은 본래 그 자체 안에서 완전하고 결정적인 것이 된다.[16]

17 자연은 스스로 자신에게 자신의 경계를 부여하므로, 자연 안에는 어떤 낯선 힘도 들어올 수가 없다. 자연의 모든 법칙은 내재적이다. 또는 자연은 그 자신의 법칙 부여자이다(자연의 자율성).

또한 자연 안에서 발생하는 것은 자연 자체 안에 있는 운동을 가능하게 하는 활동적 원리로부터 설명될 수 있어야만 한다. 또는 자연은 그 자체로서 충분하다(자연의 자족성).

이상의 두 명제는 다음과 같은 하나의 명제로 요약될 수 있다. 자연은 무제약적 실재성을 가진다.[17] 그리고 바로 이 명제가 자연철학의 원리이다.

절대적 자연 활동성은 무한히 저지되는 것으로 나타나야만 한다. 보편적 자연 활동성의 이러한 저지는(이것 없이는 가상 생산물에 이를 수 없을 것이다) 자연 안의 대립적 경향의 작업으로서 표상될 수 있다. (우리는 단 하나의 중심점으로부터 모든 방향으로 흘러나가지만 근원적으로 그 자체 무한한 단 하나의 힘을 생각해 보자. 그러면 이 힘은 만일 그것에 반작용하는 (지체시키는) 활동성이 그것의 확장에 대해 유한한 속도를 부여하지 않았다면, 공간상의 어떤 지점에 있어서도 한순간도 머물러 있지 않으며 따라서 공간을 비워 놓았을 것이다.[18]) 그러나 우리가 그 대립되는 경향들로부터 유한한 생산물의 구성을 시행하려고 기획하자마자, 우리는 해결할 수 없는 난점에

---

16) 그리고 자연은 그런 것이어야만 한다.
17) 자연은 그것의 실재성을 자기 자신으로부터 가진다. 자연은 그 자신의 생산물, 즉 자기 자신으로부터 유기화되고 또 자기 자신을 유기화하는 전체이다.
18) 칸트의 척력과 인력은 어떤 더 상위의 것에 대한 단지 기계적 표현일 뿐이다.

부딪치게 된다. 왜냐하면 그 둘이 하나의 동일한 지점에서 만난다고
가정하면, 그 둘의 작용은 상호적으로 서로를 지양할 것이고, 결국
그 생산물은 0이 될 것이기 때문이다. 그러나 바로 그렇기 때문에
자연 안의 어떠한 생산물도 그 안에서 대립되는 활동성이 절대적으
로 만나게 되는 생산물, 즉 그 안에서 자연 자체가 정지에 도달하게
되는 그런 생산물일 수는 없다는 것이 주장되어야만 한다. 한마디로
말해 우리는 자연 안의 모든 영속성(Permanenz) 자체를 단적으로 부
정해야만 한다. 그리고 모든 지속(Beharren)은 오직 객체로서의 자연
안에서만 발생할 뿐이며, 반면 주체로서의 자연의 활동성은 끊임없
이 계속된다는 것, 그리고 자연 자체가 모든 불변성에 연속적으로
저항한다는 것을 주장해야만 한다. 자연철학의 중요한 문제는 자연
안의 활동적인 것을 설명하는 것이 아니라(왜냐하면 활동적인 것은
자연철학의 제1전제이므로 쉽게 이해될 수 있기 때문이다), 오히려
정지한 것과 불변적인 것을 설명하는 것이다. 그러나 자연철학은
오직 자연에 있어 불변성이란 자연 자신의 활동성의 제한이라는 전
제[19]에 의해서만 이 점을 설명할 수 있다. 왜냐하면 그럴 경우에만
휴식 없는 자연은 모든 제한에 대항하여 싸울 것이기 때문이다. 그
리고 그렇게 함으로써 자연 활동성의 저지점은 객체로서의 자연 안
에서 불변성을 얻게 될 것이다.[20] 이 저지점들이 철학자들에게는 생

18

19) 또는 불변적인 것은 오직 그것이 자연 생산성의 제한이 됨으로써만
불변적인 것이 될 수 있다는 전제.
20) 예를 들어 폭류는 저항을 만나지 않는 한 직선으로 앞으로 흘러갈
것이며, 저항이 있는 곳에서는 소용돌이가 있을 것이다. 근원적인 자연
생산물, 예를 들어 모든 유기체는 바로 그런 소용돌이이다. 소용돌이는
고정되어 있는 것이 아니라 오히려 끊임없이 변화하는 것이며, 각 순
간에 새롭게 재생산되는 것이다. 그러므로 자연 안의 어떠한 생산물도

산물로서 이해된다. 이런 종류의 모든 생산물은 자연이 항상 새롭게 충족시켜야 하는 그리고 자연의 힘의 흐름이 끊임없이 그 안에 들이 부어지는 규정된 영역을 표상할 것이다.

5 그러나 만일 우리가 자연 안의 모든 개별적 생산물을 단지 가상 생산물로서만 간주한다는 것이 어떻게 가능 하냐고 묻는다면(그리고 바로 이것이 중요한 물음이다), 다음과 같

19 이 대답할 수 있을 것이다. 분명히 각각의 (유한한) 생산물은 그 자 체 안에 다시 무한성이 놓여 있어야 하는 한, 즉 그것 자체가 다시 무한한 전개의 능력을 갖는 한, 오직 가상적 생산물일 뿐이다. 왜냐 하면 그런 전개에 이르렀다고 해서, 그것이 불변적인 현존을 갖게 되는 것은 아니기 때문이다. 지금 자연 안에 고정된 것처럼 나타나 는 각각의 생산물은 오직 그 한순간에만 [그렇게] 존재할 뿐이며, [실제로는] 연속적인 진화 속에 포함되어 끊임없이 변화하면서 단지 나타났다가 사라져 가는 것일 뿐이다. 자연이 어떻게 단적으로 활동

고정되어 있지 않으며 오히려 매 순간 전체 자연의 힘에 의해 재생산 된다(우리는 본래 존립해 있는 것을 보는 것이 아니라, 오히려 자연생 산물의 끊임없는 재생산 과정을 보고 있다). 각각의 생산물에게 전체 자연은 함께 작용한다. 자연 안에는 특정한 저지점들이 근원적으로 심 어져 있다. 그곳으로부터 전체 자연이 전개되는 오직 단 하나의 저지 점은 그것의 생산물을 무화하겠지만, 우리는 우선 자연 안에 바로 그 런 각 지점마다에서 자연 활동성의 흐름이 동시에 부서지는 무한히 많 은 저지점을 생각할 수 있다. 그렇지만 그 각각의 순간에 하나의 새로 운 충격, 새로운 물결이 또 동시에 나타나서 그 영역을 새롭게 충족시 킨다. 간단히 말해 자연은 근원적으로 순수 동일성이며, 그 안에서는 아무것도 구분되지 않는다. 그런데 거기에 저지점이 나타나고, 자연은 자신의 생산성의 제한으로서의 그 저지점들과 끊임없이 투쟁한다. 그 러나 자연은 저지점과 투쟁하는 과정에서 그 영역을 다시 자신의 생산 성으로 채운다.

적인 것으로 간주될 수 있는가 하는 물음에 대한 지금까지의 대답은
이제 다음과 같이 정리될 수 있다.

명제 : 각각의 자연 생산물 안에 무한한 발전의 충동이 놓여 있는 한,
자연은 단적으로 활동적이다.

이렇게 함으로써 우리가 앞으로 탐구할 방향이 제시되었다. 우선
적으로 제기될 수 있는 물음은 다음과 같다. 즉 무한한 발전 능력이
있는 생산물은 어떤 특성을 가져야 하는가? 그리고 그런 생산물은
과연 자연 안에 실제로 존재하는가? 이 물음과 더불어 우리는 또 하
나의 다른 물음에도 대답하게 된다는 것을 알 수 있다. 그 또 다른
물음 역시 단적으로 대답되어야만 하는 것으로, 그 물음은 다음과
같다. 왜 생산물은 그런 생산물에 있어서 그럼에도 불구하고 단지
무한한 발전의 경향으로만 머물러 있을 뿐인가? 왜 그런 경향성에도
불구하고 생산물은 고정된 것으로서 나타나며 무한성으로 사라져 버
리지 않는가?

주의 : 자연의 각각의 개체 안에 전체—무한자—가 반영되고 있
다는 명제는 자연철학에서보다는 오히려 초월 철학에서 더 많이 듣
게 된다. 왜냐하면 초월 철학은 바로 그러한 난점을 설명해야만 하
기 때문이다. 즉 어떻게 대립된 활동성이 서로를 상호 지양함이 없
이 유한한 것의 직관 안에서 만나게 되는가? 우리는 그 둘이 어떤
하나의 생산물 안에서 절대적으로 만난다는 것을 부정해야만 하며,
오히려 정신은 개별적 생산물 안에서가 아니라— 즉 통합 안에서가
아니라— 오히려 정신의 대립되는 활동성들의 무한한 분리 안에서
정신 자신의 직관을 갖게 된다는 것을 주장해야만 한다(그 대립되는
활동성들은 오직 분리 자체를 통해서만 통합된다). 그러므로 우리는

20 모든 개별적 직관이 오직 가상적으로 개별적일 뿐이며 본래 모든 개
별적 직관 안에 전체 우주의 직관이 동시에 함축되어 있다는 것을
주장해야만 한다. 자기 의식의 근원적 투쟁은—초월적 창조를 위해
서는 자기 의식은 곧 물리적 창조를 위한 요소들의 근원적 투쟁이
된다—자기 의식 자체와 마찬가지로 무한해야만 한다. 그러므로 그
투쟁은 어떤 임의의 개별적 생산물 안에서 멈출 수 있는 것이 아니
라, 오히려 오직 하나의 생산물—결코 존재하는 것이 아니라 항상
생성하며, 자기 의식의 모든 순간에 새롭게 창조되는 그런 생산
물—안에서 멈추어야만 한다. 절대적으로 대립된 것을 통합하기 위
해서 생산적 구상력은 그 상호 지양을 무한한 계열로 확장한다. 그
리고 이 무한한 확장에 의해서, 즉 절대적 부정의 무한한 진행에 의
해서 비로소 유한한 것은 성립하게 된다.

자연철학 체계의 기획 서설

-사변적 자연학의 개념과

그 학문 체계의 내적 조직에 관하여-

1799

제1장
우리가 자연철학이라고 칭하는 것은
지식의 체계 내에서의 필연적 학문이다

1 지성은 두 가지 방식으로 생산적이다. 즉 맹목적이고 무의식적 방식으로 생산적이거나 혹은 자유롭고 의식적 방식으로 생산적이다. 세계 직관에 있어서 무의식적으로 생산적이거나 또는 이념적 세계의 창조에 있어서 의식적으로 생산적이다.

철학은 무의식적 활동성을 의식적 활동성과 근원적으로 동일한 뿌리에서 나온 것으로 간주함으로써 이 대립[의식적인 것과 무의식적인 것의 대립]을 지양한다. 이 동일성은 천재의 생산에서 표현되는 활동성, 즉 의식적이며 동시에 무의식적인 뛰어난 활동성 안에서 철학에 의해 직접적으로 증명된다. 그리고 자연 생산물 안에서 이념적인 것과 실제적인 것의 가장 완전한 혼합이 지각되는 한, 그런 의식 외부의 자연 생산물 안에서 간접적으로 증명된다.

철학은 무의식적인—또는 이렇게 불릴 수 있듯이—실제적인 활동성을 의식적인 또는 이념적인 활동성과 동일한 것으로 정립하기 때문에, 근본적으로 철학은 언제나 실제적인 것을 이념적인 것으로 환원시키려는 경향을 가지고 있다. 그리고 그렇게 함으로써 사람들이 초월 철학이라고 부르는 것이 발생하게 된다. 자연의 모든 운동에 있어서의 규칙성, 예를 들어 천구의 운동에서 실행되고 있는 숭고한 기하학은 자연이 가장 완전한 기하학이라는 것에 의해서 설명되는 것이 아니라, 오히려 반대로 가장 완전한 기하학이 자연의 생산자라는 것에 의해서 설명된다. 그리고 이러한 설명 방식에 의해 실제적인 것 자체가 이념적 세계 안에 설정되며, 또 그 천체의 운동은 오히려 우리 자신 안에서만 진행되고 우리 외부의 다른 어떤 것도 그것에 상응하지 않는 그런 직관으로 변형된다. 또는 자연이 오직 자연 자체만으로 남겨질 때, 자연은 유동적 상태로부터 고정된 상태로의 모든 이행에 있어 자발적이면서 또 동시에 규칙적인 형태를 산출한다는 것, 나아가 자연은 더 상위 종류의 결정화인 유기체에 있어 합목적성인 것처럼 보이는 규칙성을 지닌다는 것, 또는 맹목적 자연력의 생산물인 동물 세계에 있어서도 그 행위의 규칙성에 있어 의식적으로 발생한 행위와 견줄 만한 행위를 발견할 수 있거나 또는 일부 종에 있어서는 완벽한 외적 예술 작품이 탄생하는 것을 발견할 수 있다는 것, 이러한 모든 것은 그것이 비록 무의식적 생산성이지만 의식적 생산성과 근원적으로 닮은 생산성이며, 우리가 자연 안에서 발견하는 것은 그러한 생산성의 단순한 반영일 뿐이라는 것, 그리고 그러한 생산성은 자연적 관점에 있어서는 단지 하나이며 동일한 맹목적 충동으로 나타나는데, 단지 이 하나의 충동이 결정화에서부터 유기체 형성의 정점에 이르기까지(이 정점에서 충동은 한 편으로 예술 충동에 의해 다시 단순한 결정화로 되돌아간다) 상이한 단계별로 작용한다는 것 등에 의해 설명된다.

자연이 단지 우리 오성의 가시적 유기체일 뿐이라고 간주하는 이 러한 견해에 따르면 자연은 규칙적인 것과 합목적적인 것 이외에 다 른 어떤 것도 생산할 수 없으며, 또 자연은 그런 것을 생산하도록 강 요받고 있다. 그러나 자연이 규칙적인 것 이외에 다른 어떤 것도 생 산할 수 없으며, 또 그것을 필연성을 가지고 생산하는 것이라면, 이 점으로부터 우리가 내릴 수 있는 결론은 자립적이고 실제적인 것으 로서 생각된 자연 또는 그 자연의 힘들 간의 관계 안에 다시금 그런 규칙적이고 합목적적인 생산물의 근원이 필연적인 것으로서 증명될 수 있어야만 한다는 것이며, 따라서 이념적인 것이 다시금 실제적인 것으로부터 산출되고 또 그것으로부터 설명되어야만 한다는 것이다.

실제적인 것을 이념적인 것 아래 종속시키는 것이 초월 철학의 과 제라면, 반대로 이념적인 것을 실제적인 것으로부터 설명하는 것은 자연철학의 과제이다. 그러므로 그 두 학문은 단지 그들 과제의 대 립되는 방향에 있어서만 서로 구분되는 단 하나의 학문이다. 나아가 그 두 방향은 단지 가능한 것일 뿐만 아니라 동시에 필연적인 것이 므로, 지식의 체계에 있어 그 둘[초월 철학과 자연철학]은 동일한 필 연성을 가진다.

273

제2장
자연철학의 학문적 특징

2 초월 철학에 대립된 것으로서의 자연철학은 무엇보다도
그것이 자연을(생산물인 한에서의 자연이 아니라, 오히
려 생산적이며 동시에 생산물인 한에서의 자연을) 자립적인 것으로
서 정립하며, 따라서 그것이 가장 단순하게 자연학의 스피노자주의
로 지시될 수 있다는 점에 의해 초월 철학과 구분된다. 그리고 이것
은 이 학문[자연철학]에 있어서는 어떠한 관념론적 설명 방식도 허
용될 수 없다는 것으로부터 자연스럽게 귀결된다. 관념론적 설명 방
식은 초월 철학에서나 있을 수 있다. 즉 초월 철학에 있어 자연이란
자기 의식의 기관 이외에 다른 것이 아니며 또 자연 안의 모든 것이
필연적인 것은 단지 그런 자연에 의해서만 자기 의식이 매개될 수
있기 때문이다. 그러나 이런 설명 방식은 자연학에 있어서는 그리고
그것과 같은 관점에 서 있는 우리의 학문[자연철학]에 있어서는 마
치 예전의 목적론적 설명 방식 또는 원인의 보편적 목적성을 자연학
에 도입하는 것이 그런 것처럼 아무 의미가 없다. 왜냐하면 모든 관
념론적 설명 방식은 그 고유한 영역에서부터 자연 설명의 영역으로
옮겨 가게 되면 매우 심각한 불합리성에 빠져 버리기 때문이다. 그
리고 그러한 예는 잘 알려져 있다. 그러므로 모든 참된 자연학의 제1
의 준칙, 즉 모든 것을 자연력으로부터 설명하라는 준칙은 우리의
학문[자연철학]에서는 그 가장 넓은 외연에 있어 받아들여질 것이
며, 심지어 모든 자연 설명이 지금까지 침묵해 오던 그런 영역에 이
르기까지, 예를 들어 이성의 유비가 전제되는 것처럼 보이는 유기체
적 현상에 이르기까지 확장될 것이다. 왜냐하면 동물의 행위에 있어

그런 유비를 전제하는 어떤 것이 실제로 존재한다고 가정하면, 실재
론을 원리로 채택할 경우, 그 원리로부터는 우리가 이성이라고 칭하
는 것 역시 우리에게 필연적으로 알려지지 않은 더 상위의 자연력의
단순한 유희라는 것 이상의 다른 어떤 것도 귀결되지 않기 때문이 **274**
다. 왜냐하면 모든 사유는 궁극적으로 생산과 재생산으로 되돌아가
므로, 자연이 각 순간에 자신을 새롭게 재생산해 내는 바로 그 동일
한 활동성이 사유 안에서 오직 유기체의 매개에 의해서만 재생산적
이 된다는 생각은(마치 빛의 작용과 유희에 의해 그 빛으로부터 독
립적으로 존재하는 자연이 실제 비물질적으로 그리고 동시에 두 번
째로 재창조된다는 생각과 유사하게) 충분히 가능한 생각이기 때문
이다. 반면 우리의 직관 능력에 경계를 만드는 것이 더 이상 우리의
직관 자체의 영역 안에 들어올 수 없다는 것은 당연하다.

제3장
자연철학은 사변적 자연학이다

3 이상에 따르면 우리의 학문은 철저하게 실재론적이다.
그러므로 그것은 자연학 이외의 다른 것이 아니며, 그것
은 단지 사변적 자연학일 뿐이다. 그것은 그 경향에 따라 보면 예전
의 자연학자들의 체계와 동일하며, 또 우리 시대의 에피쿠로스 철학
의 제창자들의 체계인 르 사게(Le Sage)의 기계론적 자연학과 완전
히 동일하다. 이 체계에 의해서 비로소 자연학에서의 사변적 정신이
긴 학문적 잠을 통과하여 이제야 다시 깨어나기 시작한 것이다. 그
러나 여기에서는 르 사게와 그의 운 좋은 선행자들에 의해 행해졌던

기계론적이거나 원자론적인 방식으로는 사변적 자연학의 이념이 완전히 실현될 수 없으리라는 것을 복잡하게 증명할 필요가 없다(왜냐하면 그것에 대한 증명은 그 자체 우리의 학문 영역에 속하기 때문이다). 기계론적으로 보면 무한히 계속되는 운동은 오직 운동으로부터만 나올 수 있으므로, 운동의 절대적 원인을(이 원인이 없다면 자연은 그 자체 종결된 전체가 아니게 된다) 탐구하고자 하는 이 학문 [사변적 자연학]의 제1과제는 기계론적으로는 단적으로 해결될 수가 없다. 따라서 사변적 자연학의 실제적 설립을 위해서는 오직 단 하나의 길, 즉 동역학적(dynamische) 길만이 남아 있을 뿐이다. 이 동역학적 길에는 운동이 단지 운동으로부터만 나오는 것이 아니라 오히려 정지로부터도 나올 수 있으며, 따라서 자연의 정지에도 역시 **275** 운동이 있다는 것, 그리고 모든 기계론적 운동은 기본적이고 근원적인 유일한 운동으로부터 도출된 단지 이차적 운동이라는 것, 그리고 이런 근원적 운동은 자연 일반을 구성하는 제1요소들(근원력)로부터 이미 발생한다는 것 등을 함께 가정해야 한다.

우리의 탐구와 지금까지 행해졌던 그와 유사한 모든 시도들 간의 차이점을 분명히 제시함으로써, 우리는 사변적 자연학과 소위 경험적 자연학의 차이를 동시에 시사하였다. 이 차이는 무엇보다도 오직 사변적 자연학만이 유일하게 자연에서의 근원적인 운동 원인을 다루며, 따라서 동역학적인 현상을 다루는 데 반해, 경험적 자연학은 자연에서의 궁극적인 운동 원천에는 나아가지 못하므로 오직 이차적인 운동만을 다룰 뿐이며, 또 비록 근원적인 운동을 다룬다고 할지라도 그것을 오직 기계론적으로만 다룰 뿐이라는 차이로 귀결된다. 왜냐하면 사변적 자연학은 내적인 충동 작업 또는 자연에 있어 비객관적으로 존재하는 것을 탐구하는 데 반해, 경험적 자연학은 오직 자연의 표면 또는 자연에 있어 객관적이며 동시에 외면적으로 존재하는 것만을 탐구하기 때문이다.

제4장
사변적 자연학의 가능성에 관하여

4 우리의 탐구가 자연 현상 자체로 향하거나 또는 그 궁극적 근거로 향한 것이 아니므로, 그리고 우리의 작업이 전자로부터 후자를 도출하거나 또는 후자로부터 전자를 도출하는 것이 아니므로, 우리의 과제는 자연과학을 그 단어의 엄격한 의미에서 서술하는 것 이외에 다른 것이 아니다. 그리고 사변적 자연학이 과연 가능한 것인가를 경험하기 위해 우리는 일단 학문으로서의 자연학의 가능 조건에 무엇이 속하는가를 알아야만 한다.

  a) 여기서 지식의 개념은 가장 엄격한 의미에서 이해되어야 한다. 그리고 그런 엄격한 의미의 지식은 우리가 오직 그 가능성의 원리를 통찰할 수 있는 객체에 관해서만 가질 수 있다는 것을 쉽게 인지할 수 있다. 왜냐하면 그런 [가능성의 원리에 대한] 통찰이 없다면 그 객체에 관한 나의 전체 지식은, 예를 들어 그 구성이 내게 알려지지 않은 기계에 관한 지식처럼, 단순한 바라봄, 즉 단순히 그것이 존재한다는 것에 대한 확신에 지나지 않을 것이기 때문이다. 그에 반해 그 기계를 발견한 사람은 그것에 대한 가장 완벽한 지식을 가졌을 것이다. 왜냐하면 그가 바로 그 작품의 영혼이며, 또 그 기계는 그가 그것을 현실태로 바꿔 놓기 전에 이미 그의 머릿속에 [이념적으로] 선재했기 때문이다.

276

  자연의 내적 구성을 들여다본다는 것은, 만일 자유에 의한 자연으로의 침투가 가능하지 않다면, 결코 가능하지 않을 것이다. 자연은 물론 개방적이며 자유롭게 행위한다. 그러나 자연은 결코 고립적으로 활동하는 것이 아니라, 오히려 다수 원인들의 유입하에서 활동하는데, 그런 다수의 원인들은 단 하나의 순수한 결과를 얻고자 한다면 우선 배제되어야만 한다. 즉 자연은 일상적으로 자연 안에 전혀 존재하지 않거나 또는 오직 다른 것에 의해 변양됨으로써만 존재하게 될 그런 규정된 조건 아래에서 활동하도록 강요되어야만 한다. 자연으로의 이러한 침투를 우리는 실험이라고 부른다. 모든 실험은 자연에게 던져진 물음이며, 자연은 그 물음에 대답하도록 강요된다. 그러나 모든 물음은 이미 감추어진 선험적 판단을 포함하고 있으며, 따라서 모든 실험은, 그것이 실험인 한, 일종의 예언이다. 즉 실험하는 것 자체가 바로 현상의 산출인 것이다. 그러므로 자연학에 있어서 학문으로의 첫번째 걸음은 적어도 우리가 그 학문의 객체를 스스로 산출하기 시작함으로써만 가능해진다.

  b) 우리는 오직 [우리 자신에 의해] 산출된 것에 대해서만 지식을 갖는다. 그러므로 가장 엄격한 의미로 볼 때 지식은 선험적인 순수 지식이다. 그러나 실험을 매개로 한 구성은 아직 현상의 절대적 자기 산출이 아니다. 따라서 지금 문제가 되는 것은 자연과학에 있어서 많은 것들이 비교적 선험적으로 알려질 수 있다는 사실, 예를 들어 전기 현상과 자기 현상 또는 빛의 현상의 이론에 있어 모든 시도의 성공이 예견될 수 있게끔 그렇게 각 현상에 반복되는 단순한 법칙이 존재한다는 사실이 아니다. 여기에서 나의 지식은 이미 알려진 법칙으로부터 특별한 경험의 매개 없이 직접적으로 얻어진다. 그러나 이 법칙 자체는 어디로부터 내게 온 것인가? 지금 문제가 되는

것은 모든 현상이 단 하나의 절대적이고 필연적인 법칙 안에서 서로
연결된다는 것, 그 법칙으로부터 현상들이 모두 도출될 수 있다는
것, 한마디로 말해 자연과학에 있어 우리는 우리가 아는 모든 것을
절대적으로 선험적으로 안다는 사실이다. 실험이 결코 그런 지식을
가져다 주지 않는다는 것은 실험이 결코 자연력 너머로 나아갈 수는
없다는 사실로부터 자명해진다. 자연력에 대해 실험은 그 자체 단지
수단으로서만 기능할 뿐이다.

277

  자연 현상의 궁극적 원인은 그 자체 현상적으로 나타나는 것이 아
니므로, 우리는 그것을 통찰하기를 포기하든가 아니면 그것을 단적
으로 자연 안에 정립하든가, 즉 자연 안에 집어넣든가 해야만 한다.
그러나 우리가 자연 안에 집어넣은 것은 전제(가설)로서의 가치 이
외에 다른 어떤 가치를 갖지 않는다. 그리고 그 전제 위에 근거한 학
문은 따라서 그 원리 자체와 마찬가지로 단지 개연적일 뿐이다. 따
라서 학문이 단지 개연적인 것에 그치지 않고 필연적인 것일 수 있
는 것은 오직 단 한 경우, 즉 그 전제 자체가 임의적이지 않고 자연
자체와 마찬가지로 필연적인 경우에만 가능할 것이다. 반드시 가정
되어야만 할 것, 예를 들어 현상의 총괄이 하나의 단순한 세계가 아
니라 필연적으로 하나의 자연이라는 것, 즉 그 전체가 생산물일 뿐
만 아니라 또 동시에 생산적이라는 것이 가정된다면, 그로부터 그
전체 안에서는 결코 절대적 동일성이 이루어질 수 없다는 것이 귀결
될 것이다. 왜냐하면 절대적 동일성은 생산적인 것으로서의 자연으
로부터 생산물로서의 자연으로의 절대적 이행, 즉 절대적 정지를 가
져올 것이기 때문이다. 그러므로 생산성과 생산물 사이의 자연의 유
동은 원리들의 보편적 이중성으로 나타나야만 한다. 바로 이 이중성
을 통해 자연은 끊임없는 활동성 안에 유지되며 그것의 생산물 안에

서 소진되어 버리지 않게끔 저지된다. 모든 자연 설명의 원리로서의 이러한 보편적 이중성은 자연 자체의 개념과 마찬가지로 필연적인 것이다.

이러한 절대적 전제는 그 자체 안에 그것의 필연성을 가지고 있지만, 그러나 그것은 또한 경험적으로도 증명이 가능해야만 한다. 왜냐하면 자연의 전체 연관에 있어 그 원리에 따라 필연적인 것이 아니거나 또는 그 원리에 모순되는 그런 현상이 단 하나라도 존재한다면, 따라서 그 전제로부터 모든 자연 현상이 다 도출될 수 있는 것이 아니라면, 그 전제는 그 점으로 인해 이미 거짓으로 판명될 것이며, 그 순간부터는 원리로서의 타당성을 상실하게 되기 때문이다.

278   하나의 절대적 전제로부터 모든 자연 현상을 도출함으로써만 우리의 지식은 자연 자체의 구성, 즉 자연의 선험적 학문으로 바뀌게 된다. 그러므로 그러한 도출 자체가 가능하다면, —이것은 오직 행동 자체를 통해서 증명될 수 있을 뿐이다—자연과학으로서의 자연학 역시 가능한 것이며, 이것이 곧 순수 사변적 자연학이 된다. 우리는 바로 이것을 증명해야 한다.

❺ 주 : 그 자체로 자명한 개념들임에도 불구하고 그에 대한 혼동이 계속되기에 다음과 같은 약간의 설명이 요구된다. 만일 그렇지 않다면 이하의 주는 불필요할 것이다.

자연과학은 자신의 모든 명제를 선험적으로 도출할 수 있어야만 한다는 명제는 부분적으로 다음과 같이 이해되었다. 즉 자연과학은 전적으로 경험 없이도 가능하며 또 어떠한 경험의 매개 없이도 자신의 명제들을 그 자체로부터 이끌어낼 수 있어야만 한다는 것이다. 그러나 이 명제는 너무나 말이 되지 않기 때문에, 그에 대한 반박조차 쓸데없이 보일 정도이다. 우리는 경험에 의하거나 경험을 매개로 하지 않고는 이것 또는 저것을 알지 못할 뿐만 아니라, 근원적으로 도대체 아무것도 알지 못한다. 따라서 우리의 전체 지식은 경험 명제로 구성된다. 경험 명제는 오직 우리가 그것을 필연적인 것으로 의식하게 됨으로써만 선험적 명제로 된다. 그러므로 모든 명제는 그것의 내용이 어떤 것이든지 간에 선험적 명제의 위치로 고양될 수 있다. 왜냐하면 선험적 명제와 후험적 명제의 차이는 많은 사람들이 상상하듯이 근원적으로 그 명제[의 내용] 자체 안에 놓여 있는 것이 아니라, 오히려 그것은 단지 우리가 그 지식에 대해 갖는 의도와 우리가 그 명제의 지식을 얻는 방식에 있어서 생겨나는 차이일 뿐이기 때문이다. 그러므로 나에게 단순히 역사적인 명제였던 경험 명제도 내가 직접 또는 간접적으로 그것의 내적 필연성의 통찰에 이르자마자 선험적 명제로 된다. 그런데 모든 근원적 자연 현상은 그것을 단적으로 필연적인 것으로 인식하는 것이 가능해야만 한다. 왜냐하면 자연 안에 결코 우연이 존재하는 것이 아니라면, 자연의 어떠한 근원적 현상도 우연적인 것일 수는 없기 때문이다. 오히려 자연이 하나의 체계라는 단지 그 점 때문에라도 자연 안에서 발생하거나 생겨나는 모든 것에 대해서는 전체 자연을 종합하는 원리상의 필연적 연관성이 존재해야만 한다. 나아가 참된 체계이면서 동시에 유기적 전체가 아닌 것은 존재하지 않는다는 점을 고려한다면, 모든 자연 현상의 내적 필연성에 대한 통찰은 더 완전해질 것이다. 왜냐하면 유기적 전체에 있어서 모든 것이 서로를 담지하고 서로를 지탱하는 것이라면, 전체로서의 이 유기적 조직은 그것의 부분들에 선재해야만 하며, 따라서 전체가 부분으로부터 나올 수 있는 것이 아니라, 오히려 부분이 전체로부터만 발생하기 때문이다. 그러므로 우리가 자연

279

을 선험적으로 아는 것이 아니라 오히려 자연이 선험적으로 존재한
다. 즉 자연 안의 모든 개체들은 이미 전체에 의해 또는 자연 일반의
이념에 의해 규정된다. 다만 자연이 선험적으로 존재한다면, 그것을
선험적인 것으로서 인식하는 것 역시 가능해야만 하며, 이것이 바로
우리의 주장[자연과학은 그것의 모든 명제를 선험적으로 도출할 수
있어야 한다는 주장]이 본래 의미하는 바이다.

그런 학문[자연을 선험적으로 인식하고자 하는 학문]은 다른 모든
학문과 마찬가지로 가정적인 것 또는 단순히 개연적인 것을 견디지
못하며, 반대로 명증적이고 확실한 것을 추구하게 된다. 이제 우리는
모든 자연 현상이 비록 많은 중간항을 가질지라도 자연의 궁극적 제
약과 연관된다는 것을 확신할 수 있다. 물론 그 중간항들은 그 자체
우리에게 알려지지 않은 것일 수도 있고 아직 자연의 심연 안에 감
추어진 것일 수도 있다. 바로 이 중간항들을 발견하는 것이 실험적
자연 탐구의 과제이다. 그리고 사변적 자연학은 이런 중간항들의 결
핍을 제시하는 것 이외에 다른 할 일이 없다.[1] 그러나 모든 새로운
발견이 우리를 항상 다시 새로운 무지로 되돌리기 때문에, 그리고
하나의 매듭이 풀리면서 다시 하나의 새로운 매듭이 생겨나기 때문
에, 자연의 연관성에 있어 모든 중간항들을 완전하게 다 발견한다는
것은 일종의 무한한 과제라는 것, 따라서 우리가 의도하는 학문 자
체가 일종의 무한한 과제라는 것이 밝혀진다. 그러나 이처럼 무한히

---

1) 우리에게 우주의 동역학적 조직을 그 모든 부분들에 있어 명증적으로
   제시하기에는 핵심 현상이 결여되어 있다는 사실이, 우리의 탐구 전체
   과정을 통해 아주 분명하게 제시될 것이다. 그 핵심 현상이 분명히 자
   연 안에 놓여 있기는 하지만 아직 실험을 통해 자연으로부터 드러나지
   는 않았다는 것을 베이컨은 이미 언급하였다.

나아가는 과학의 진보를 가장 많이 방해하는 것은 바로 공상적인 임의성이다. 왜냐하면 임의적 공상으로 인해, 과학에 의해 근거된 통찰이 결핍되어 있다는 사실 자체가 은폐되기 때문이다. 단순히 가정적인 것을 순수한 학문적 통찰로부터 구분해 내고, 거대한 전체 자연의 단편들을 다시 하나의 체계로 모으게 될 때, 비로소 우리 지식의 단편적인 것들이 그 의미를 되찾게 될 것이다. 그러므로 사변적 자연학(참된 실험의 정신)이 예전부터 자연에서의 모든 위대한 발견의 모체였음은 이해할 만하다.

280

제5장
사변적 자연학 일반의 체계에 관하여

6 지금까지는 단지 사변적 자연학의 이념을 도출하고 그것을 전개하였을 뿐이다. 이 이념이 어떻게 현실화되고 실제적인 것으로 이행되어야 하는가를 제시하는 것은 또 다른 작업이 된다.

만일 나의 자연철학 체계의 기획을 주목할 만한 가치가 있다고 생각하는 사람들까지도 대부분 내가 결코 전제하지도 않았으며 또 전제할 의도도 갖고 있지 않았던 특정 이념들을 갖고 그 기획에 접근한다고 판단할 근거가 있지 않았다면, 나는 곧장 자연철학 체계의 기획에 착수했을 것이다.

그러한 기획의 특징에 대한 통찰을 어렵게 만드는 것을 열거해 보자면(그 기획의 서술상의 불충분함을 제외한다면) 주로 다음과 같은 것이다.

1) 많은 사람들은, 아마도 자연철학이라는 단어에 이끌려서, 다양한 파편으로서 어딘가에 존재하는 자연 현상의 초월적 도출을 발견하기를 기대하고, 또 자연철학을 초월 철학의 한 부분으로 간주하고자 한다. 그러나 [실제로] 자연철학은 [초월 철학을 포함하여] 다른 모든 학문과는 완전히 구분되며 또 다른 학문으로부터 독립적인 그 자신의 고유한 학문을 이룬다.

2) 지금까지 사용되어 온 동역학적 자연학의 개념은 저자가 이해하는 그것과는 아주 다르며 또 부분적으로는 그것과 모순되기도 한다. 여기서 나는 단순한 실험만을 본래 자신의 과제로 삼는 많은 사람들이 동역학적으로 설명해야 할 곳에서 예를 들어 동전기적(動電氣的) 액체(galvanisches Fludium)를 부정하고 그 대신 물질에 있어서의 특정한 진동을 가정하면서 행하는 그런 표상 방식에 대해 말하고 있는 것이 아니다. 왜냐하면 그들이 사태에 대해 아무것도 이해하지 못하고 있다는 것을 알게 되면, 그들은 그들을 위해 만들어졌던 그들의 예전의 표상으로 스스로 되돌아갈 것이기 때문이다. 오히려 나는 칸트(Kant)에 의해 철학자들의 머릿속에 각인된 표상 방식, 즉 우리가 물질에서 단지 특정한 정도를 지닌 공간 충족 이외에 다른 것을 보는 것이 아니고, 따라서 모든 물질의 차이에서도 역시 단순한 공간 충족의 차이(즉 조밀성)만을 보며, 모든 동역학적(질적) 변화에서도 오직 척력과 인력의 관계에서의 변화만을 볼 뿐이라는 주장으로 귀결되는 표상 방식에 관해 말하고 있다. 이런 표상 방식에 따르면 자연의 모든 현상은 오직 그 가장 깊은 단계에 있어서만 탐지될 뿐이다. 따라서 이런 철학자들의 동역학적 자연학은 그들이 본래 멈추어야 할 바로 그곳에서 시작하게 된다. 모든 동역학적 과정의 마지막 결과가 공간 충족의 변경된 정도, 즉 변경된 조밀성이라는 것

은 물론 분명하다. 그러나 자연의 동역학적 과정은 단 하나의 과정이고, 개별적인 동역학적 과정들은 단지 그 단 하나의 근본 과정의 다양한 분화들이기 때문에, 자기적 현상과 전기적 현상까지도 이런 관점에서 보자면 특정한 물질의 작용이 아니라, 오히려 물질 자체의 존립의 변화가 되며, 나아가 이 물질 자체의 존립이 근본력들 사이의 상호 작용에 의거하기 때문에, 궁극적으로는 근본력들 자체 간의 관계 변화가 된다. 우리는 물론 이 [자기적 또는 전기적] 현상들이 그들 현상의 궁극적 단계에서는 근본력들 간의 관계 변화라는 것을 결코 부정하지는 않는다. 우리는 단지 그것들이 그 변화 이외에 다른 아무것도 아니라는 것을 부정할 뿐이다. 즉 우리는 그러한 소위 동역학적 원리가 모든 자연 현상의 설명 근거로서 자연 현상의 본래적 깊이와 다양성을 밝히기에는 너무 피상적이고 부족하다는 것을 확신한다. 왜냐하면(조밀성의 변화는 더 상위의 변화의 단순한 외적 현상일 뿐이므로) 그것만으로는 사실상 물질의 어떠한 질적인 변화도 질적 변화로서 구성 가능하지 않기 때문이다. 그러한 설명 원리가 자연을 충분히 설명할 수 있다는 것이 그들에 의해서 사실 자체에 근거하여 정당화되기 전에는, 그리고 예를 들어 근본 요소의 서로 다른 작용 방식에 관하여 그런 종류의 동역학적 철학과 자연학의 경험적 지식 사이에 존재하는 커다란 간격이 메워지기 전에는—그리고 우리는 이런 일들이 단적으로 불가능하다고 보는데—우리가 위의 주장에 대한 증명을 반드시 제시해야 하는 것은 아니다.

282

그러므로 별문제 없이 지금까지의 동역학적 표상 방식 대신에 우리의 동역학적 개념을 정립하는 것이 허용될 수 있을 것이다. 그러다 보면 물론 무엇에 의해서 후자가 전자와 구분되는 것인지, 그리고 그 둘 중 어떤 것에 의해서 자연학이 가장 확실하게 자연과학으

로 고양될 수 있는 것인지가 저절로 분명하게 될 것이다.

제6장

사변적 자연학 체계의 내적 조직에 관하여

I

7 사변적 자연학의 원리에 관한 탐구에 앞서 우선 사변적인 것과 경험적인 것 사이의 일반적 차이에 관한 탐구가 선행되어야만 한다. 여기에서는 무엇보다도 경험과 이론 사이에는 완전한 대립이 존재하므로, 그 둘을 통합할 수 있는 제3자가 있을 수 없다는 확신, 따라서 경험 과학이라는 개념은 그 안에서 어떠한 일관성 있는 것도 생각될 수 없는, 아니 오히려 그 자체가 전혀 사유 불가능한 혼혈 개념이라는 확신을 갖는 것이 중요하다. 순수 경험은 학문이 아니며, 또 반대로 학문은 경험이 아니다. 이것은 경험을 과소 평가하기 위해서가 아니라, 오히려 경험을 그 참되고 본래적인 빛으로 서술하기 위해서 하는 말이다. 순수 경험은 그 대상이 무엇이든 역사(이론의 절대적 대립)이며, 또 반대로 오직 역사만이 경험이다.[2]

283 경험으로서의 자연학은 사실의 모음, 자연적이거나 인위적으로 설

---

2) 학문을 희생하면서 경험을 높이 평가하는 경험의 예찬자만이 경험의 개념에 충실하며, 따라서 그 자신이 자연 안에 집어넣고 객체에 강요한 것 또는 그 자신의 판단을 경험이라는 이름으로 말하지 않는다. 왜냐하면 아무리 많은 사람들이 그렇게 할 수 있다고 믿을지라도, 실제

정된 상황 아래에서 발생한 것 또는 관찰된 것에 관한 이야기의 모음 이외에 다른 것이 아니다. 오늘날 우리가 자연학이라고 부르는 것에 있어서는 경험과 학문은 서로 뒤섞여 있다. 그리고 바로 그렇기 때문에 그것은 경험도 아니고 학문도 아니다.

우리의 목적은 자연학의 객체에 있어서 학문과 경험을 마치 영혼과 신체처럼 서로 분리하는 것이다. 그리고 선험적으로 구성될 수 없는 것은 어떤 것도 학문 안에 수용하지 않음으로써 모든 이론으로부터 경험의 옷을 벗겨 이론에 그 근원적인 순수성을 되찾아주는 것이다.

경험과 학문 사이의 대립은 경험이 객체를 존재 안에서 [이미] 완료된 것 또는 특정 상태에 옮겨진 것으로 고찰하는 데 반해, 학문은 그 객체를 생성 중의 것 그리고 이제 비로소 어떤 상태에 옮겨져야 할 것으로 고찰한다는 사실에 근거하고 있다. 학문은 결코 생산물, 즉 사물에서 출발하지 않으므로, 필히 무제약자로부터 출발해야만 한다. 그러므로 사변적 자연학의 제1탐구는 자연과학의 무제약자에 관한 탐구이다.

II

이 탐구는 이미 기획에 있어서 최고의 원리로부터 행해졌기 때문에, 이하의 논의는 다만 그 탐구의 설명으로 간주될 수 있을 것이다.

'그것은 존재한다'라고 말할 수 있는 모든 것은 제약된 자연이기

발생하는 것만을 순수히 자연으로부터 읽어 내고 또 읽어 낸 것만을 충실하게 제시할 수 있기 위해서는 우리가 상상하는 것보다 훨씬 더 많은 것이 요구되기 때문이다.

때문에, 오직 존재 자체만이 무제약자일 수가 있다. 제약된 것으로서의 개체적 존재는 오직 생산적 활동성(모든 실재성의 유일하고 궁극적인 기체)의 특정한 제한으로서만 사유될 수 있는 데 반해, 존재 자체는 바로 무제한성에 있어서 사유된 생산적 활동성 자체이다. 그러므로 자연과학에 있어 자연은 근원적으로 오직 생산성일 뿐이며, 과학은 바로 그 생산성을 원리로 삼아 그 생산성으로부터 출발해야만 한다.

284　　우리가 객체 전체를 오직 존재의 총괄 개념으로서만 알고 있는 한, 우리에게 있어 이 전체는 단순한 세계, 즉 단순한 생산물일 뿐이다. 만일 모든 지속(존재의 개념 안에서 생각된 것)이 단지 기만일 뿐이며 본래는 오직 연속적이고 동형적인 재생만이 있는 것이 아니었다면, 자연과학에 있어 존재의 개념보다 더 상위 개념으로 자신을 고양시키는 것은 불가능했을 것이다.

우리가 객체 전체를 단지 생산물로서뿐만 아니라 동시에 필연적으로 생산적인 것으로서 정립하는 한, 그것은 우리에 대해 자연으로 고양된다. 그리고 이러한 생산물과 생산성의 동일성이 바로 우리의 일상적 언어 사용에 있어 자연이라는 개념이 지시하는 것이다.

단순한 생산물로서의 자연(natura naturata)을 객체로서의 자연이라고 부르고(경험은 오직 이것과만 관계한다), 생산성으로서의 자연(natura naturans)을 주체로서의 자연이라고 부른다(모든 이론은 오직 이것과만 관계한다).

객체는 결코 무제약적이지 않기 때문에, 단적으로 비객관적인 어떤 것이 자연 안에 정립되어야만 한다. 그리고 이 절대적으로 비객관적인 것이 바로 자연의 근원적인 생산성이다. 일반적 관점에서는 생산성이 생산물 안으로 사라져 버리지만, 반대로 철학적 관점에서는 생산물이 생산성 안으로 사라져 버린다.

자연의 근원적 개념에 있어 이러한 생산성과 생산물의 동일성은 전체, 즉 스스로 원인이면서 동시에 결과이고 또 그의(모든 현상을 통해 나타나는) 이중성 안에서 다시 동일화되는 그런 전체로서의 자연에 대한 일반적 관점에 의해서도 표현되고 있다. 나아가 이런 개념[생산성과 생산물의 동일성으로서의 자연]에는 이념적인 것과 실제적인 것의 동일성 역시 상응하며, 이 동일성은 모든 자연 생산물의 개념 안에서 사유되고 있다. 그리고 이러한 동일성의 관점에 의해서만 자연은 예술과 대립될 수 있다. 왜냐하면 예술에 있어서는 개념이 행위 또는 실행에 선행하지만, 자연에 있어서는 오히려 개념과 행위가 동시적이고 하나이기 때문이다. 개념은 직접적으로 생산물 안으로 이행해 들어가며, 따라서 생산물로부터 분리될 수가 없다.

이러한 동일성은 자연에 있어 오직 결과만을 포착하는 경험적 관점에 의해서는 지양된다(물론 학문의 영역에 있어서조차 경험이 끊임없이 과도화되기 때문에, 역으로 단순한 경험적 자연학에 있어서도 주체로서의 자연의 개념을 전제하는 준칙을 듣게 되기도 한다. 예를 들어 자연은 가장 짧은 길을 선택한다. 자연은 원인에 있어서는 절약적이며, 결과에 있어서는 풍부하다는 것 등이 그것이다). 이 동일성은 또한 자연 안에서 오직 원인만을 포착하는 사변에 의해서도 지양된다.

285

III

 오직 객체로서의 자연에 대해서만 우리는 '그것이 존재한다' 라고 말할 수 있을 뿐이며, 주체로서의 자연에 대해서는 그렇게 말할 수 없다. 왜냐하면 주체로서의 자연은 존재 또는 생산성 자체이기 때문이다.

절대적 생산성은 경험적 자연 안으로 이행해야만 한다. 절대적 생산성의 개념 안에서는 이념적인 무한성의 개념이 사유되는데 이념적 무한성은 경험적 무한성으로 되어야만 한다.

그러나 경험적 무한성은 무한한 생성(Werden)이다. 모든 무한한 계열은 지적 또는 이념적 무한성의 서술 이외에 다른 것이 아니다. 근원적으로 무한한 계열(모든 무한한 계열들의 이상)은 바로 그 안에서 우리의 지적인 무한성이 전개되는 계열, 즉 시간이다. 이 시간의 계열을 지속시키는 활동성은 우리의 의식을 지속시키는 활동성과 동일한 활동성이다. 그런데 의식은 연속적이다. 그러므로 그 활동성의 전개로서의 시간 역시 결합에 의해 비로소 산출된 것일 수가 없다. 다른 모든 무한한 계열들 역시 오직 근원적으로 무한한 계열인 시간의 모방일 뿐이므로, 어떠한 무한한 계열도 연속적이지 않을 수가 없다. 근원적 전개에 있어서 저지시키는 것은(이 저지시키는 것 없이는 전개가 무한한 속도로 발생했을 것이다) 근원적 반성 이외에 다른 것이 아니다. 모든 순간에 있어 우리의 행위에 관한 반성의 필연성(동일성 안의 끊임없는 이중성)은 신기한 묘술로서, 바로 이것에 의해 우리의 현존은 지속성을 유지하게 된다. 그러므로 절대적 연속성은 오직 직관에 대해서만 존재할 뿐이며, 반성에 대해서는 존재하지 않는다. 직관과 반성은 서로 대립된다. 무한한 계열은 생산적 직관에 대해서는 연속적이지만, 반성에 대해서는 단절적이고 복합적이다. 모든 운동의 가능성을 부정하는 궤변은 모두 이러한 직관과 반성의 대립에 근거하고 있으며, 그러한 궤변은 각 순간에 있어서의 생산적 직관에 의해서만 해결될 수 있다. 예를 들어 직관에 있어서 중력의 작용은 완전한 연속성을 가지고 발생하지만, 반성에 있어서는 간헐적이고 충격적으로 발생한다. 그러므로 본래 오직 생산적 직관의 객체인 것을 반성의 객체가 되게 하는 기계학의 모든 법칙은 처음부터 오직 반성을 위한 법칙일 뿐이다. 예를 들어 기계학의 상상된 개념, 그 안에서 중력이 작용하는 시간 원자, 또는 유한한 시간 안에서 무한한 속도가 산출되지 않기 위해 [전제되어야 하는데] 충격의 계기는 무한히 작아야 한다는 법칙 등이 그것이다. 그러므로 결국 수학에 있어서의 무한한 계열도 실제로 연속적인 것으로서 표상될 수가 없고, 오직 간헐적이고 충격적인 방식으로 진행되는 것으로서만 표상될 수 있다.

직관의 생산성과 반성 간의 대립에 관한 이러한 탐구는 오직 그것으로부터 다음과 같은 일반적 명제를 도출해 내는 데에 기여하기 위한 것이다. 즉 모든 생산성 안에는 그리고 오직 그 안에만 절대적 연속성이 존재한다는 것이다. 이 명제는 전체 자연의 고찰을 위해 중요하다. 왜냐하면 예를 들어 '자연 안에는 어떠한 비약도 없다', '자연 안에는 형식의 연속성이 있다' 등등의 법칙은 자연의 근원적 생산성에만 제한되며, 생산성에 있어서는 분명 연속성이 존재하지만, 반면 반성의 관점에서 보면 자연 안의 모든 것은 분리되어 있고 연속성 없이 설정된 것으로서 나타나기 때문이다. 그러므로 우리는 자연 즉 유기체에 있어 연속성을 주장하는 사람이나, 또는 연속성을 부정하는 사람 둘 다에게 정당성을 부여해야만 한다. 그 둘은 서로 다른 관점에 서 있는 것이며, 그 상이성으로부터 동역학적 자연학과 원자론적 자연학의 대립이 도출된다. 그리고 이 둘은 앞으로 보게 되듯이 오직 전자가 직관의 관점에 서 있고, 후자가 반성의 관점에 서 있음으로써만 서로 구분된다.

IV

9 이러한 일반적 원칙이 전제되면, 우리는 보다 안전하게
우리의 목적에 도달할 수 있으며, 우리 체계의 내적 구
조를 분석할 수 있게 된다.

a) 생성의 개념에 있어서는 점진성의 개념이 사유되고 있다. 그러
나 절대적 생산성은 경험적으로는 무한한 속도를 가진 생성으로서
서술될 것이며, 따라서 직관에 대해 어떤 실제적인 것도 발생하지
않을 것이다.

무한한 생산성으로서의 자연은 본래 무한한 진화(Evolution)로 사
유되어야 하기 때문에, 존립 또는 자연 생산물(예를 들어 유기적인
것)의 정지는 절대적 정지로서가 아니라 오히려 단지 무한히 작은
속도를 가진 또는 무한한 느림을 가진 진화로서 표상되어야만 한다.
그러나 지금까지는 한 번도 진화가 무한히 작은 속도를 가진 것으로
서는 차치하고, 유한한 속도를 가진 것으로서도 구성된 적이 없었다.

b) 자연의 진화가 유한한 속도를 가지고 발생하고 그럼으로써 직
관의 대상이 된다는 것은 생산성의 근원적인 저지받음 없이는 생각
될 수가 없다.

c) 그러나 자연은 절대적 생산성이므로, 그런 저지받음의 근거는
자연 외부에 있을 수 없다. 자연은 근원적으로 오직 생산성일 뿐이
다. 그러므로 생산성 안에는 어떠한 규정된 것도 있을 수가 없다(왜
냐하면 모든 규정은 부정이기 때문이다). 따라서 생산성에 의해서는
생산물에 이를 수가 없다. 그러므로 생산물에 이르고자 한다면, 생산
성은 무규정적 생산성에서 규정된 생산성으로 바뀌어야만 한다. 즉
순수 생산성으로서의 생산성은 지양되어야만 한다. 그런데 만일 생

산성의 규정 근거가 자연 외부에 놓여 있었다면, 자연은 근원적으로 절대적 생산성이 아니었을 것이다. 그러므로 자연 안에는 규정성 곧 부정성이 있어야 하지만, 그 부정성은 더 상위의 관점에서 보면 다시 생산성이어야만 한다.

d) 그러나 이러한 저지됨의 근거가 자연 자체 안에 놓여 있다면, 자연은 순수 동일성이기를 그만두었을 것이다(자연은 오직 생산성인 한, 순수 동일성이다. 그런 자연 안에서는 어떤 것도 구분될 수가 없을 것이다. 자연 안에서 어떤 것이 구별되어야만 한다면, 자연 안의 동일성은 지양되어야만 한다. 자연은 동일성이 아니라 오히려 이중성이어야만 한다). **288**

자연은 근원적으로 그 자체 객체가 되어야만 한다. 이러한 순수 주체에서 자체 객체로의 변경은 자연 자체 안의 근원적인 이원화 없이는 생각할 수가 없다.

그러므로 이 이중성은 더 이상 다른 것으로부터 물리학적으로 도출될 수가 없다. 왜냐하면 모든 자연 일반의 제약으로서 바로 이 이중성은 모든 물리학적 설명의 원리가 되며, 또 모든 물리학적 설명은 자연 안에 나타나는 모든 대립을 그 자체는 더 이상 현상하지 않는 자연 내면의 근원적 대립으로 환원시키고자 하는 시도이기 때문이다. 자연에 있어 무한 소급하여 모든 것이 상호 주체이고 객체인 것이 아니라면, 즉 자연이 이미 근원적으로 생산물인 동시에 생산적인 것이 아니라면, 자연의 근원적 현상이 왜 이런 이중성 없이는 있을 수 없겠는가?

e) 자연이 근원적으로 이중성이라면, 자연의 근원적 생산성 안에는 이미 대립되는 경향성이 놓여 있어야만 한다. 적극적 경향에 대해서는 또 다른 하나의 경향, 즉 생산성을 저지시키는 반생산적인

경향이 대립되어야만 한다. 그러나 그것은 [생산성을] 부정하는 것으로서가 아니라, 오히려 전자에 실제적으로 대립된 소극적인 것[생산성]으로서 대립되어야만 한다. 그렇게 함으로써 제한하는 것이 다시 긍정적인 것이 되고, 비록 자연의 근원적 이중성이 실제로 대립된 경향들의 투쟁이 된다고 할지라도, 자연은 제한을 받음에도 불구하고 그 자연 안에 어떠한 수동성도 존재하지 않게 된다.

⑩ f) 생산물에 이르기 위해서는 대립된 경향성이 마주쳐야만 한다. 그러나 그것들이 같은 것으로서 정립되기 때문에(왜냐하면 그것들을 다른 것으로서 정립할 근거가 없기 때문이다), 그것들이 마주치는 곳에서 그것들은 서로를 무화하게 된다. 그러므로 생산물은 0이며, 결코 생산물이 이루어지지 못하게 된다.

지금까지 별로 주목받지 못한 이러한 불가피한 모순(즉 생산물은 오직 대립된 경향들 사이의 경쟁에 의해서만 발생할 수 있는데, 이 대립된 경향들은 서로를 무화한다는 모순)은 오직 다음과 같은 방식으로만 해결될 수 있다.

289 끊임없이 재생산됨이 없이는 어떠한 생산물의 존립도 단적으로 생각할 수 없다. 생산물은 [다시] 각 순간에 무화되고, 각 순간에 새롭게 재생되는 것으로서 생각되어야만 한다. 우리는 본래의 생산물의 존립을 보는 것이 아니라, 오직 끊임없이 재생산된 것만을 보는 것이다.

$(1 - 1 + 1 \cdots$ 의 무한한 계열이 1로도 생각될 수 없고 0으로도 생각될 수 없다는 것은 분명히 이해될 수 있다. 그러나 이 계열이 무한히 생각될 때 왜 1/2이 되는가 하는 근거는 더 깊이 놓여 있다. 그것은 이 계열에 있어 계속 부정되고 다시 계속 복귀되는 것은 단 하나의 절대적 크기(=1)이지만, 그 크기는 이러한 복귀를 통해 자기 자

신이 아니라 자기 자신과 무 사이의 중간[1/2]을 생산하기 때문이다. 그러므로 객체로서의 자연은 이러한 무한한 계열 안에서 특정한 상태에 이른 것이며, 이는 곧 근원적 통일성의 한 파편이다. 결코 지양되지 않는 이중성이 이것을 가능하게 하는 것이다.)

g) 생산물의 존립이 끊임없이 재생산되는 것이라면, 모든 고정은 오직 객체로서의 자연 안에만 있을 뿐이며, 주체로서의 자연 안에는 오직 무한한 활동성만이 있을 뿐이다.

생산물은 근원적으로 단순한 점, 단순한 한계 이외에 다른 것이 아니다. 자연이 이 점과 투쟁함으로써 비로소 이 점은 충족된 영역으로, 즉 생산물로 고양된다(하나의 물줄기를 생각해 보자. 그것은 순수 동일성이다. 그것이 하나의 저항을 만나게 되면, 그곳에 소용돌이가 형성되는데, 이 소용돌이는 고정되어 있는 것이 아니라, 매 순간마다 사라지고 또 매 순간마다 다시 생성된다. 자연 안에서는 근원적으로 어떤 것도 구분되지 않는다. 또한 모든 생산물은 일반적 생산성 안에 융해되어 있으며 비가시적이다. 거기에 일단 저지점이 주어지게 되면 비로소 생산물들은 점차적으로 형태를 나타내게 되며 일반적 동일성으로부터 벗어나게 된다. 그리고 그런 각각의 점에서 물줄기가 부서진다. 즉 생산성이 무화된다. 그러나 매 순간마다 다시 새로운 흐름이 생겨나서 그 영역을 채우게 된다).

자연철학은 자연에 있어 생산적인 것을 설명해야 하는 것이 아니다. 왜냐하면 자연철학이 자연 안에 생산적인 것을 근원적으로 정립하지 않는다면, 그것은 생산적인 것을 결코 자연 안에 가지고 들어올 수 없을 것이기 때문이다. 자연철학이 설명해야 하는 것은 오히려 영속적인 것이다. 그러나 어떤 것이 자연 안에서 영속적이라는 사실은 오직 자연이 모든 영속적인 것에 대항하여 투쟁한다는 것으

290

158

로부터만 설명될 수 있다. 자연이 밀어닥침으로써 그 생산물에다 폭과 깊이를 부여하지 않았더라면, 생산물은 단순한 점으로만 나타났을 것이며, 또 자연이 매 순간 그 생산물에 대항하여 밀어닥치지 않았더라면, 그 생산물 자체는 오직 단 한순간만 지속했을 것이다.

h) 매 순간 재생산되는 가상 생산물은 실제로 무한한 생산물일 수가 없다. 왜냐하면 그렇지 않을 경우 생산성이 그 안에서 실제로 소진될 것이기 때문이다. 그러나 그럼에도 불구하고 그것은 또한 유한한 생산물일 수도 없다. 왜냐하면 그 생산물은 그 안에 들어 부어진 전체 자연의 힘이기 때문이다. 그러므로 그것은 유한하면서 동시에 무한해야만 한다. 즉 그것은 오직 현상적으로는 유한하지만, 그러나 무한한 발전 안에 있는 것이어야만 한다.

생산물이 근원적으로 무너지는 그 점이 자연의 일반적 저지점이다. 그리고 그 점으로부터 자연의 모든 진화는 시작된다. 그러나 이 점은 자연 안에 그것이 진화되는 방식대로 놓여 있다. 즉 여기 또는 저기에만 있는 것이 아니라, 생산물이 있는 곳은 어디에나 있다.

생산물은 유한한 것이다. 그러나 자연의 무한한 생산성이 그 안에 집중되어 있기 때문에, 생산물은 무한히 전개하려는 충동을 가지고 있다. 이와 같이하여 우리는 점차적으로 그리고 지금까지의 모든 중간항을 통해 무한한 생성의 구성, 즉 이념적 무한성의 경험적 서술에 이르게 된다.

우리는 사람들이 자연이라고 부르는 것(즉 개별적 객체들의 합) 안에서는 근원 생산물 자체가 아니라, 오히려 그것의 진화(그러므로 저지점이 단 하나로 머물러 있을 수가 없다)를 볼 수 있다. 무엇에 의해서 이 진화가 다시 절대적으로 저지되는지가, 그리고 그것이 하나의 고정된 생산물에 이를 수 있기 위해서는 무엇이 발생해야 하는 가는 아직 설명되지 않았다.

근원적 무한성은 생산물에 의해 전개되지만, 그러나 이 무한성은 결코 감소될 수가 없다. 하나의 무한한 계열 안에서 전개되는 크기는 그 선의 각 점에 있어서도 아직 무한하며, 따라서 자연은 진화의 각 점에 있어서도 계속 무한하다.

291

생산성의 근원적 저지점은 오직 단 하나일 뿐이다. 그러나 진화의 저지점은 무수히 많은 것으로 사유될 수 있다. 그런 각각의 점은 우리에게 생산물을 통해 제시된다. 그런데 진화의 각 점에 있어서도 자연은 여전히 무한하다. 그러므로 자연은 각 생산물에 있어서도 무한하며, 따라서 그 각 생산물 안에는 우주의 핵심이 들어 있다.[3] (무엇에 의해서 생산물 안의 무한한 충동이 저지되는 것인지는 아직 대답되지 않았다. 자연의 생산성에 있어서의 근원적 저지는 왜 진화가 유한한 속도를 가지고 발생하는 것인지만을 설명할 뿐이지, 왜 진화가 무한히 작은 속도를 가지고 발생하는 것인지는 설명하지 않는다).

i) 생산물은 무한히 전개된다. 그러므로 이 진화 안에 나타나는 모든 것은 이미 생산물(종합)이어야 하며, 새로운 요소로 해체될 수 있어야 하고, 그 요소는 다시 또 각각 자신의 요소를 가지는 것이어야 한다.

---

3) 이탈리아에 갔던 한 여행자는 로마의 오벨리스크에서 전 세계 역사를 읽어 낼 수 있다고 말하였다. 다른 모든 자연 생산물도 이와 마찬가지이다. 각각의 돌멩이 하나도 지구의 역사책의 단편들이다. 그렇다면 지구는 무엇인가? 지구의 역사는 전체 자연의 역사 안에 녹아 있다. 즉 화석에서부터 전체 비유기적 자연과 유기적 자연을 거쳐 우주의 역사에 이르기까지 단 하나의 고리가 이어지고 있다(원문의 주).

그러므로 무한히 진행되는 분석에 의해 우리는 자연에 있어 절대적으로 단순한 어떤 것에도 도달할 수 없을 것이다.

j) 그러나 만일 우리가 진화를 완료된 것으로서 사유한다면(비록 그것이 결코 완료될 수 없는 것이지만 말이다), 그 진화는 생산물인 어떤 것에 머물러 있을 수 없을 것이며, 오히려 순수한 생산적인 것에 머물러 있어야 할 것이다.

11 그러므로 이제 발생하는 물음은 다음과 같은 것이다. 더 이상 기체가 아니고 오히려 모든 기체의 원인이며, 또 더 이상 생산물이 아니고 오히려 절대적으로 생산적인 어떤 궁극적인 것이 경험에 나타나지는 않는가(왜냐하면 이것은 사유될 수 없기 때문이다)? 아니면 적어도 증명될 수는 없는가?

k) 궁극적인 것은 무제약자의 특징을 지녔으므로, 그것은 비록 그것 자체가 공간 안에 있지는 않다고 할지라도 모든 공간 충족의 원리가 되는 것으로서 서술되어야만 한다.

292 공간을 충족시키는 것은 질료가 아니다. 왜냐하면 질료는 충족된 공간 자체이기 때문이다. 그러므로 공간을 충족시키는 것이 질료일 수는 없다. 그런데 존재하는 것은 공간 안에 있으며, 그것은 존재 자체는 아니다.

공간 안에 있지 않은 것에 대해서는 어떠한 적극적인 외적 직관도 가능하지 않다는 것은 그 자체로 자명하다. 그러므로 그것은 단지 부정적으로만 서술 가능하다. 이것은 다음과 같은 방식으로 성립한다.

공간 안에 있는 것은 그 자체 기계적·화학적으로 파괴가능하다. 그러므로 기계적으로도 화학적으로도 파괴될 수 없는 것은 공간 너머에 있는 것이어야만 한다. 그러나 그런 종류의 것은 오직 모든 성질(Qualität)의 궁극적 근거일 뿐이다. 왜냐하면 하나의 성질은 다른 성질에 의해서만 소멸될 수 있고, 그것[성질의 소멸]은 오직 제3의 생산물 C 안에서만 발생할 수 있는데, 그 생산물 C의 형성과 유지에는 A와 B가(C의 대립된 요소로서) 계속 작용해야만 하기 때문이다.

그러나 오직 순수 동일성으로서만 사유 가능한 이 파괴될 수 없는 것은 모든 기체의 원인이며 동시에 모든 무한한 분할 가능성의 원리이기도 하다(하나의 물체가 무한히 분할될 경우 그 물체는 그것의 가장 작은 부분을 통해서도 같은 정도의 공간을 충족시킨다).

그러므로 순수하게 생산적인 것은 생산물이 되지 않은 채 단지 성질의 궁극적 근거일 뿐이다. 그러나 모든 성질은 규정된 성질이며, 반면 생산성은 근원적으로 무규정적이다. 그러므로 생산성은 성질 안에서 이미 저지된 것으로서 나타나며, 또 성질 안에서 가장 근원적으로 나타나는 것이므로 생산성은 그 성질 안에서 가장 근원적으로 저지받아서 나타난다.

여기가 바로 우리의 표상 방식이 소위 동역학적 자연학의 표상 방식과 구분되는 지점이다.

우리의 주장은 간단히 말해 다음과 같다. 만일 자연의 무한한 진화가 완료되었다면(이것은 불가능하다), 자연은 근원적이고 단순한 활동(Aktionen)으로 분해되었을 것이다. 또는 이렇게 표현해도 된다면, 단순한 생산성들로 분해되었을 것이다. 그러므로 우리가 주장하는 것은 자연 안에 그런 단순한 활동이 존재한다는 것이 아니라, 오히려 단순한 활동들은 성질의 이념적 설명 근거일 뿐이라는 것이다. 이 힘(Entelechien)은 실제적으로 제시될 수는 없다. 그것은 실재하는 것이 아니기 때문이다. 그러므로 그것을 증명하는 것은 그런 근원적 생산성이 모든 성질들의 설명 근거로서 사유되어야만 한다는 것을

293

주장하는 것 이상으로 행해질 수가 없다. 그리고 그 증명은 다음과 같이 성립한다.

공간 안에 있는 어떤 것도, 따라서 존재하는 어떤 것도 기계론적으로 단순한 것이 아니라는 것은 증명할 필요가 없다. 그러므로 진실로 단순한 것은 공간 안에 있을 수가 없고, 그것은 오히려 공간 너머에서 사유되어야 한다. 그러나 공간 너머에서 사유될 수 있는 것은 오직 순수한 동일성일 뿐이다. 순수한 동일성의 개념은 활동의 개념에 의해 표현된다. 이 활동의 생산물은 단순한 것이 아니지만, 그러나 활동 자체는 생산물로부터 추상되며, 생산물이 무한히 분할 가능할 수 있기 위해서는 활동 자체가 단순해야만 한다. 왜냐하면 부분들이 사라진다고 할지라도, 동일성은 남아 있어야 하기 때문이다. 그리고 이 순수 동일성이 바로 [생산물의] 무한한 분할에 있어서도 기체를 유지하는 것이어야 한다.

그러므로 만일 원자론이 어떤 단순한 것을 성질의 이념적 설명 근거로서 주장하는 입장이라면, 우리의 철학은 원자론이다. 그러나 우리의 철학은 그 단순한 것을 생산물이 되지 않은 채 오직 생산적일 뿐인 것 안에 정립하기 때문에, 그것은 동역학적 원자론이다.

만일 우리가 자연의 요소 안에서 자연의 절대적 분리를 가정한다면, 남겨지는 궁극적인 것은 모든 분리에 절대적으로 저항하는 어떤 것, 즉 단순한 것이어야만 한다는 것은 자명하다. 그러나 단순한 것은 오직 동역학적으로만 사유될 수 있다. 그리고 그것은 그 자체 결코 공간 안에 있을 수가 없다. (그것은 오직 모든 공간 충족 너머에서 사유된 것을 지시한다.) 그러므로 그것의 생산물을 통하지 않고는 그것[공간 너머의 단순한 것]에 대한 어떠한 직관도 가능하지 않다. 그리고 그것에 대해서는 그것의 생산물 이외에 다른 어떤 기준

도 존재하지 않는다. 왜냐하면 그것[단순한 것]은 순수하게 사유된
것으로서 단지 생산물의 단초(Ansatz)일 뿐이기 때문이다(마치 점이
단지 선의 단초인 것과 같다). 그것은 한마디로 말해 순수한 힘일 뿐
이다. 그런데 그 자체로서는 알려지지 않고 오직 그것의 생산물 안
에서만 인식될 수 있는 것은 단적으로 경험적으로만 알려질 수 있는
것이다. 그러므로 (성질이 소속되는 기체로서가 아니라) 성질로서의
모든 근원적 성질들은 순수한 강도로서, 순수한 활동으로서 사유되
어야 하기 때문에, 성질들 일반은 우리의 인식에 있어 그에 대한 어
떠한 구성도 가능하지 않은 절대적으로 경험적인 것일 뿐이다. 그것
에 관해서 자연철학이 할 수 있는 것은 오직 그것이 구성의 절대적
한계라는 것을 증명하는 것밖에 없다.

12 성질의 근거에 대한 물음은 자연의 진화를 완료된 것으
로서 전제한다. 즉 그것은 단순히 사유된 것을 전제하며,
따라서 그것은 또 오직 이념적 설명 근거에 의해서만 대답될 수가
있다. 그 물음은 (생산물에 대한) 반성의 관점을 취한다. 왜냐하면
참된 동역학은 항상 직관의 관점에 머물러 있기 때문이다.

그러나 성질의 설명 근거가 이념적인 것으로서 표상될 때는, 오직
절대적으로 사유되는 한의 성질에 대해 설명하고 있음을 동시에 주
목해야만 한다. 여기에서는 예를 들어 동역학적 과정에서 나타나는
성질에 대해 말하고 있는 것이 아니다. 성질이 상대적인 한, 그 성질
에 대해서는(단순히 이념적인 것뿐만 아니라 현실적으로 실제적인)
설명 근거와 규정 근거가 존재한다. 그럴 경우 성질은 그것에 대립
된 성질에 의해 규정되며, 또 그 대립된 성질과 갈등 관계에 있게 된
다. 그리고 이 대립은 그 자체 다시금 보다 더 상위의 대립에 의해
규정되고, 이렇게 해서 무한히 소급될 것이다. 따라서 만일 그 일반

294

적 조직이 해체될 수 있다면, 모든 질료가 동역학적 비활동성으로, 즉 성질의 절대적 결핍에 빠질 것이다(성질은 질료의 보다 상위의 활력으로서 성질은 상호간에 질료로 고양된다). 이하에서는 동역학 적 과정이 모든 개별적 영역에 있어 하나의 제한된 과정이라는 것이 증명될 것이다. 왜냐하면 오직 그렇게 함으로써만 성질 규정을 위한 고정된 연관점이 발생하기 때문이다. 동역학적 과정의 제한, 즉 본래 적인 성질 규정은 자연의 진화를 단적으로 제한하는 바로 그 힘 이 외에 다른 힘에 의해 발생하는 것이 아니다. 그리고 바로 이 소극적 인 것[제한하는 힘]이 유일하게 사물에 있어서 분해될 수 없는 것, **295** 어떤 것에 의해서도 정복될 수 없는 것이다. 모든 성질의 절대적 상 대성은 물체의 전기적 관계로부터 증명될 수 있다. 왜냐하면 저것에 대해 적극적인 물체가 이것에 대해서는 소극적이 되고, 또 그 반대 도 마찬가지이기 때문이다. 그러나 앞으로는 다음 명제에 머물러 있 기로 한다(이 명제는 기획에서 이미 언급되었다). 즉 모든 성질은 전 기성(Elektrizität)이다. 그리고 반대로 한 물체의 전기성은 또한 그것 의 성질이다(왜냐하면 모든 성질의 차이는 동시에 전기성의 차이이 며 모든 화학적인 성질은 전기성으로 환원 가능하기 때문이다). 우 리에 의해 감각될 수 있는 것은 모두(예를 들어 색·맛 등과 같이 협의의 감각 가능한 것을 말한다) 의심할 바 없이 우리에 대해서는 오직 전기성에 의해서만 감각 가능한 것이다. 직접적으로 감각 가능 한 유일한 것은 전기성일 것이다.[4] 모든 감관의 일반적 성질은 이미

---

4) 볼타(Volta)는 이미 동전기학(Galvanismus)에 의한 감관 촉발을 언급 하면서 다음과 같이 물었다. "전기적 액체가 모든 맛의 직접적인 원인 이 될 수는 없는가? 그것이 다른 모든 감관 감각의 원인이 될 수는 없 는가?"(원문의 주).

전기성을 띠고 있다. 왜냐하면 원래 자연에는 오직 하나의 성질만이 있기 때문이다. 동전기학에서는 반응제로서의 감각 가능성이 그것이 반응제가 될 수 있는 물체의 모든 성질을 하나의 근원적인 차이로 환원시킨다. 하나의 연쇄 고리 안에서 맛의 감각과 시각을 자극하는 모든 물체는 그 차이가 얼마나 크든지 간에 모두 알칼리성 아니면 산성 둘 중 하나이며, 소극적 전광 아니면 적극적 전광 둘 중 하나를 자극한다. 그리고 여기에서는 그 물체들이 단순한 화학적 활력보다 더 상위의 활력에 있어 활동적인 것처럼 보인다.

절대적으로 사유된 성질은 구성될 수 없는 것이다. 왜냐하면 성질 자체는 절대적인 것이 아니며, 물체가 서로간의 연관 안에서 제시하는 것 이외에 다른 성질이란 존재하지 않고, 모든 성질은 그로 인해 물체가 자기 자신 너머로 고양되는 것이기 때문이다.

⓭ 지금까지 [다른 사람들에 의해] 시도된 성질의 구성은 모두 다음과 같은 두 시도 중 하나로 환원될 수 있다. 즉 성질을 형태로 표현하는 시도, 다시 말해 모든 근원적 성질에 대해 그 고유한 형태를 자연 안에 가정하는 시도이거나, 혹은 성질을 분석적 형식을 통해(인력과 척력에 소극적 크기와 적극적 크기를 부여하면서) 표현하는 시도이다. 이런 시도가 아무것도 아니라는 것을 증명하기 위해서는 이 시도에 덧붙여진 설명의 공허성을 증거로 제시하는 것이 가장 빠른 길일 것이다. 따라서 우리는 여기에서 다음과 같은 하나의 설명에 제한하기로 한다. 즉 두 가지 근본 힘으로부터의 모든 질료의 구성을 통해서는 비록 서로 다른 조밀성의 정도는 구성될 수 있겠지만, 그러나 서로 다른 성질 자체는 결코 구성되지 않는다는 것이다. 왜냐하면 모든 동역학적인(질적) 변화가 그 가장 깊은 단계에서는 근본 힘의 변화로서 나타난다고 할지라도, 우리는

296

그 단계에 있어 단지 과정의 생산물만을 주목할 뿐 과정 자체를 주목하는 것은 아니지만, 그 변화 자체가 바로 설명되어야 할 것이므로, 그것의 설명 근거는 보다 상위의 것에서 찾아져야 하는 것이 분명하기 때문이다.

성질에 대해서는 오직 하나의 이념적 설명 근거만이 가능할 뿐이다. 왜냐하면 그 설명 근거 자체는 단순히 어떤 이념적인 것을 전제하기 때문이다. 성질의 궁극적 근거를 묻는 사람은 자연의 시작점에 자신을 되돌려 놓은 것이다. 그러나 그러한 시작점은 어디에 있는가? 모든 성질은 바로 질료가 일반적 연쇄에 의해 그것의 근원으로 되돌아가지 못하게 방해받음으로써 성립하는 것이 아닌가?

반성과 직관의 분리는 그 자체 오직 완성된 진화의 전제 아래에서만 가능한 것인데, 그 분리가 시작되는 지점에서부터, 자연학은 두 개의 대립되는 방향으로 분리된다. 그리고 그 안에서 원자론적 체계와 동역학적 체계라는 두 체계가 구분된다.

동역학적 체계는 자연의 절대적 진화를 부정하며, 종합으로서의 자연(주체로서의 자연)에서 출발하여 진화로서의 자연(객체로서의 자연)으로 나아간다. 반면 원자론적 체계는 근원적인 것으로서의 진화로부터 출발하여 종합으로서의 자연으로 나아간다. 전자는 직관의 관점에서 출발하여 반성의 관점으로 나아가는 것이며, 후자는 반성의 관점에서 출발하여 직관의 관점으로 나아가는 것이다.

이 두 방향은 동시에 다 가능하다. 만일 분석이 맞다면, 분석을 통해 다시 종합이 나타날 것이다. 이는 종합을 통해 다시 분석이 나타나는 것과 마찬가지이다. 그러나 우리는 분석이 맞는가 맞지 않는가를 우리가 그것으로부터 다시 종합으로 가게 되는가 되지 않는가를 통해서만 알 수 있다. 따라서 종합은 절대적 전제이며 또 절대적 전

297

제로 남을 것이다.

하나의 체계의 과제는 바로 다른 하나의 체계의 과제로 뒤바뀐다. 원자론적 자연학에서 자연의 복합의 원인인 것이 동역학적 자연학에서는 진화의 저지자가 된다. 전자는 자연의 복합을 응집력을 통해 설명하며, 이 응집력에 의해서는 자연 안에 참된 연속성이 나타나지 않는 데 반해, 후자는 반대로 응집을 진화의 연속성을 통해 설명한다(모든 연속성은 오직 생산성에 있어서만 근원적이다).

두 체계는 모두 단순히 이념적인 것으로부터 출발한다. 절대적 종합은 절대적 분석과 마찬가지로 단순히 이념적이다. 실제적인 것은 생산물로서의 자연 안에서 비로소 발견된다. 그러나 생산물은 완전한 퇴화로도 생각되지 않고 완전한 진화로도 생각되지 않는 자연이다. 생산물은 극단적으로 파악된 것 둘 사이의 어떤 것이다.

14 두 체계를 위한 첫번째 과제는 생산물, 즉 그 안에서 대립된 것이 실제적이 되는 생산물을 구성하는 것이다. 생산물이 구성되지 않는 한, 그 두 체계는 단지 이념적 크기만을 다루는 것이 되며, 그 둘은 단지 그들이 생산물에 이르고자 하는 방향에 있어서만 서로 대립될 뿐이다. 두 체계는 단지 이념적 요소와 관계하는 한, 동일한 가치를 가지며, 하나는 다른 하나의 시험일 뿐이다. 생산적 자연의 심연 안에 감추어진 것은 자연 안에서는 생산물로서의 자연으로서 반사되어야만 하며, 마찬가지로 원자론적 체계는 동역학적 체계의 끊임없는 반사여야만 한다. 기획에 있어서는 의도적으로 두 방향 중에서 원자론적 자연학의 방향이 선택되었다. 기획에 있어 생산물로서 제시되었던 것을 여기에서 생산성으로서 제시하게 된다면, 그것은 우리의 학문 이해를 위해 적지 않은 기여를 하게 될 것이다.

298

1) 자연의 순수 생산성에 있어서는 구별 가능한 어떤 것도 단적으로 이원화 너머에 존재하지 않는다. 오직 자기 자신 안에서 이원화된 생산성만이 생산물을 제공한다.

절대적 생산성은 오직 생산 자체로 나아갈 뿐 하나의 규정된 것의 생산으로 나아가는 것이 아니므로, 자연 안에서 생산물을 이끌어내는 자연의 경향은 생산성의 부정이다.

자연이 실제적인 것인 한, 자연 안에 생산물 없는 생산성이 있을 수 없듯이, 생산성 없는 생산물도 있을 수 없다. 자연은 두 극단으로 단지 접근해 갈 수 있을 뿐이다. 그리고 자연이 그 둘에 접근해 간다는 것이 제시될 수 있어야만 한다.

α) 순수한 생산성은 근원적으로 무형태성으로 나아간다.

자연이 무형태성으로 사라지게 되는 곳에서, 생산성은 그 안에서 소진된다(이것이 바로 사람들이 '잠재화'로 표현하는 것이다). 반대로 형태가 나타나는 곳, 따라서 생산성이 제한되는 곳에서 생산성은 드러난다. 생산성은 (서술 가능한) 생산물로서 나타나지는 않고, 비록 생산물로 이행해 가는 것일지라도 생산성으로서 나타난다. 이는 마치 열의 현상에서 그런 것과 같다(측정할 수 없는 질료 개념은 단지 상징적 개념일 뿐이다).

β) 생산성이 무형태성으로 나아가면, 그것은 객관적으로 보아 절대적인 무형태의 것이다.

(우리는 원자론적 체계의 대담함을 잘 알지 못한다. 그 체계에 있어 지배적인 이념, 즉 절대적으로 무형상적이며 어디에서도 규정된 질료로서는 서술 불가능한 것의 이념은 생산성에 접근해 가는 자연의 상징 이외에 다른 것이 아니다. 생산성에 더 가까이 접근할수록, 그만큼 무형태성에 더 가까이 접근하게 된다.)

γ) 생산성은 오직 그것의 한계가 정립되는 곳에서만 생산성으로 나타난다.

어디에나 있고 모든 것 안에 있는 것은 바로 그렇기 때문에 어디에도 있는 것이 아니다. 생산성은 오직 그것의 한계지음을 통해서만 고정된다. 전기성은 한계가 주어지는 그 순간에 비로소 존재하게 된다. 따라서 전기 현상에 있어 (제한된) 생산성의 현상 이외에 다른 **299** 것을 발견하려고 하는 것은 표상 방식의 빈곤성일 뿐이다. 빛의 조건은 화학적 과정에 있어서와 마찬가지로 전기적인 것과 동전기학적인 것의 대립이다. 그리고 우리의 어떠한 개입 없이도 우리에게 나타나는 빛(태양 주위에서 실행되는 생산성의 현상) 자체도 그런 대립을 전제로 한다.[5]

δ) 오직 제한된 생산성만이 생산물에 이르는 단초를 제공한다. (생산물의 설명은 이 단초가 시작되는 확실한 지점의 발생과 더불어 시작되어야만 한다. 모든 형태지음의 조건은 성질이다. 이것이 바로 칸트가 질료를 대립된 힘으로부터 구성하게 된 깊은 의미이다.)

전기적 현상은 질료 일반의 구성을 위한 일반적 도식이다.

ε) 자연 안에는 순수한 생산성도 순수한 생산물도 나타날 수 없다.

순수한 생산성은 모든 생산물의 절대적 부정이고, 순수한 생산물은 모든 생산성의 절대적 부정이다.

---

5) 현존하는 실험에 따르면 빛의 현상과 전기성의 현상을 하나로 간주하는 것이 적어도 불가능하지는 않다. 왜냐하면 프리즘 상에 있어서 색들은 서로 대립되는 것으로서 나타나며, 대개 그 가운데 주어지는 하얀 빛은 적어도 무차별점(零點, Indifferenzpunkt)으로서 간주될 수 있기 때문이다. 유비에 따라 사람들은 빛 현상의 이러한 구성을 진짜 구성이라고 간주하고자 시도하기도 한다(원문의 주).

(생산성으로의 접근은 원자론의 절대적인 분할 가능성이며, 생산물로의 접근은 절대적인 분할 불가능성이다. 전자는 동시에 절대적 분할 불가능성이지 않고는 사유될 수 없으며, 후자는 동시에 절대적 분할 가능성이지 않고는 사유될 수 없다.)

그러므로 자연은 근원적으로 그 둘[순수 생산성과 순수 생산물]의 중간물이 된다. 그리고 그렇게 함으로써 우리는 생산물로의 이행에서 파악된 생산성의 개념 또는 무한히 생산적인 생산물의 개념에 이르게 된다. 우리는 후자의 규정을 고수하기로 하자.

(고정된) 생산물의 개념과 (자유로운) 생산적인 것의 개념은 서로 **300** 대립된다. 우리에 의해 요청된 것은 이미 생산물이므로, 그것[생산성과 생산물의 중간자]은 그것이 생산적인 경우에도 오직 규정된 방식으로만 생산적일 수 있다. 그런데 규정된 생산성은 (능동적인) 형태화(Gestaltung)이다. 그러므로 그 제3자는 형태화의 상태에 있어야만 한다.

그러나 생산물은 무한히 생산적이어야만 한다(즉 생산물로의 이행이 절대적으로 발생해서는 안 된다). 그러므로 그것은 매 순간마다 특정한 방식에 있어서 생산적이며, 생산성으로 머물러 있고 생산물이 되는 것은 아니어야 한다.

(만일 어떤 형태도 고정되어 있는 것이 아니라면, 어떻게 한 형태에서 다른 형태로의 이행이 가능한가 하는 물음이 발생할 수 있을 것이다. 다만 그것이 하나의 순간적인 형태에 이를 수 있는 것은 진화가 무한한 속도를 가지고 발생할 수는 없다는 것, 따라서 매 순간마다의 형태는 적어도 규정된 형태라는 것에 의해 이미 가능해진다.)

생산물은 무한한 변형(Metamorphose) 안에서 파악된 것으로 나타난다. (이것은 찾고자 하는 형태에 도달하지 못한 채 행해지는 비약, 즉 유동적인 것에서 고정된 것으로의 비약에 대한 반성의 관점에서 본 것이다. 더 조야한 요소 안에서는 살 수 없는 유기체는 적어도 대기의 근거 위에 살고 있다. 많은 유기물들은 한 요소로부터 다른 요소로의 변형을 통해 살아 남는다. 그 생의 기능이 대부분 대립 안에 존립하는 동물은 그러한 비약이 아니고 다른 무엇일 수 있겠는가?)

변형은 규칙 없이 발생하는 것일 수 없다. 왜냐하면 그것은 근원적인 대립 안에 머물러 있어야 하며 그렇게 함으로써 한계 내에 포함되어 있는 것이기 때문이다.[6]

(이러한 규칙성은 형태의 내적 유사성 이외에 다른 어떤 것에 의해서도 표현되지 않는다. 그리고 이 유사성은 다시금 하나의 근원 유형 없이는 사유될 수 없는데, 이 근원 유형이 모든 형태들의 근거에 놓여 있어야 하며, 형태들은 다양한 변경 아래에서일지라도 모두 이 근원 유형을 표현하는 것이어야 한다).

그러나 그런 생산물이 우리가 찾던 것, 즉 무한히 생산적이며, 자기 동일적인 것으로 남아 있는 생산물인 것은 아니다. 생산물이 동일하게 남아 있는 것은 가능하지 않은 것처럼 보인다. 왜냐하면 생산물은 생산성의 절대적 저지, 지양이 없이는 사유될 수 없기 때문이다. 생산물은 생산성이 저지되듯이 저지되어야만 한다. 왜냐하면 생산물은 계속 생산적이어야 하기 때문이다. 그것은 이중화와 그 이중화로부터 귀결되는 한계지음에 의해 저지되어야만 한다. 그러나 어떻게 생산적 생산물이 생산적이기를 그만두지 않은 채 개별적 생

301

---

6) 그러므로 그 대립이 지양되거나 물러나게 될 때, 변형은 무규칙적인 것이 된다. 그렇다면 질병이란 변형 이외에 다른 무엇이겠는가?(원문의 주).

성 단계에 있어 저지될 수 있는지, 또는 어떻게 이중화 자체에 의해서 생산성의 지속이 확고하게 되는지가 동시에 설명되어야만 한다.

우리는 이런 방식으로 독자를 기획의 네 번째 장의 과제에 이르기까지 인도해 왔으며, 그 과제의 해결 및 그로부터 발생하는 결론 명제는 그곳에서 독자 스스로 찾도록 위임하였다. 우리는 이미 앞에서 어떻게 그렇게 도출된 생산물이 반성의 관점에서 현상하게 되는 것인지를 암시하고자 하였다.

생산물은 그 안에서 두 대립된 극단이 서로 접촉하게 되는 종합이며, 이 종합은 한편으로는 절대적 분할 가능성에 의해 그리고 다른 한편으로는 분할 불가능성에 의해 제시된다. 그와 같이 전제된 절대적 불연속성 안에 연속성이 어떻게 나타나게 되는지를 원자론자는 응집력·조형적 힘 등에 의해 설명하고자 시도하지만, 그러나 그런 시도는 성공적이지 못하다. 왜냐하면 연속성은 이미 생산성 자체이기 때문이다.

각각의 생산물이 그 변형에 있어 취하게 되는 형태의 다양성은 각기 발전 단계의 상이성에 의해 설명됨으로써, 그 각각의 발전 단계에 따른 그의 고유한 형태가 병행하게 된다. 원자론자는 자연 안에 특정한 근본 형태를 정립하는데, 이런 근본 형태는 비록 자연 안에서 현실태로서 현존하는 것으로서가 아니라 단지 암시된 것일지라도 인정되어야만 한다. 왜냐하면 자연 안의 모든 것은 형태를 지향하고, 또 형태지어진 모든 것은 자신의 고유한 형태를 갖는 것이기 때문이다.

반성의 관점에서 보면 모든 생산물의 생성은 근원적 활동의 한 특정한 형태의 생산으로의 끊임없는 추구 그리고 다시 그 형태의 끊임없는 무화로서 나타난다.

이렇게 보면 생산물은 하나의 단순한 경향의 생산물이 아닐 것이 **302**
다. 오히려 그것은 서로 절대적 무형태성으로 환원되지도 않고, 또
일반적 갈등 때문에 하나의 특정한 고정된 형태를 산출할 수도 없는
근원적 활동들 간의 내적 균형 또는 내적 비율의 가시적 표현일 것
이다.

⑮ 여기까지는 (우리가 단순히 이념적 요소만 언급하였으
므로) 탐구의 대립된 방향이 가능했다. 이제부터는 실제
적인 생산물을 그 발전에 있어 추적해야 하기 때문에, 오직 단 하나
의 방향만이 존재하게 된다.

m) 각각의 개별적인 발전 단계에 있어 대립된 방향으로의 생산성
의 불가피한 분리를 통해 생산물 자체는 개별적인 생산물로 분리된
다. 이 생산물을 통해서 그리고 바로 그 때문에 서로 다른 발전 단계
가 제시된다.

이 점은 생산물 자체 안에서도 제시될 수 있는데, 이는 우리가 생
산물들을 그것의 형태화에 있어서 서로 비교하면서 그 형성의 연속
성을 찾으려 할 때 발생한다. 그러나 연속성은 결코 (반성을 위해)
생산물 안에 존재하지 않고 오히려 언제나 생산성 안에만 존재하므
로, 연속성의 이념은 완전하게 실현될 수가 없다.

생산성 안에서 연속성을 발견하기 위해서는 생산성이 생산물로
이행하는 각 단계가 지금까지 행해진 것보다 더 자세하게 서술되어
야만 한다. 생산성이 제한됨으로써(이상의 언급을 참조), 무엇보다도
먼저 생산물로의 단초, 생산성에 대한 고정점이 주어져야만 한다. 그
리고는 어떻게 생산성이 점차적으로 물질화되고 점점 더 고정된 생
산물로 변화되는지가 제시되어야만 한다. 이러한 고정된 생산물로의
변화는 자연 안에 동역학적 단계를 부여할 것이며, 이것이 바로 [자

연철학의] 전체 체계가 가지는 근본 과제의 본래적 대상이다.

다음과 같은 언급이 그것을 설명하는 데에 기여할 수 있을 것이다. 무엇보다도 먼저 생산성의 이중화가 요구된다. 반면 이 이중화를 야기시키는 원인은 일단 탐구로부터 배제된다. 그리고 이 이중화를

303 통해 수축과 팽창의 교체가 제약된다. 이 교체는 질료 안의 어떤 것이 아니라, 오히려 질료 자체이며, 생산물로 이행해 가는 생산성의 첫 단계이다. 이러한 교체의 정지에 의하지 않고는, 즉 그 교체 자체를 고정시키는 제3자에 의하지 않고는 생산물이 이루어질 수가 없다. 그렇게 함으로써 질료는 그 가장 깊은 단계에 있어(그 최초의 활력에 있어) 직관될 것이고, 교체는 그 정지 또는 균형에 있어 직관될 것이다. 그리고 다시 반대로 그 제3자의 지양에 의해 질료는 보다더 상위의 활력으로 고양될 수 있을 것이다. 그러면 앞서 도출되었던 생산물들은 물질성 또는 물질로의 이행의 여러 서로 다른 단계에 존재하는 것이 가능하게 될 것이다. 또는 하나의 생산물에 있어 서로 다른 단계들이 다른 하나의 생산물에 있어서는 보다 더 많이 또는 더 적게 구분되는 것이 가능하게 될 것이며, 이렇게 함으로써 생산물의 동역학적 단계가 실제적으로 제시될 수 있을 것이다.

n) 과제의 해결에 있어서는 우리가 어디로 이끌려 갈지 알지 못한 채 우리가 지금까지 선택해 온 방향에 머무르기로 하자.

개별적인(개체적인) 생산물들이 자연 안에 생겨난다. 그러나 이런 생산물들 안에서 생산성은 여전히 생산성으로서 구분될 수 있어야만 한다. 생산성은 아직 생산물로 절대적으로 이행해 가서는 안 된다. 생산물의 존립은 끊임없는 자기 재생산이어야만 한다.

그러므로 이러한 절대적 이행, 즉 생산성이 생산물 안으로 완전 소진되는 것을 방해하는 과제, 또는 생산물의 존립을 끊임없는 자기

재생산이 되게 하는 과제가 부가된다.

언제나 생산물로 나아가고자 하는 경향을 갖는 활동성이 어떻게 생산물로 완전히 이행해 갈 수 없도록 저지받게 되는 것인지는, 만일 그 이행이 외적인 영향에 의해 저지받는 것이 아니라면, 그리고 생산물은 그것이 존립하고자 하는 한, 매 순간마다 자신을 새롭게 생산해야 하는 것이 아니라면, 단적으로 이해될 수 없을 것이다.

그러나 아직까지는 생산물(유기적 자연)에 대립된 원인의 흔적이 발견되지 않았으므로, 일단 그런 원인은 단지 요청될 수 있을 뿐이다. (우리는 생산물 안에서 전체 자연이 다 설명될 수 있다고 믿어 **304** 왔는데, 여기에서 비로소 우리는 그 생산물 자체를 파악하기 위해서도 미리 다른 어떤 것을 전제해야만 한다는 것, 그리고 자연 안에 어떤 새로운 대립이 나타나야만 한다는 것을 언급하고자 한다.)

16 자연은 우리에게 있어 지금까지 이중성 안에서의 절대적 동일성이었다. 이제 우리는 여기에서 하나의 대립에 이르렀는데, 그러나 그 대립 안에서도 이전의 동일성은 다시 회복되어야만 한다. 이 대립은 생산물이 도출될 수 있는 한, 그 도출된 생산물 자체 안에서 제시될 수 있어야만 한다.

도출된 생산물은 외부로 향하는 활동성이다. 이 활동성은 바로 그 동일한 생산물에 있어 외부로부터 내부로 향하는(자기 자신으로 향하는) 활동성이 없이는 그런 것으로서 분별될 수가 없다. 그리고 이 내부로 향하는 활동성은 다시금 그것이 외부로부터 억압받는(반성되는) 것이 아니라면, 그것으로서 사유될 수가 없다.

이러한 대립을 통해 발생하는 대립된 방향 안에 모든 생명 현상의 구성을 위한 원리가 놓여 있다. 즉 그러한 대립된 방향들이 지양된다면, 생명은 절대적 활동성으로서 아니면 절대적 수용성으로서 남겨지게 될 것이다. [즉 더 이상 생명이 아닐 것이다]. 왜냐하면 생명은 근원적으로 오직 수용성과 활동성의 완전한 상호 규정으로서만 가능하기 때문이다.

그러므로 우리는 독자에게 기획 자체를 제시하고 여기에서는 독자로 하여금 오직 우리가 지금 도달한 구성의 상위 단계에만 주목하게끔 하고자 한다.

우리는 앞에서(g에서) 생산물 일반의 발생을 근원적인 저지점에 대항하는 자연의 투쟁을 통해 설명하였는데, 그 투쟁에 의해 저지점은 충족된 영역으로 고양되고 영속성을 얻게 된다. 여기에서 우리는 하나의 단순한 점에 대항하는 것이 아니라 하나의 생산물에 대항하는 외적 자연의 투쟁을 도출하는 것이기 때문에, 우리에 대해 그 최초의 구성은 제2의 활력으로 고양되며, 따라서 우리는 이중화된 생산물을 가지게 된다(그러므로 유기적 자연은 오직 비유기적 자연의 더 상위의 활력일 뿐이라는 것, 그리고 유기적 자연은 이미 생산물인 것이 그 안에서 다시 생산물로 된다는 점에 의해서 비유기적 자연을 넘어선다는 것이 결과적으로 밝혀지게 될 것이다).

305 우리가 가장 근원적인 것으로서 도출한 생산물이 오히려 우리 자신을 그 생산물에 대립되는 자연으로 몰고 가기 때문에, 우리의 생산물 발생의 구성이 불완전했다는 것, 그리고 우리가 우리의 과제(고정된 생산물의 발생을 구성하는 것은 전체 학문의 과제이다)를 아직 충분히 해결하지 않았다는 것은 자명하다.

생산적 생산물은 오직 외적 힘의 영향 아래에서만 그런 것으로서 발생할 수 있다. 왜냐하면 오직 그렇게 됨으로써만 생산성이 중지되고, 생산물 안에서 소멸하게끔 저지받게 되기 때문이다. 이러한 외적 힘을 위해서는 다시 고유한 영역이 존재해야만 한다. 즉 그 힘들은 생산적이지 않은 세계 안에 놓여 있어야 한다. 그러나 그 세계는 바로 그렇기 때문에 모든 관점에서 고정되고 불변적인 규정된 세계이어야만 한다. 따라서 어떻게 자연 안에 생산물이 나타나는가 하는 과제는 지금까지의 모든 것에 의해 단지 일면적으로만 해결되었을 뿐이다. "생산물은 모든 개별적인 발전 단계에 있어 생산성의 이중화를 통해 저지된다." 그러나 이것은 오직 생산적 생산물에 대해서만 타당할 뿐이다. 이에 반해 여기에서는 비생산적인 생산물이 언급되고 있다.

우리가 여기서 부딪치게 되는 모순은 오직 생산물 일반의 구성을 위한 일반적 표현을 발견함으로써만 해결될 수 있을 것이다(그것이 생산적인지 그렇지 않은지 또는 그것이 생산적이기를 멈추었는지 그렇지 않았는지는 도외시하고 말이다).

생산적이지 않은 (비유기적인) 세계의 실존은 무엇보다도 먼저 단지 생산적인 세계를 설명하기 위해서 요청된 것이므로, 그런 세계의 제약은 오직 가정적으로만 서술될 수 있을 뿐이다. 그리고 우리는 그 세계를 무엇보다도 먼저 생산적 세계에 대한 대립으로부터만 알 수 있기 때문에, 그 제약 역시 오직 그 대립으로부터만 도출될 수 있을 뿐이다. 기획에서도 역시 언급되었듯이 이상으로부터 [유기적 자연을 논하는] 제1장과 마찬가지로 [비유기적 자연을 논하는] 제2장 역시 철저하게 단지 가정적 진리만을 가질 뿐이라는 것이 분명해진다. 왜냐하면 유기적 자연도 비유기적 자연도 그 둘의 구성을 하나의 공통적인 표현으로 나타내지 않고는 설명될 수가 없는데, 이것은 종합적 부분에 의해서 비로소 가능하기 때문이다. 이 부분[제3장]이 우리를 자연 일반의 구성을 위한 가장 보편적인 최고의 원리로 이끌 **306**

어갈 것이다. 그러므로 우리는 우리의 체계를 알고자 하는 독자에게 이 부분을 완전하게 제시해야만 한다. 비유기적 세계와 그것의 제약에 대한 가정적 연역은 기획에서 자세하게 서술하였으므로, 우리는 여기에서 그것을 생략하고, 우리 학문의 가장 일반적인 최고 과제로 서둘러 나아가고자 한다.

17 사변적 자연학의 가장 일반적 과제는 다음과 같이 표현될 수 있다. 즉 그것은 유기적 생산물과 비유기적 생산물의 구성을 하나의 공통적인 표현으로 나타내는 것이다.

여기에서 우리는 오직 이 해결에 대한 근본 원칙만을 제시할 수 있으며, 그 중에서도 오직 기획에서(제3장에서) 자세하게 설명하지 않은 원칙들만을 제시할 수 있을 뿐이다.

A

우리는 여기에서 논의의 출발점으로 다음과 같은 원리를 설정하고자 한다. 즉 유기적 생산물은 제2활력의 생산물이기 때문에, 생산물의 유기적 구성은 적어도 모든 생산물의 근원적 구성의 상징이어야만 한다.

a) 생산성이 단 하나의 점에 고정될 수 있기 위해서는 한계가 주어져야만 한다. 한계는 제1현상의 제약이기 때문에, 그 한계를 산출하는 원인은 더 이상 현상으로서 나타날 수가 없다. 그것은 자연의 내면으로 또는 그때마다의 생산물의 내면으로 물러선다.

유기적 자연에 있어서 생산성의 이러한 제한은 우리가 감수성 (Sensibilität)이라고 부르는 것, 그리고 유기적 생산물의 구성의 제1

제약으로서 사유되어야만 하는 것에 의해 주어진다.

b) 제한된 생산성의 직접적 결과는 이미 주어져 있으면서 또 동시에(우리가 이제 알고 있듯이) 두 번째로 구성되어야 하는 질료의 수축과 팽창의 교체이다.

c) 이런 교체가 멈추는 곳에서 생산성은 생산물로 이행해 가고, 그 교체가 다시 생겨나는 곳에서 생산물은 생산성으로 이행해 간다. 생산물은 무한히 생산적으로 남아 있어야 하기 때문에, 생산물에 있어 생산성의 세 가지 단계가 구분될 수 있어야만 한다. 생산성의 생산물로의 절대적 이행은 곧 생산물 자체의 몰락이다.

d) 이 세 가지 단계들이 개체에 있어 구분 가능하듯이, 그것은 전체 유기적 자연에 있어서도 구분 가능해야만 한다. 유기체의 단계는 바로 생산성 자체의 단계 이외에 다른 것이 아니다. (생산성은 생산물 A에 있어서 정도 c에 이르기까지 소진되고, 생산물 B에 있어서는 오직 그것이 A와 함께 끝난 곳에서만, 즉 정도 d를 갖고서만 시작할 수 있으며, 이렇게 해서 모든 생산성의 소멸에 이르기까지 계속될 것이다. 만일 우리가 생산성의 절대적 정도를 안다면, 예를 들어[지구와 태양의 관계에 의해서 규정되는] 지구의 생산성의 정도를 안다면, 지구 위의 유기체의 한계는 불완전한 경험에 의한 것보다 그것[그 생산성의 한계]에 의해서 더 정확하게 규정될 수 있을 것이다. 자연의 위기는 의심할 바 없이 연결 고리의 가장 극단적 항까지도 집어삼키기 때문에 경험은 이미 불완전할 수밖에 없다. 생산물이 아니라 자연 자체를 객체로 삼는 본래적인 자연 역사는 자유를 제지하는 단 하나의 생산성에 대해 그것이 모든 변형과 왜곡을 통과하여 결국 생산물 안에서 소멸되어야만 하는 지점에 이르기까지 추적한다.)

307

전체 유기적 현상의 구성은 전체 유기적 자연에 있어서와 마찬가지로 개체에 있어서의 동역학적인 단계에 기반을 두고 있다.

B[7]

18 이 명제가 일반성으로 확장되면 다음과 같은 자연의 일반적 이론의 원칙들로 발전한다.

308 a) 생산성은 근원적으로 제한되어야만 한다. 제한된 생산성 너머에는 (오직) 순수 동일성만이 존재하므로, 제한은 이미 [독립적으로] 현존하는 차별에 의해서 주어질 수가 없으며, 오히려 생산성 자체 안에서 발생하는 대립에 의해서만 주어질 수 있다. 이 대립에 대해서는 제1요청으로서 후에 다시 언급하게 될 것이다.[8]

b) 순수하게 사유된 이 차별은 모든 (자연) 활동성의 제1조건이다. 생산성은 대립된 것들(근원적인 한계들) 사이에서 끌어당겨지고 배척되며,[9] 이러한 팽창과 수축의 교체 안에 필연적으로 하나의 공통적인 것, 그러나 그러면서도 오직 교체 안에서만 존립하는 것이

---

7) 여기부터는 기획에서처럼 메모 안에 첨가된 글들이 다시 이어진다. 그것은 저자의 수고(手稿)에서 취한 것이다.

8) 자연과학의 제1의 요청은 자연의 순수 동일성에 있어서의 대립이다. 이 대립은 아주 순수하게 사유되어야지, 예를 들어 활동성의 기체 이외에 다른 기체와 더불어 사유되어서는 안 된다. 왜냐하면 이 대립이 모든 기체의 제약이기 때문이다. 기체 없이는 어떠한 활동성, 어떠한 대립도 생각할 수 없는 사람은 아예 철학을 할 수 없는 사람이다. 왜냐하면 모든 철학함은 우선 기체의 연역으로 향하기 때문이다.

9) 전기적 현상은 생산성과 생산물 사이에서 유동하는 자연의 도식이다. 이러한 유동의 상태, 인력과 척력의 교체 상태가 형성의 본래 상태이다.

발생한다. 그것이 교체 외부에 존립해야 하는 것이었다면, 교체 자체가 고정되어야만 했을 것이다. 교체에 있어서 활동적인 것은 자기 자신 안에서 이원화된 활동성이다.

c) 다음과 같은 물음이 성립한다.

α) 이 교체는 무엇에 의해서 고정될 수 있는가? 그것은 교체 자체 안에 [교체의] 항으로서 포함되어 있는 것에 의해서 고정될 수는 없다. 따라서 그것은 제3자에 의해서 고정되어야만 한다.

β) 그러나 이 제3자는 그 근원적인 대립에 침투할 수 있어야만 한다. 그런데 그 대립 외부에는 아무것도 존재하지 않는다.[10] 그러므로 이 제3자는 근원적으로 바로 대립에 의해 존재하며, 또 그것에 의해 다시금 대립이 존재하게 되는 것으로서 이미 대립 자체 안에 포함되어 있어야만 한다. 왜냐하면 그렇지 않을 경우 그것이 왜 대립 안에 근원적으로 포함되어 있어야 하는가에 대한 근거가 존재하지 않을 것이기 때문이다.

대립은 동일성의 지양이다. 그러나 자연은 근원적으로 동일성이다. **309** 그러므로 그 대립 안에는 다시금 동일성에 대한 추구가 존재해야만 한다. 이 추구는 (직접적으로) 대립에 의해서 제약된다. 왜냐하면 대립이 존재하지 않는다면, 동일성도 존재하지 않을 것이고, 절대적 정지만이 있을 것이며, 동일성에 대한 어떠한 추구도 존재하지 않을 것이기 때문이다.[11] 또한 대립 안에 다시금 동일성이 존재하지 않는

---

10) 왜냐하면 대립만이 그것으로부터 모든 것을 발생하게 하기 위해 우리에게 주어지는 유일한 것이기 때문이다.

11) 그러므로 제3자는 1) 대립에 의해 직접적으로 제약되어야 하며, 2) 제3자에 의해 다시금 대립이 제약되어야만 한다. 그렇다면 대립은 무엇에 의해 제약되는가? 대립은 오직 동일성의 추구에 의해서만 대립이 된다. 왜냐하면 동일성에 대한 추구가 존재하지 않는 곳에는 대립도

182

다면, 대립 자체도 존속할 수 없을 것이다.

차별로부터 벗어난 동일성은 무차별(Indifferenz)이며, 따라서 그 제3자는 바로 무차별의 추구이다. 무차별의 추구는 차별 자체에 의해 제약되며, 또 차별은 다시 무차별의 추구에 의해 제약된다(차별은 그 차별을 유지하면서 교체 자체를 가능하게 하는 제3자에 의하지 않고는 결코 차별로서 인식될 수도 없으며, 직관될 수도 없다).

그러므로 제3자는 근원적 교체에서 기체가 되는 유일한 것이다. 그러나 기체는 교체가 기체를 전제하는 것과 꼭 마찬가지로 교체를 전제하기 때문에, 여기에는 최초의 것도 없고 두 번째 것도 없다. 차별과 무차별의 추구는 오히려 시간상 단적으로 하나이며 동시적인 것일 뿐이다.

주명제 : 자연의 어떠한 동일성도 절대적이지 않으며, 오히려 모든 것은 단지 무차별성일 뿐이다.[12] 제3자 자체가 근원적 대립을 전제하므로, 바로 그 때문에 대립 자체는 절대적으로 지양될 수가 없다. 제3자의 존속의 조건은(제3의 활동성 또는 자연의 조건은) 대립의 끊임없는 존속이며, 또 반대로 대립은 그 제3자의 존속에 의해 제한됨으로써만 존속한다.

⓳ 그러나 어떻게 대립이 존속하는 것으로서 사유될 수 있는가? 우리는 단 하나의 근원적 대립을 가지는데, 그 대립의 한계 사이에 전체 자연이 놓여 있다. 그 대립의 요소들이 실제310 로 서로 이행해 갈 수 있다거나 또는 어떤 하나의 제3자(하나의 개

존재하지 않기 때문이다.
12) 자연은 끊임없이 동일성을 추구하는 활동성이며, 따라서 바로 그런 것으로서 존속하기 위해 끊임없이 대립을 전제로 하는 활동성이다.

체적 생산물) 안에서 절대적으로 마주칠 수 있다고 전제한다면, 이 경우 대립은 지양될 것이며, 그와 더불어 무차별의 추구도 지양될 것이고 따라서 모든 자연의 활동성이 지양될 것이다. 그러나 대립이 존속되어야 한다는 것은 오직 대립이 무한하다는 것, 즉 그 극단의 한계가 무한히 구별되기 때문에, 언제나 단지 종합의 매개적 항들만 이 생산될 뿐이지, 궁극적이며 절대적인 종합 자체가 생산될 수는 없다는 것, 따라서 절대적인 무차별은 이루어지지 않고 언제나 단지 상대적 무차별만 이루어질 뿐이며, 발생하는 각각의 무차별은 아직 지양되지 않은 새로운 대립을 남겨 놓는다는 것, 그리고 그 새로운 대립은 다시 무차별로 이행해 가지만, 이 무차별 역시 근원적 대립 을 단지 부분적으로만 지양할 뿐이라는 것에 의해서만 이해될 수 있 다. 이러한 근원적인 대립과 무차별의 추구에 의해 생산물이 이루어 지는데, 이 생산물은 그 대립을 단지 부분적으로만 지양할 뿐이다. 그리고 바로 그러한 부분의 지양에 의해, 즉 생산물 자체의 발생에 의해, 이미 지양된 대립과 구분되는 새로운 대립이 다시 발생하고, 또 이 새로운 대립에 의해 다시금 첫번째 생산물과 구분되는 새로운 생산물이 발생하게 된다. 그러나 이 새로운 생산물 역시 절대적 대 립을 지양하지 않은 채 남겨 놓으며, 따라서 그것[생산물]은 단지 성 질일 뿐이고, 그 성질에 의해 다시 하나의 생산물을 발생하게 하며, 이렇게 해서 무한히 계속된다.

생산물 A에 의해 c와 d의 대립이 통합되며, 그 통합 외부에 아직 b와 e의 대립이 남아 있다고 가정해 보자. 이 후자의 대립은 생산물 B 안에서 지양되지만, 그러나 이 생산물은 대립 a와 f를 지양되지 않은 채 남겨둘 것이다. 여기서 a와 f가 극단적인 한계를 나타낸다 고 가정하면, 그 둘 사이의 통합으로서의 생산물은 결코 이루어질 수 없는 것이 될 것이다.

a와 f의 극단적인 것 사이에 c와 d의 대립과 b와 e의 대립이 놓여 있고, 그 중간 대립의 계열이 무한하다면, 이 모든 중간 대립들은 단 하나의 절대적 대립 안에 포함되어 있다. 생산물 A 안에서 a에 의해서는 오직 c만이 그리고 f에 의해서는 오직 d만이 지양되며, a에 의해 남겨지는 것이 b라고 불리고, f에 의해 남겨지는 것이 e라고 불린다면, 이것들은 무차별의 절대적 추구의 힘에 의해서 다시 통합되기는 하겠지만, 그러나 그것은 곧 하나의 새로운 대립을 지양되지 않은 것으로서 남겨 놓을 것이다. 이렇게 하여 a와 f 사이에는 **311** 중간적 대립의 무한한 계열이 남겨질 것이므로, 그 대립을 절대적으로 지양할 수 있는 생산물은 결코 존재하는 것이 아니라 단지 생성되어 가는 과정에 있을 뿐이다.

이렇게 무한히 진행되는 형성 과정은 다음과 같이 표상될 수 있다. 근원적 대립은 근원 생산물 A 안에서 지양되어야만 할 것이다. 그 생산물은 a와 f의 무차별점 안에 놓여 있어야 하지만, 그러나 그 대립은 오직 무한히 계속되는(결코 현실적이지 않은) 종합 안에서만 지양될 수 있는 절대적 대립이기 때문에, A는 무한한 원주(그 지름이 af의 무한한 선이 되는 원주)의 중심점으로서만 생각될 수 있다. 이 생산물에 있어서는 a와 f에 의해서 오직 c와 d만이 통합되기 때문에, 그것 안에서 다시 b와 e의 새로운 이원화가 발생한다. 그러므로 이 생산물은 대립된 방향으로 다시 분리되며, 무차별의 추구가 우세하게 되는 지점에서 b와 e는 첫번째 생산물과 구분되는 또 하나의 새로운 생산물로 모이게 된다. 그러나 a와 f 사이에는 아직도 무한히 많은 대립이 놓여 있으며, 따라서 그 무차별점 B는 첫번째 원주 안에 포함되기는 하되 그 자체로 다시 무한한 하나의 새로운 원주의 중심점이 된다.

B 안의 b와 e의 대립은 A에 의해서 유지된다. 왜냐하면 A가 그 대립을 통합되지 않은 것으로 남겨 놓기 때문이다. 마찬가지로 C 안의 대립은 B에 의해 유지된다. 왜냐하면 B는 다시 a와 f로부터 오직 일부분만을 지양하기 때문이다. 그러나 C 안의 대립은 오직 A가 B 안의 대립을 유지하는 한에서만 B에 의해 유지된다.[13] 그러므로 C와 B의 대립으로부터 귀결되는 것은(예를 들어 그것의 결과가 일반적 중력이라고 가정해 보자) A의 공통적인 영향에 의해 야기된 것이며, 따라서 B와 C 또는 a와 f 사이에 중간항으로서 놓여 있는 무한히 많은 생산물들은 A와의 연관 안에서는 오직 단 하나의 생산물일 뿐이다. c와 d의 결합 이후 A에 남아 있는 차별은 오직 단 하나의 차별로서, 그 안에서 다시 B와 C 등이 분할되는 것이다.

그러나 대립의 존속은 모든 생산물에 대해서 무차별 추구의 조건 **312** 이다. 그러므로 A에 의해서 B에서의 무차별의 추구가 유지되며, B에 의해서 C에서의 무차별의 추구가 유지된다. 그러나 A가 지양하지 않은 채 내버려둔 대립은 오직 단 하나의 대립일 뿐이며, 따라서 B에서의 경향, C에서의 경향 등등 그렇게 무한하게 남는 경향들은 오직 A에 의해서 제약되고 유지될 뿐이다.

이와 같이 규정된 조직은 중력 체계에서의 우주의 조직 이외에 다른 것이 아니다. 중력은 단순하지만, 그것의 조건은 이중성이다. 무차별은 오직 차별성으로부터만 생긴다. 지양된 성질은 그것이 단지 질

---

13) A에 의해 지양되지 않은 전체 대립이 B에 전가된다. 그러나 B 안에서도 그것은 다시금 완전히 지양되지 않으며, 그것은 C로 전가된다. 그러므로 C 안의 대립은 B에 의해 유지되지만, 이는 오직 B의 제약이 되는 그 대립을 A가 유지하는 한에서만 그러하다.

186

량인 한, 질료이다.

절대적 무차별점은 어디에도 존재하지 않으며, 그것은 다수의 개별적인 점으로 분할되어 있다. 중심으로부터 원주를 향해 형성되는 우주는 자연의 가장 극단적인 대립들도 그 안에서 지양될 그런 점을 추구한다. 그리고 이러한 지양의 불가능성이 곧 우주의 무한성을 확증한다.

생산물 A로부터 지양되지 않은 대립이 하나의 새로운 생산물 B로 전가된다. 그리고 이렇게 함으로써 생산물 A는 B에 대해 성질과 중력의 원인이 된다(이러한 전가를 우리는 분할에 의한 작용이라고 칭하는데, 이러한 이론은 이상으로부터 비로소 밝혀진다).[14] 예를 들어 태양은 그것이 단지 상대적인 무차별이기 때문에 그것의 작용 범위가 미치는 한에서만 그 대립을 유지하며, 이 대립은 그 아래 종속된 세계 물체에 대해 무게의 조건이 된다.[15]

313 무차별은 각 순간마다 지양되고, 각 순간마다 다시 재생되어야만 한다. 그러므로 중력은 움직이는 물체에서와 마찬가지로 정지한 물

---

14) 즉 분할은 언제나 생산물 안에서 대립이 절대적으로가 아니라, 오직 상대적으로 지양되는 곳에만 존재한다.
15) 무차별의 추구는 분할을 일으키는 물체로부터의 멀고 가까운 거리에 따라 대립에 대한 우세함을 얻게 된다(예를 들어 특정한 거리에서는 하나의 자기적 또는 전기적 물체가 다른 하나의 물체에 대해 행하는 분할 작용이 마치 지양된 것처럼 보이기도 한다). 이렇게 거리가 서로 다른 것이 곧 하나의 동일한 체계에 있어 세계 물체가 서로 다른 근거가 되는데, 이는 질료의 한 부분이 다른 부분들보다 더 쉽게 무차별에 종속되기 때문이다. 따라서 모든 생산물의 조건은 차별성이므로, 이 차별성은 모든 실존의 원천으로서 각 순간에 다시 발생해야만 하지만, 또한 다시 지양되는 것으로서 사유되어야만 한다. 이러한 끊임없는 재생과 재지양을 통해 각 순간마다 새롭게 창조는 발생한다.

체에서도 작용한다. 각 순간에 있어 성질의 일반적 재생과 재지양은 오직 제3자에 대한 반발로서만 나타날 수 있다. 이 제3자는(따라서 단순한 0이 되는데) 모든 성향으로부터 추상해 보면 무(=0)이다. 즉 단순히 동일한 것(오직 방향만을 지시하는 것), 하나의 점이다.[16] 무게(중력)는 각각의 총체적 생산물에 대해 오직 단 하나이며(왜냐 하면 대립이 단 하나이기 때문이다), 따라서 상대적 무차별점도 오직 단 하나이다. 개체적 물체의 무차별점은 오직 일반적인 무차별점으로 향한 그가 지닌 경향의 방향선만을 나타낼 뿐이다. 그러므로 각각의 점은 그 안에서 중력이 작용하는 유일한 것으로서 고찰될 수 있으며, 이는 곧 물체가 외부로 향한 그것의 경향을 통해서만 우리에 대한 존립을 얻게 되는 것과 같다.[17]

이 점을 향한 수직적 낙하는 단순한 운동이 아니라 복합적인 운동이다. 우리가 이것에 대해 이전에는 통찰하지 못했다는 것은 놀라운 일이다.[18]

중력이 질량에 비례적인 것이 아니라(왜냐하면 질량은 당신이 가

---

16) 그것은 자연이 끊임없이 그리로 복귀하고자 하며, 또 대립이 일단 지양된다면 그리로 복귀했을 그런 영(Null)이다. 자연의 근원적인 상태를 0(실재성의 결핍)이라고 생각해 보자. 그러면 그런 제로는 물론 1 − 1로서 분리되는 것으로 생각될 수도 있다(왜냐하면 그 경우도 = 0이 되기 때문이다). 그러나 이 분리가 (1 − 1 + 1 − 1 … 의 무한한 계열에서와 같이) 무한하다고 생각해 보자. 그러면 자연은 끊임없이 제로와 통일성 사이에서 유동하게 될 것이다. 그리고 이것이 바로 실제 자연의 상태이다.

17) 피타고라스적 사각형에 대한 바더(Baader), 1798(원문의 주).

18) 세계 영혼에 관한 나의 글에 대해 서평을 쓴 사려 깊은 저자들, 그 글에 대해 내가 지금까지 알고 있는 유일한 자들은 예외적이다(원문의 주).

정하는 특수한 중력의 추상 이외에 다른 무엇이겠는가?), 반대로 한 물체의 질량은 그 안에서 그 대립이 지양되는 계기의 표현일 뿐이다.

314　　d) 지금까지 언급된 것을 통해 질료의 구성이 그 일반성에 있어 완료되었다. 그러나 질료의 특수한 차별의 구성은 아직 완료되지 않았다.

B, C 등의 모든 질료가 A와 연관해서 공통으로 가지는 것은 A에 의해서 지양되지 않는 차별이며, 이 차별은 B와 C 안에서 다시 또 단지 부분적으로만 지양된다. 그러므로 그것은 또한 그 차별에 의해 매개된 중력이기도 하다.

그러므로 B와 C를 A로부터 구분짓는 것은 A에 의해서 지양되지 않은 차별이며, 그 차별은 B와 C에 대해 중력의 조건이 된다. 마찬가지로 C를 B로부터 구분짓는 것은(C가 B에 종속된 생산물일 경우), B에 의해서 지양되지 않은 차별이고, 이 차별은 다시 C로 전가된다. 그러므로 중력은 더 상위의 그리고 더 하급의 세계 물체에 대해 동일한 것이 아니며, 인력의 중심력에 있어서는 그것의 조건에 있어서와 마찬가지로 수많은 다양성이 존재한다.

서로가 대립되는 한 절대적으로 동질적인 생산물로 표상되는(왜냐하면 대립은 전체 생산물에 대해서는 동일한 것이기 때문이다) 그런 생산물 A, B, C 안에서 다시금 개체적 생산물의 차별을 가능하게 만드는 것은 그 지양에 있어 요소들의 서로 다른 관계가 가능하기 때문이다. 예를 들어 X에 있어서는 적극적 요소가, 그리고 Y에 있어서는 소극적 요소가 우세함을 가질 수 있기 때문이다(한 물체를 양전기적으로 만드는 것은 다른 물체를 음전기적으로 만드는 것이다. 모든 차별은 단지 전기성의 차별일 뿐이다).[19]

e) 질료의 동일성이 절대적 동일성이 아니라 단지 차별일 뿐이라는 것은 오직 그 동일성의 재지양의 가능성 그리고 그것이 수반하는 현상으로부터만 증명될 수 있다.[20] 이러한 재지양과 그로부터 귀결되는 현상을 단순성을 위해 동역학적 과정이라는 표현 아래 이해하는 것이 허용될 수 있을 것이다. 물론 이 경우 그런 종류의 것이 어디에서나 실제적인가 그렇지 않은가 하는 문제가 전적으로 해결되지 않은 채 남아 있다는 것은 당연하다.

315

 차별로부터 무차별로의 이행에 단계가 존재하듯이, 동역학적 과정에도 바로 그만큼의 많은 단계가 존재한다.

α) 그 제1단계는 객체에 의해 표시되는데, 객체 안에서는 대립의 재생과 재지양이 각 순간마다 여전히 지각의 객체가 된다.

전체 생산물은 각 순간마다 새롭게 재생산된다.[21] 즉 그 안에서 지양되는 대립은 각 순간마다 다시 새롭게 발생하지만, 이 차별의 재생은 일반적 중력 안에서 다시 직접적으로 사라진다.[22] 그러므로 그러한 재생은 서로 인력을 가지는 것처럼 보이는 개별적 객체에 있어서만 지각될 수 있는데, 이는 대립의 한 요소에 대해 그에 대립되는 다른 요소가 (그 다른 하나 안에) 제공됨으로써 두 요소들이 서

---

19) 여기에서는 우리가 물체의 성질이라고 칭하는 것, 그리고 우리가 흔히 어떤 동질적인 것으로서 간주하고 또 모든 동질성의 근거로서 간주하는 것이 본래 지양된 차별의 표현일 뿐이라는 것이 전제되어 있다.

20) 이 문장의 마지막 부분에 대해선 수고(手稿)에 다음과 같이 되어 있다 : 성질의 이러한 구성은 현상에 있어 오직 동일성과 그것이 수반하는 현상의 재구성을 통해서만 증명될 수 있다.

21) 각 물체는 각 순간에 재생산된 것으로서, 따라서 각기 총체적 생산물로서 생각되어야만 한다.

22) 즉 일반적인 것은 바로 그것이 일반적이기 때문에 결코 지각되지 않는다.

로에 대해 무거워지며, 따라서 일반적 중력이 지양되지는 않고 오히려 일반적 중력 내에서 하나의 특수한 중력이 발생하기 때문이다. 그러한 두 생산물은 서로 연관되어 있는 지구와 자석 바늘인데, 그 자침 안에서 양극을 향한 중력에서의 무차별의 끊임없는 재지양[23])과 일반적 무차별점을 향한 중력에서의 끊임없는 동일성으로의 복귀[24]) 가 구분된다. 그러므로 여기에서는 객체가 아니라 오히려 객체의 재생산 자체가 객체가 된다.[25])

316 *β*) 제1단계에서는 생산물의 동일성 안에 다시 그의 이중성이 나타나며, 제2단계에서는 대립 자체가 분리되고 서로 다른 물체(A와 B)로 분할된다. A 안에서는 대립의 한 요소가 그리고 B 안에서는 대립의 다른 한 요소가 상대적 우세를 점하게 됨으로써, *α*)에서와 같이 동일한 법칙에 따라 요소들 상호간의 중력이 발생하게 되며, 그럼으로써 새로운 무차별이 발생하게 된다. 그리고 이 무차별은 그 상대적 균형이 각각 재생될 때, 반발하게 된다[26])(끌어당김과 반발의 교체, 즉 물질이 파악되는 제2단계는 전기성이다).

---

23) 이 점에 의해서 앞서 언급되었던 것, 즉 중심점으로의 낙하는 복합적 운동이라는 것이 증명된다.
24) 대립된 운동 상호간의 지양.
25) 또는 객체는 생성의 제1단계 혹은 차별에서 무차별로의 이행의 제1단계에서 통찰된다. 자기성의 현상은 또한 우리를 생산물 너머의 관점으로 이동시키는 계기로 작용하는데, 이것은 생산물을 구성하기 위해 필수적인 것이다.
26) 이렇게 하여 그에 대립된 작용, 하나의 부정적 끌어당김, 즉 반발이 귀결된다. 반발과 끌어당김은 긍정적 크기와 부정적 크기처럼 관계한다. 반발은 오직 부정적 끌어당김일 뿐이며, 끌어당김은 오직 부정적 반발일 뿐이다. 그러므로 끌어당김이 최대에 이르게 되면, 그것은 곧 그것에 대립되는 것, 즉 반발로 이행해 간다.

γ) 이 제2의 단계에서는 생산물의 한 요소는 오직 상대적 우세함만을 가질 뿐이며,[27] 제3의 단계에서 그것은 절대적 우세함에 이르게 된다. 두 개의 물체 A와 B에 의해서 근원적 대립은 다시 완전하게 재생되며, 질료는 생성의 제1단계로 되돌아갈 것이다.

제1단계에서는 어떠한 기체도 없는 아직 순수한 차별이 존재하고 (왜냐하면 이 차별로부터 비로소 기체가 발생한다), 제2단계에서는 서로 대립되는 두 개의 생산물의 단순한 요소들이 존재하며, 제3단계에서는 서로 대립되는 생산물 자체가 존재한다. 여기에는 제3의 활력 안에서의 차별이 있다.

두 생산물이 서로 절대적으로 대립해 있다면,[28] 각 개체에 있어 중력의 무차별(그것을 통해 개체가 존재하게 되는)은 지양될 것이며, 그것들은 서로 끌어당기게 될 것이다.[29] (제2의 단계에서는 오직 요소들 서로간의 상호적인 인력만이 있으며, 여기에는 생산물 간의 인력이 있다.[30] 그러므로 이러한 과정은 생산물의 무차별적인 것을 우선 공격한다. 즉 생산물 자체가 해체된다.

317

---

27) 만일 우리가 이 요소들을 +와 −전기성으로 나타낸다면, 제2의 단계에서는 +전기성은 −전기성에 대해 상대적 우세함을 가지게 된다.

28) 더 이상 두 개의 생산물의 개별적 요소들이 아니라, 오히려 전체 생산물 자체가 서로 절대적으로 대립해 있는 것이라면.

29) 왜냐하면 생산물은 그 안에서 대립이 지양되는 것이기 때문이다. 그러나 대립은 오직 중력의 무차별을 통해서만 지양된다. 그러므로 두 생산물이 서로 대립되는 곳에서는 그 각각의 개체 안에서 무차별이 절대적으로 지양되어야 하고, 전체 생산물은 서로 끌어당겨야 한다.

30) 전기적 과정에 있어서는 전체 생산물이 활동적인 것이 아니라, 다른 요소에 대해 상대적 우위를 점하는 생산물의 오직 한 요소만이 활동적일 뿐이다. 전체 생산물이 활동적인 화학적 과정에 있어서는 전체 생산물의 무차별이 지양되어야만 한다.

192

동일한 차별이 있는 곳에, 동일한 무차별도 있다. 그러므로 생산물의 차별은 오직 생산물의 무차별과 더불어서만 끝날 수 있다(지금까지 도출된 모든 무차별은 기체 없는 또는 적어도 단순한 요소들의 무차별이었다면, 여기에서는 생산물의 무차별이 언급되고 있는 중이다). 앞서 언급된 추구는 하나의 공통적인 생산물이 존재하기 전에는 정지하지 않는다. 생산물은 그것이 형성되고 나면 양 측면으로부터 그 두 생산물 사이에 놓여 있는 모든 중간항을 거쳐(예를 들어 특수한 중력의 모든 중간 단계를 거쳐) 그것이 무차별에 종속되고 생산물이 고정될 수 있는 지점을 발견할 때까지 나아간다.

일반적 주

제1의 구성 덕분에 생산물은 동일성으로서 서술된다. 이 동일성은 다시 대립 안으로 융해되지만, 이 대립은 더 이상 생산물에 고착된 대립이 아니라 오히려 생산성 자체 안의 대립이다. 그러므로 생산물로서의 생산물은 동일성이다. 그러나 생산물의 영역 안에서도 제2단계에서 다시 이중성이 발생하며, 제3단계에서 비로소 생산물의 이중성이 다시 생산물의 동일성이 된다.[31] 그러므로 여기에서도 정립에서 반정립으로, 그리고 다시 반정립에서 종합으로의 발전이 있다. 질

318 료의 이 마지막 종합은 화학적 과정에서 끝나는데, 그것이 계속 종

---

31) 따라서 우리는 동역학적 과정에 대해 다음과 같은 체계를 갖게 된다.
제1단계 : 생산물의 통일성 — 자기성
제2단계 : 생산물들의 이중성 — 전기성
제3단계 : 생산물들의 통일성 — 화학적 과정.

합되어야 하는 한, 원환은 다시 열려 있어야만 한다.

㉑ 여기에서 논한 원리들이 어떤 결론으로 나아가게 되는지, 그리고 그것에 의해서 어떤 일반적 연관성이 자연 현상에 나타나게 되는지에 대해 측정하는 것은 독자 자신들에게 위임되어야만 한다. 그럼에도 불구하고 단 하나의 시범을 보이자면 다음과 같다. 만일 화학적 과정 안에서 중력의 끈이 풀린다면, 가장 큰 완전성 속에서 화학적 과정을 수반하는(연소 과정으로서의) 빛의 현상은 아주 특이한 현상이 될 것이다. 이 현상은 계속 추적해 보면 앞서 언급된 것, 즉 "빛의 활동은 중심 물체가 행하는 중력의 활동과 신비한 연관 안에 있다"는 것을 증명한다. 왜냐하면 만일 중력이 언제나 활동적인 것으로서 무차별의 끊임없는 지양을 전제하지 않는다면, 중력의 무차별은 각 순간마다 해체되지 않겠는가? 그러므로 태양은 지구에 행해지는 분할을 통해 질료의 근원적인 대립(그리고 그렇게 함으로써 중력)으로의 일반적 분산의 작용을 한다. 이러한 무차별의 일반적 지양이 바로 우리에게 빛으로서 나타나는 것이다. 그러므로 무차별이 해체되는 곳에서는(화학적 과정에서) 우리에게 빛이 나타나야만 한다. 앞서 언급된 바에 따르면 그것은 자기성으로부터 전기성을 거쳐 결국 화학적 현상으로 사라져 가는 단 하나의 대립이다.[32] 즉 화학적 과정에 있어서는 전체 생산물이 $+E$ 또는 $-E$ **319**

---

32) 이러한 동역학적 현상의 구성으로부터 내릴 수 있는 결론은 부분적으로는 앞서 언급된 것으로부터 이미 예상된다. 이하의 부분은 그 이상의 설명에 기여할 것이다.

예를 들어 화학적 과정은 가장 큰 완전성에 있어서 연소 과정이다. 그런데 연소하는 물체의 빛의 상태는 그것의 긍정적 전기 상태(양전기 상태)의 극대화 이외에 다른 것이 아니라는 것을 나는 이미 제시한 적이 있다. 왜냐하면 연소될 수 있는 것은 언제나 양전기적인 것이기 때가 된다(양-전기적 물체는 절대적으로 비연소적인 것에 있어서는 항상 더 연소적인 것이며,[33] 반면 절대적으로 비연소적인 것은 모든 음-전기적 속성의 원인이다). 그리고 만일 사태를 돌려보는 것이 허용될 수 있다면, 물체란 그 자체 응축된(저치된) 전기성 이외에 다른

문이다. 이러한 가장 큰 완전성에 있어서의 빛의 현상과 화학적 과정의 공존은 우리에게 자연 안의 모든 빛 현상의 근거에 대한 해명을 제시하는 것이 아닌가?

그렇다면 화학적 과정에서는 무엇이 발생하는가? 두 개의 완전한 생산물은 서로 끌어당긴다. 그러므로 개별적인 것의 무차별[동일성]은 절대적으로 지양된다. 이러한 무차별[동일성]의 절대적 지양은 전체 물체를 빛의 상태 안에 정립하는데, 이는 마치 전기적 과정에 있어서 각 부분들이 물체를 부분적인 빛의 상태 안에 정립하는 것과 같다. 그러므로 태양으로부터 우리에게 쏟아지는 것처럼 보이는 빛은 각 순간에 지양된 무차별의 현상 이외에 다른 것이 아니다. 왜냐하면 중력은 결코 작용하기를 멈추지 않기 때문에, 그것의 제약 즉 대립은 각 순간에 다시 발생하는 것으로서 고찰되어야만 하기 때문이다. 그러면 우리는 빛에 있어서 중력의 끊임없는 가시적인 현상을 갖게 될 것이며, 또 왜 중력의 주자리인 세계 체계의 물체가 빛의 주근원이기도 한 것인가가 설명될 것이고, 빛의 행위가 중력의 행위와 어떤 연관 관계에 있는 것인지가 설명될 것이다.

자석 바늘의 기울기에 대한, 원자 영역의 전기성에 대한, 그리고 유기적 자연에 대한 빛의 다양한 작용들은 빛이 끊임없이 지양되는 무차별의 현상이라는 것, 따라서 끊임없이 다시 생성되는 동역학적 과정의 현상이라는 것에 의해 설명될 수 있을 것이다.

그러므로 모든 동역학적 현상, 즉 자기성과 전기성과 빛의 현상 안에서 지배적인 대립, 예를 들어 전기적 현상의 조건이 되는 대립은 이미 질료의 최초의 구성에 함께 작용해야만 한다. 왜냐하면 모든 질료가 이미 전기적이기 때문이다.

33) 또는 반대로 더 연소적인 것은 언제나 양-전기적인 것이다. 이로부터 연소하는 물체는 +전기의 극대화에 도달한 것이라는 점이 분명해진다.

무엇이겠는가? 화학적 과정에 있어서는 전체 물체가 +E 또는 −E
로 용해된다. 빛은 어디에서나 근원적 대립 안의 적극적 요소의 현
상이다. 그러므로 대립이 산출되는 곳에서는 우리에 대해 빛이 존재
한다. 왜냐하면 오직 적극적 요소만이 직관되며, 소극적 요소는 단지
감각될 뿐이기 때문이다. 매일 또는 매년의 자석 바늘의 기울기와
빛의 연관성은 파악되었는가? 그리고 대립이 각각의 화학적 과정으
로 해체되는 것이라면, 빛이 모든 화학적 과정의 원인이며 출발점이
라는 것은 파악되었는가?[34]

---

34) 그리고 또 실제로 그러하다. 그렇다면 절대적으로 연소 불가능한 것
   은 무엇인가? 그것은 의심할 바 없이 다른 모든 것을 연소시키는 것,
   즉 산소이다. 그러나 바로 이 절대적으로 연소 불가능한 것, 즉 산소는
   소극적 전기성의 원리이다. 그러므로 내가 자연철학의 이념에서 이미
   주장했던 것, 즉 산소는 일종의 소극적 원리이며 따라서 동시에 인력
   의 대표라는 것, 반면 플로지스톤 또는 그와 같은 것으로서 적극적 전
   기성은 긍정적인 것 또는 척력의 대표라는 것이 증명된다. 이미 오래
   전부터 자기적 현상, 전기적 현상, 화학적 현상 그리고 끝으로 유기적
   현상까지도 단 하나의 커다란 연관 안에 얽혀 있다는 것이 언급되어
   왔다. 이제 이 연관이 제시되어야만 한다. 물론 전기성과 연소 과정의
   연관은 여러 가지 실험을 통해 제시될 수 있다. 내가 알고 있는 가장
   최근 실험 가운데 하나를 여기에 소개하고자 한다. 그 실험은 화학의
   셰러(Scherer) 잡지에 실린 것이다. 만일 라이덴병[일종의 축전지]이
   쇳가루로 채워지고 가끔 충전되고 또 방전된다면, 그리고 어느 정도
   시간이 지난 후 그 쇠를 끄집어내어 그것을 하나의 절연체, 예를 들어
   종이에 가져간다면, 그것은 그 자체가 더워지기 시작하고 붉게 타올라
   서 산화철로 변화해 간다. 이 시도는 되풀이하여 자세하게 탐구될 가
   치가 있는데, 그것이 새로운 것을 제시할 수 있을 것이기 때문이다.
     과학적 자연학이 제시해야만 하는 그러한 큰 연관성은 전체 자연으
   로 확장되어 있다. 그러므로 그것이 일단 제시되고 나면 전체 자연의
   역사 너머로 하나의 새로운 빛이 퍼져 나가야만 한다. 예를 들어 모든
   지질학은 지구 자기성으로부터 출발해야만 한다는 것은 분명하다. 그

196

320   f) 동역학적 과정은 질료의 제2의 구성 이외에 다른 것이 아니다. 그리고 동역학적 과정에는 질료의 근원적 구성에 많은 단계가 있듯이 그렇게 많은 단계가 존재한다.

321   이 명제는 명제 e를 바꿔 놓은 명제이다.[35] 동역학적 과정에 있어 생산물에서 지각되는 것이 모든 성질의 단순한 요소들을 지닌 생산물 너머에서 발생한다.

근원적 생산으로의 제1의 단초는 근원적 대립에 의한 생산성의 제한이다. 이 대립은 대립으로서(그리고 모든 구성의 조건으로서) 오직 자기성에 있어서만 구분될 뿐이다. 생산의 제2의 단계는 팽창과 수축의 교체인데, 이 교체는 교체로서 오직 전기성에 있어서만

러나 자기성에 의해 다시 지구 전기성은 규정되어야만 한다. 남과 북의 자기성과의 연관은 곧 자석 바늘의 불규칙적 운동을 통해 제시되기도 한다. 그러나 중력이나 자기성과 마찬가지로 무차별점을 가지는 일반적 전기성과 다시금 일반적 연소 과정이 연관되어 있으며, 또 화산 현상이 연관되어 있다.

그러므로 일반적 자기성으로부터 화산 현상에 이르기까지 단 하나의 연쇄 고리가 이어진다는 것이 분명하다. 지금까지는 모든 것이 단지 개별적 시도였을 뿐이다.

우리에게는 이러한 연관성을 완전한 명증성으로 가져가기에는 핵심 현상 또는 핵심 실험이 결여되어 있다. 이 점에 대해서는 이미 베이컨이 언급하였다. 다시 말해 질료의 모든 기능, 자기성과 전기성 등을 단 하나의 현상으로 모아서, 개별적인 것을 구분 가능하게 하며, 그 중 하나를 다른 하나 안에서 직접 사라지게 하지 않고, 오히려 각각을 분리하여 서술할 수 있는 그런 실험은 결여되어 있다. 그런 실험은 일단 발견되기만 하면, 동전기학이 유기적 자연에 대해 갖는 것과 같은 위치를 전체적 자연에 대해 갖게 될 것이다. 이 점에 대해서는 패러데이(Faraday)의 가장 최근의 발견(1832)에 대한 언급을 비교할 것이다.
35) 증명 : 모든 동역학적 현상은 차별로부터 무차별로의 이행 현상이다. 그러나 이 이행 안에서 비로소 질료가 근원적으로 구성된다.

가시적이 된다. 마지막으로 제3의 단계는 교체의 무차별로의 이행인데, 이 이행은 이행으로서 오직 화학적 현상 안에서만 인식될 수 있다.

자기성, 전기성 그리고 화학적 과정은 자연의(질료의) 근원적 구성의 범주들이다. 자연은 우리로부터 벗어나서 직관 너머에 놓여 있는 데 반해, 이것들은 그것으로부터 남겨진 것, 머물러 있는 것, 고정화된 것이며, 질료 구성의 일반적 도식들이다.[36)]

여기에서 [설명의] 원환을 그것이 시작한 지점에서 다시 완성하도록 하자. 유기적 자연에 있어서 각 개체 안의 감수성과 자극성과 형성 충동의 단계 안에 전체 유기적 자연의 생산 비밀이 감추어져 있듯이, 자기성과 전기성과 화학적 과정의 단계 안에는 그것이 개체적 물체에 있어서 아무리 구분될 수 있다고 할지라도, 그 스스로 전개되는 자연(전체적 자연)의 생산 비밀이 놓여 있다.[37)]

---

36) 이미 인용한 패러데이의 최근의 발견에 대한 언급에서 저자는 이 구절과 (마찬가지로 볼타 기둥의 발견 이전에 씌어진) 동역학적 과정의 일반적 서술의 56장을 그가 다음과 같은 것을 먼저 주장했다는 것의 증명으로서 인용하고 있다. 즉 그가 그 이후의 발견에 의해 증명된 전기적 대립과 화학적 대립의 통일성에 관하여 그리고 자기적 현상과 화학적 현상의 동일한 연관성에 관하여 앞서 주장하였다는 것이다.

37) 각각의 개체는 전체 자연의 표현이다. 개별적인 유기적 개체의 실존이 각 단계에 근거하고 있듯이, 전체 유기적 자연도 그러하다. 유기적 자연은 자연 생산물의 전체적 풍부함과 다양함을 오직 앞의 세 기능의 관계를 끊임없이 변경시킴으로써 유지한다. 마찬가지로 비유기적 자연도 그것의 생산물의 전체적 풍부함을 오직 앞서 언급된 질료의 세 기능의 관계를 무한히 변경시킴으로써만 산출한다. 왜냐하면 자기성과 전기성과 화학적 과정은 질료 일반의 기능이며, 오직 그런 한에서만 모든 질료 구성을 위한 범주가 되기 때문이다. 이 세 가지가 개별적 질료의 현상이 아니라 오히려 질료 일반의 기능이라는 것이 동역학적 자

322   C

 우리는 이제 우리의 과제, 즉 유기적 자연과 비유기적 자연의 구성을 공통적 표현으로 나타내고자 하는 과제를 해결하는 데 좀더 가까이 다가왔다.

비유기적 자연은 제1활력의 생산물이며, 유기적 자연은 제2활력의 생산물이다[38](유기적 자연이 보다 더 상위의 활력의 생산물이라는 것은 이미 확립되어 있으며, 또 앞으로도 곧 제시될 것이다). 그러므로 유기적 자연은 비유기적 자연과의 연관에 있어 우연적이지만, 비유기적 자연은 유기적 자연과의 연관에 있어 필연적이다. 비유기적 자연은 그것의 시작을 단순한 요소로부터 취할 수 있다. 그러나 유기적 자연은 그것의 시작을 오직 다시 요소가 될 수 있는 생산물로부터만 취할 수 있다. 그러므로 비유기적 자연은 예전부터 존재했던 것으로서 나타나며, 유기적 자연은 생성된 것으로서 나타난다.

유기적 자연에 있어서는 무차별로 나아갈 수가 없으며, 오직 무기적 자연에 있어서만 그렇게 할 수 있다. 왜냐하면 생명은 무차별로 나아가는 것에 대한 끊임없는 방해(생산성의 생산물로의 절대적 이행의 방해)에서 성립하기 때문이다. 그리고 그렇게 무차별로 나아감으로써만 자연에 강요된 하나의 상태가 나타날 수 있게 된다.

화학적 과정에 의해 이미 두 번이나 종합된 질료는 유기화에 의해서 다시 한 번 형성의 출발점(앞서 서술된 원환을 다시 한 번 더 여

연학의 가장 내적인 본래적 의미이다. 그리고 바로 이 점에 의해서 동역학적 자연학은 다른 모든 자연학보다 더 높이 고양된다.
38) 즉 유기적 생산물은 오직 외적 자연과의 투쟁하에서만 존립할 수 있는 것으로서 생각할 수 있다.

는 출발점)으로 되돌려진다. 그러므로 항상 다시 형성으로 되돌려지는 질료가 결국은 가장 완전한 생산물로 나타난다는 것은 기적이 아니다.

자연의 생산이 근원적으로 거쳐 가는 동일한 단계를 유기적 생산물의 생산도 역시 거쳐 간다. 다만 유기적 생산물의 생산은 그 제1단계에서 이미 적어도 단순한 활력의 생산물로 시작한다는 것만이 다를 뿐이다. 유기적 생산 역시 제한됨을 통해 시작되는데, 이 제한됨은 근원적인 생산력의 제한됨이 아니라, 오히려 하나의 생산물의 생산성의 제한됨일 뿐이다. 또한 유기적 형성은 근원적 형성과 마찬가지로 팽창과 수축의 교체를 통해 발생하는데, 그것은 단순한 생산성 안에서가 아니라 오히려 복합적인 생산성 안에서 생기는 교체이다.

그러나 화학적 과정에 있어서는 모든 것이 다 그러하며,[39) 화학적 과정에서는 무차별이 이루어진다. 그러므로 생명의 과정은 다시 화학적 과정의 보다 더 상위의 활력이어야 한다. 그리고 화학적 과정의 근본 도식이 이중성이라면, 생명 과정의 도식은 삼중성이어야만 한다(생명의 과정은 제3활력의 과정이 될 것이다). 그러나 이 삼중성의 도식은(실제로) 동전기학적 과정의 도식(근본 도식)이며, 따라서 동전기학적 과정(또는 자극의 과정)은 화학적 과정보다 더 높은 활력이다. 후자에는 결핍되고 전자는 지닌 이 제3자가 바로 유기체적 생산물에 있어 무차별이 이루어지는 것을 방해하는 것이다.[40)

323

---

39) 화학적 과정도 역시 무기체의 요소 또는 단순한 요소를 가지지 않는다. 그것은 생산물을 요소로 가진다.

40) 이와 동일한 도출은 이미 기획에서 제시되었다. 동역학적 행위란 무엇이며, 또 기획에 있어서 무엇이 자극 가능성의 원인이 되었는가 하

무차별로의 자극이 개별적 생산물 안에서는 나타날 수가 없기 때문에, 그러나 그럼에도 대립은 거기 존재하기 때문에(왜냐하면 근원적 대립이 언제나 우리를 따라다니기 때문이다),[41] 자연 안에는 서로 **324** 다른 생산물로의 요소들의 분리 이외에 다른 길이 남겨지지 않는다.[42] 그렇기 때문에 개별적 생산물의 형성은 결코 완성된 형성이 아니며, 생산물은 결코 생산적이기를 멈출 수가 없다.[43] 자연에서의 모순은 생산물이 생산적이라는 것(즉 제3활력의 생산물이라는 것), 그리고 그럼에도 생산물이 제3활력의 생산물로서 무차별로 이행해 가야만 한다는 것이다.[44]

는 것은 이제 충분하게 밝혀졌다. 그것은 자극의 과정에서처럼 끊임없이 방해받게 되지 않는 곳에서는 어디에서나 무차별의 지양에 의해 제약되고 또 궁극적으로 섭취(생산물의 무차별)에 저항하는 경향을 가지는 일반적 활동이다(원문의 주).

41) 우리가 여기서 내려다보는 힘들의 심연은 단 하나의 물음을 통해 이미 드러나 있다. 즉 대립되는 활력들의 제약 아래에서가 아니라면 지구의 최초 구성에 있어 어떠한 새로운 개체의 산출도 가능하지 않은 것은 어떤 근거에서인가? 이에 대해서는 그러한 대상에 대한 칸트의 언급을 그의 인류학에서 참조하기 바람(원문의 주).

42) 그 두 요소들은 결코 하나가 될 수 없다. 그것들은 차별이 영속적이 될 수 있게끔 서로 다른 생산물로 분리되어야만 한다.

43) 생산물 안에서는 제1의 활력과 제2의 활력의 무차별이 이루어진다. 예를 들어 자극에 의해 질량의 단초(즉 제1의 질서의 무차별로의 단초), 그리고 화학적 생산물의 단초(즉 제2의 질서로의 무차별)가 이루어진다. 그러나 제3의 활력의 무차별은 이루어지지 않는다. 왜냐하면 이것은 그 자체 모순적 개념이기 때문이다(원문의 주).

44) 생산물은 오직 그것이 제3활력의 생산물이 됨으로써만 생산적일 수 있다. 그러나 생산적 생산물의 개념은 그 자체 모순이다. 생산성인 것은 생산물이 아니며, 생산물인 것은 생산성이 아니다. 그러므로 제3활력의 생산물이란 그 자체 모순적 개념이다. 우리는 이상으로부터 생명이란 얼마나 최고로 인위적이며 또 동시에 자연과 뒤섞여 있는 상태인

자연은 이런 모순을 자연이 무차별 자체를 생산성에 의해 매개함
으로써 해결하고자 한다. 그러나 이것은 성공적이지 못하다. 왜냐하
면 생산성의 행위는 오직 새로운 자극 과정을 점화하는 불꽃일 뿐이
기 때문이다. 생산성의 생산물은 하나의 새로운 생산성이다. 개체의
생산성은 물론 그 생산성의 결과로서의 생산물 안으로 이행해 간다.
그러므로 개체는 빨리 또는 천천히 생산적이기를 멈추게 된다. 그러
나 그렇게 함으로써 동시에 그것은 제3활력의 생산물이기를 멈춘다.
그리고 그와 더불어 자연은 그것이 제2활력의 생산물로 전락한 후
에야 비로소 무차별점에 도달하게 된다.[45]

가를 볼 수 있다.
45) 그런 모순으로부터 생명이 출현한다는 것, 그리고 생명은 일반적 자
연력의 상승된 상태일 뿐이라는 것을 가장 잘 제시해 주는 것은 바로
자연이 성(性, Geschlecht)을 통해 도달하고자 하지만 실제로 도달할
수는 없는 것 안에 들어 있는 자연의 모순이다. 즉 자연은 성을 미워한
다. 그리고 성이 발생하는 곳에서 성은 그것의 의지에 대항하여 발생
한다. 성의 분리는 불가피한 운명이다. 자연은 일단 유기체가 되고 나
면 그 운명을 따라야만 하며, 결코 이 운명을 극복할 수가 없다. 이 분
리 자체에 대한 미움을 통해 자연은 다음과 같은 모순에 말려들어간
다. 즉 자연은 자연에 대립되는 것을 마치 그것이 자연에 중요하기라
도 한 것처럼 가장 조심하여 형성하며 실존의 정점으로 이끌고 가야만
한다. 왜냐하면 자연은 언제나 종의 동일성에 대한 복귀를 요구하며,
또 이것은 그 불가피한 조건으로서 성의 이중성에 고착되어 있기 때문
이다. 자연이 개체를 오직 강압적으로만 그리고 단지 종을 위해서만
형성한다는 것은 다음을 통해 밝혀진다. 즉 어떤 종에 있어서 자연이
개체를 더 오래 유지하려고 하는 것처럼 보이는 것은(실제로 이런 경
우는 있지 않다) 반대로 자연이 이성(異性)을 더 멀어지게 하고 또 동
시에 서로 피하게 함으로써 자연에 대해 그 종이 더 불확실해졌기 때
문이다. 이런 자연 영역에 있어서는 개체의 몰락이 그렇게 빨리 진행
되지 않는데, 이것은 이성이 보다 더 가까이 근접해 있는 꽃이 금방 지
고 마는 것과 다르다. 그런 꽃은 그 발생에 있어서 이미 [암수가] 마치

325   이 모든 것의 결론은 무엇인가? (비유기적 생산물과 마찬가지로) 유기적 생산물의 조건은 성질이다. 그러나 유기적인 생산적 생산물은 오직 차별이 결코 무차별이 되지 않음으로써만 가능하다.

따라서 유기적 생산물과 비유기적 생산물을 하나의 공통적 표현으로 나타낸다는 것은 불가능하다. 그러므로 그 과제는 그릇된 과제이며, 그 해결은 불가능하다. 그 과제는 유기적 생산물과 비유기적 생산물이 대립된다는 것을 전제하고 있다. 그러나 전자는 후자의 보다 더 상위의 활력일 뿐이며, 또 단지 더 상위 활력에 의해서 산출된 것일 뿐이고, 후자는 전자의 더 하위의 활력에 의해 산출된 것일 뿐이다. 감수성은 단지 자기성의 상위 활력이고, 자극성은 단지 전기성의 상위 활력이며, 형성 충동은 단지 화학적 과정의 상위의 활력일 뿐이다. 그러면서도 감수성과 자극성과 형성 충동은 모두 자극의 단 하나의 과정 안에 포함되어 있다(동전기학은 그 모두를 자극한다).[46]

그러나 그것이 단지 자기성과 전기성 등의 더 높은 기능일 뿐이라고

326   해도, 이것을 위해 자연 안에는 다시금 더 상위의 종합이 존재해야만 한다. 그리고 이런 종합은 오직 자연이 전체로서 고찰되어 절대

하나의 신방 침대에서처럼 하나의 꽃받침 안에 함께 있고, 그렇기 때문에 그 종이 더 안전하기 때문이다.

자연은 가장 관성적인 동물이며 분리를 원치 않는다. 왜냐하면 분리만이 자연에게 활동성의 강제를 부여하기 때문이다. 자연은 오직 그 [분리의] 강압을 벗어나기 위해서만 활동적이다. 대립된 것은 자신을 구하기 위해서 영원히 도망해야 하며, 자신을 결코 발견하지 않기 위해서 영원히 자신을 구해야만 한다. 오직 이러한 모순 안에만 모든 자연 활동성의 근거가 놓여 있다(원문의 주).

46) 그것의 재생산력으로의 작용은(그 힘의 특수한 상태의 동전기학적 현상에 대한 반작용과 마찬가지로) 그 고찰이 필요하고 유용한 것임에도 불구하고 아직 충분하게 고찰되지 못하고 있는 실정이다(원문의

적으로 유기적인 한에서만 자연 안에서 발견될 수 있는 것이다.

이것이 바로 모든 참된 자연과학이 도달해야만 하는 결론이다. 즉 유기적 자연과 무기적 자연 간의 차별은 오직 객체로서의 자연 안에서만 존재하며, 근원적으로 생산적 자연으로서의 자연은 그 둘 너머에서 유동하는 것이다.[47]

이제 우리가 할 수 있는 단 하나의 주가 남아 있다. 이것은 주 자체를 위해서라기보다는 오히려 우리가 앞에서 우리의 체계와 지금까지의 소위 동역학적 체계의 관계에 대해 언급한 것을 정당화하기 위해 필요하다. 즉 생산물 안에서 지양되거나 또는 생산물 안에서 고정되는 근원적인 대립이 반성의 관점에서는 무엇으로서 제시될 수 있는가라는 물음에 대해서는, 생산물 안에서 그에 대한 분석을 통해 발견된 것은 척력과 인력(끌어당기는 힘)을 통해서 가장 잘 지시될 수 있다고 말할 수 있을 것이다. 그리고 그것에 대해서는 다시 중력이 그 대립된 것들을 비로소 대립된 것이게끔 하는 제3자로서 부과되어야 한다.

그러나 이러한 지시는 오직 반성 또는 분석의 관점에 대해서만 타당하며, 종합을 위해서는 결코 사용될 수 없다. 그러므로 우리의 체계는 바로 칸트와 그의 추종자들이 동역학적 자연학을 시작하는 그곳에서, 즉 생산물 안에서 발견되는 바로 그 대립에서 멈추게 된다.

이와 더불어 저자는 이러한 사변적 자연학의 출발 근거를 이 시대

___

주).

47) 그러므로 동일한 자연이 존재하며, 그것이 동일한 힘에 의해서 유기적 자연 현상과 일반적 자연 현상을 산출한다. 다만 유기적 자연에서는 그 힘이 더 고양된 상태 안에 있을 뿐이다.

의 생각하는 사람들에게 위임하기로 한다. 저자는 그들이 적지 않은
전망을 가진 과학 안에서 공통적 사태를 형성하고, 저자에게 그 힘
과 지식과 외적 관계에 있어 부족했던 것을 그들 자신의 것으로서
대신하기를 바랄 뿐이다.

옮긴이 해제

옮긴이 해제

프리드리히 빌헬름 요제프 셸링(1775~1854)은 칸트와 피히테의 초월 철학으로부터 주체 또는 정신의 활동성 또는 자유의 개념을 받아들여 그것을 자연에까지 확대 이해함으로써, 새롭게 자연철학 또는 동일 철학을 전개한 철학자이다. 철학사적으로 그는 흔히 피히테의 주관적 관념론에서 헤겔의 절대적 관념론으로 나아가는 중간 단계인 객관적 관념론의 주창자로 해석된다.

그의 철학은 대개 3단계 또는 5단계로 나뉜다. 1800년 이전까지의 시기를 자연철학기 또는 자연철학과 초월 철학의 시기라고 하고, 그 후 1809년 이전까지를 동일 철학 시기라고 하고, 그 다음을 자유 철학 시기 또는 그것을 다시 자유 철학과 종교 철학 시기로 구분하기도 한다. 1단계의 자연철학과 초월 철학은 그 다음 단계의 동일 철학에서 종합된다. 셸링의 주장대로 자연철학은 자연(객체)에서 출발하여 정신까지 설명하는 것이고, 초월 철학은 정신(주체)에서 출발하여 자연까지 설명하는 것인데, 이 두 방향은 결국 자연과 정신이 둘이 아닌 하나라는 것에 근거하고 있는 것이므로, 동일 철학의 정신은 바로 초기 자연철학이나 초월 철학에서 이미 확립되고 전제되어 있었던 것이다.

그의 자연관의 특징은 당시의 기계론적 자연관과 달리 자연을 능동적이고 자율적인 활동성 또는 생산성으로서 이해한다는 것이다. 우리는 물론 이러한 사유의 단초를 스피노자의 자연관에서 이미 찾아볼 수 있는데, 스피노자의 "능산적 자연"과 "소산적 자연"의 개념 짝이 셸링에게 있어 "주체적 자연", "생산성으로서의 자연"과 "객체적 자연", "생산물로서의 자연"의 개념으로서 되살아나고 있다.

시간·공간상의 특정 위치를 점한 연장적 사물로서의 자연, 다른 사물과 기계적인 작용·반작용의 관계에 있으며 양화 가능하고 측량 가능한 객체로서의 자연은 우리의 감각 경험의 대상으로서의 자연이며, 자연과학이 자연과학적 법칙을 통해 설명하고자 하는 자연이다. 그것은 정신과 독립적으로 실재하는 물자체를 상정하는 우리의 소박한 실재론 나아가 그런 실재론에 기반을 둔 기계론적 자연관의 자연이기도 하다. 정신적 기능을 가지는 사유적 실체와 연장적 성격을 가지는 연장적 실체, 곧 정신과 물질을 이원론적으로 구분하고, 오직 인간만이 정신이며 인간 이외에 다른 모든 자연 존재는 정신이 배제된 단순한 물질이라고 파악한 데카르트적 자연관은 바로 그와 같은 기계론적 자연관의 대표적인 예라고 할 수 있으며, 이것이 곧 서양 근세 자연과학의 자연관이기도 하다.

그러나 데카르트 이후의 형이상학자들, 스피노자나 라이프니츠 그리고 칸트나 그 이후의 독일 관념론자들은 하나같이 그와 같은 정신과 물질의 이원론 또는 정신이 배제된 물자체 상정이 실재에 대한 궁극적 이해일 수 없음을 강조한다. 자연과학이 객관적 절대 시간·공간의 좌표상에 위치한 것으로서 상정하는 객관적 물질로서의 자연은 그들이 생각하듯 그렇게 궁극적 실재가 아니고, 오히려 일정한 활동의 산물이라는 것, 그런 의미에서 2차적 존재라는 것을 제시하는 개념이 바로 "소산적 자연"(natuta naturata)이다. 연장적 객관적 사물로서의 자연이란 산출된 결과로서의 자연이라는 것이다.

그렇다면 그것을 산출하는 궁극적 자연이란 무엇인가? 소산적 자연을 산출하는 "능산적 자연"(natuta naturans)이란 무엇인가? 소산적 자연이 연장적이고 객관화된 사물로 현상하는 물질적 자연이라면, 능산적 자연은 객관화되고 물질화되기 이전의 이념적 활동성이며, 이런 의미에서 정신적 존재라고 말할 수 있다. 이렇게 보면 물질이란 정신이 외화되어 나타난 현상에 지나지 않는다. 이와 같이해서 연장적인 것과 사유적인 것, 실제적인 것과 이념적인 것, 물질과 정신을 근원적 동일성으로 이해하는 관념론적 관점이 성립하게 된다. 스피노자처럼 그 근원적 동일성을 신(神)에서 구하든, 셸링처럼 그것을 자연 자체에서 구하든, 이제 연장적인 물질은 단순한 현상, "가상 생산물"에 지나지 않고, 그 현상을 현상이게끔 하는 활동성은 비연장적 정신, 이념적인 것이 된다.

소산적 자연의 근거로서 능산적 자연을 주장하는 스피노자의 자연관과 생산물의 근거로서 생산성을 주장하는 셸링의 자연관의 차이는 무엇인가? 셸링이 이해한 자연 원리의 핵심은 바로 피히테가 정신의 원리로서 이해한 변증법, 유한과 무한의 변증법 이외에 다른 것이 아니다. 생산물은 생산적 활동성의 결과인데, 이때의 결과란 가능성의 현실화라는 긍정적 측면만을 갖는 것은 아니다. 실현된 결과의 생산물은 곧 생산성의 저지라는 한계 설정 속에서 비로소 가능하기 때문이다. 만일 어떠한 한계 설정 또는 저지받음도 없이 오직 순수 활동성만이 존재한다면, 그 활동성은 무한의 속도로 진행되어 어떤 공간도 충족될 수가 없을 것이다. 그러므로 활동성이 공간을 충족시킬 수 있는 유한 속도로 진행되기 위해서는 무한한 활동성을 저지하여 유한화하는 대립적 힘이 있어야만 한다. 무한의 활동성이 현상화되기 위해서는 무한을 유한화하는 대립적 저지의 힘이 요구되는 것이다.

그렇다면 생산성을 저지하는 그 힘은 어디에서 오는가? 그것은 원래의 생산성 자체가 무한한 생산성이므로 그 생산성 밖에서부터 오는 것일 수 없고 생산성 자체 안의 힘일 수밖에 없다. 이렇게 보면 생산성으로서의 자연은 그 자체 안에 생산적 활동성과 그 활동성의 저지라는 양극적인 대립적 힘을 함께 지닌 존재이다. 무한을 유한화하는 저지력은 바로 무한 자체 안에 있다. 무한이 유한화되는 것은 그 무한 안에 무한한 힘을 무한히 저지하여 유한화하는 자기 저지적 힘이 내포되어 있기 때문이다. 따라서 무한한 활동성의 현상화는 그 활동성의 저지를 통해 성립하며, 또한 그러한 저지가 있기에 다시 그 저지의 극복으로서의 무한한 활동성이 있게 되는 것이다. 다시 말해 유한이 무한에 의해 가능하듯이 무한은 유한에 의해 가능하다. 이와 같은 변증법적 구도 안에서 이해된 자연이란 생산적 활동성과 그 활동성의 저지라는 대립적 힘의 종합이며, 이러한 자연의 원리 자체가 바로 자연의 이원성 또는 양극성인 것이다.

그런데 이처럼 생산적 힘이 그것의 속도에 제한을 가하는 대립적 힘에 의해 저지됨으로써 생산물이 산출되는 것이라면, 그렇게 산출된 생산물은 과연 어떤 방식의 존재인가? 생산물이 산출되는 그 자리가 바로 활동성과 그것의 저지력이라는 대립적 두 힘이 마주치는 자리라면, 바로 그 지점에 생산성의 저지로서의 생산물이 생겨나야 되겠지만, 대립되는 그 두 힘의 합이 0이기에 다시 그 생산물은 사라져야 되는 것이 아닌가? 이 점에서 셸링은 다시 우리가 고정된 실체로 간주하는 연장적 물질이라는 것이 "가상 생산물"이라는 것을 강조한다. 고정화된 물질, 정지된 자연물이란 존재하지 않는다. 생산물은 무한히 작은 속도로 저지받아 현상하는 활동성 자체이며, 어느 순간도 정지하여 머물러 있는 것이 아니다. 생산물은 매 순간마다 무한한 활동성과 그 저지력의 종합을 통해 새롭게 재생산되어야 하는 것이다. 저지받는 생산력 안에 다시 그 저지를 넘어서는 무한한 활동성이 자리잡고 있기에, 사라지는 각 생산물 안에는 그 다음 순간의 생산물을 생산할 무한한 활동성이 내포되어 있는 것이다.

이와 같이 자연을 끊임없는 활동성으로 이해함으로써 셸링은 기계론적 자연관을 넘어서며, 다시 그 자연의 활동성을 무한한 활동성과 유한화하는 저지력의 종합, 무한과 유한의 종합, 인력과 척력의 종합이라는 이원성 또는 양극성으로 이해함으로써 변증법적 자연관을 전개한다. 무한과 유한, 정신과 물질, 추진력과 저지력, 생산과 소멸-이 모든 대립으로 나타나는 양극은 사실, 하나가 다른 하나를 배제하는 것이 아니라, 그 하나가 되기 위해 다른 하나가 요구되는 관계이다. 절대적 동일성과 절대적 대립마저도 하나가 다른 하나를 배제하는 것이 아니다. 절대적 대립이 없으면 절대적 무차별의 추구도 없게 되며, 절대적 무차별의 추구가 없으면 절대적 대립도 대립으로 나타날 수 없기 때문이다.

이하의 글은 이 책에 번역된 세 편의 글을 역자 나름대로 문단을 나누고 소제목을 붙여 가면서 그 핵심 내용을 요약·정리해 본 것이다. 각 소제목 옆의 괄호 속 숫자는 본 역서에서의 면 수이다.

"자연철학의 이념"

1. 자연철학의 과제 (21)

자연이란 우리의 "총체적인 경험 세계"를 의미하며, 따라서 자연철학의 근본 물음은 "우리 외부의 세계는 어떻게 가능한가, 자연과 자연에 관한 경험은 어떻게 가능한가?"가 된다. 셸링은 이 물음을 철학적 물음의 단초라고 생각하며, 이 물음과 더불어 비로소 우리의 철학적 반성이 시작된다고 말한다. 자아의 자연 경험의 가능 근거에 대한 그러한 철학적 물음 속에서 우리는 자아와 자연의 합일을 지향하는 것이다.

그러나 합일을 추구하는 철학적 반성은 바로 그 반성 이전의(자연 상태의) 자연적 합일로부터의 일탈이며, 자아와 자연이 분리되는 출발점이기도 하다. 한마디로 말해 철학적 반성은 자아와 자연의 분리에서 출발하여 다시 그 분리를 지양하는 과정이다. 그러나 이처럼 반성 결과가 반성 이전 상태의 회복이라면, 분리를 만들고 다시 그 분리를 지양하는 자기 부정적 활동으로서의 철학적 반성이란 무슨 의미가 있는가? 철학적 반성을 거쳐 다시 되찾은 합일과 반성적 분리 이전의 원시적 합일과의 차이는 무엇인가? 이 차이로서 셸링은 "자유"를 강조한다. "철학은 근원적 분리에서 출발하지만, 이것은 오직 인간 정신 안에 본래 필연적으로 통합되어 있었던 것을 자유에 의해 다시 통합시키기 위해서, 즉 그 분리를 영원히 지양하기 위해서일 뿐이다". 즉 철학적 반성이란 자연적 합일을 자유로서 회복 또는 반복하는 것을 의미한다.

이는 곧 철학의 사유 과정에서 나타나는 분리란 궁극적인 것일 수 없다는 말이다. "인간과 세계 사이에는 어떠한 간극도 고정되어 있지 않다". 따라서 셸링은 동일성을 부정하고, 인간과 세계 사이의 분리를 영구적인 것으로 간주하는 것을 "정신병" 또는 "악"으로 간주한다. 이러한 정신병적인 분리의 철학으로 셸링은 정신 독립적 순수 물질을 주장하는 독단론을 비판한다. "반성은 세계를 직관도 상상력도 오성도 이성도 도달할 수 없는 물자체로 간주함으로써, 인간과 세계 사이의 그러한 분리를 영구적인 것으로 만든다." 즉 물자체의 철학은 자연적 동일성을 지양하는 분리의 철학으로서 셸링의 동일철학의 비판 표적이 된다.

2. 표상의 원인으로 상정되는 물자체 비판 (28)

"어떻게 외적 사물의 표상이 가능한가?"의 물음을 통해 대상과 표상의 동일성을 지양함으로써, 우리의 표상으로부터 독립적인 대상 자체, 물자체를 상정해 놓고 다시 그 대상과 표상 관계를 "원인과 결과의 관계"로 해명하는 관점을 셸링은 다음과 같은 근거에서 비판한다. ① 사물을 표상의 원인으로 설정하여 사물과 표상의 분리를 영구적인 것으로 만듦으로써, 사물에 대한 우리 지식의 실재성이 설명될 수 없게 된다. ② 표상에 선행하는 사물 자체가 무엇인지에 관해 아무런 개념도 가질 수가 없게 된다. ③ 표상의 가능 근거를 물음으로써 표상의 계열로부터 벗어나 자유로워진 나의 존재에 다시 원인과 결과 개념을 적용시킬 수는 없다.

3. 경험론적 자아 설명의 한계 (30)

'우리 안의 표상 가능성'을 외부 사물의 작용을 통해 설명하려는 것을 비판한다. 왜냐하면 나는 사물에 의해 작용받는 수동적 사물이나 객체가 아니라, 그러한 사물 또는 표상 간의 인과 계열 자체를 넘어선 능동적인 자유로운 존재이기 때문이다. 표상의 가능 근거에 대한 철학적 물음 자체가 그런 표상의 계열 너머로의 자유로운 비약, 곧 자아의 자유를 증명해 준다.

4. 상식적 실재론과 관념론의 대립 (32)

1) 상식적인 실재론자들이 이해하지 못하는 형이상학자들의 자유로운 비약.

2) 신화와 종교에 나타나는 정신과 물질의 대립. "플라톤도 여전히 물질을 신과 다른 어떤 것으로서 신에 대립시킨다."

3) 동일 철학의 시도 : 셸링은 정신 독립적 물자체를 부정하면서 동일 철학적 통찰을 선취한 철학자로 스피노자와 라이프니츠를 든다. "정신과 물질이 하나라는 것을 충분히 의식하고, 사유와 연장을 동일한 원리의 단순한 양태의 차이로 간주한 최초의 철학자가 바로 스피노자이다." "라이프니츠는 어떠한 정신에 의해서도 인식되지도 직관되지도 않지만 그럼에도 우리에게 작용하며 우리 안에 모든 표상을 만들어 내는 그런 물자체의 세계에 관한 사변적 허구로부터 최대한으로 거리가 멀다."

5. 물자체 비판 (36)

1) 인과율은 현상적 물질 영역에만 적용될 수 있을 뿐, 현상화되지 않는 현상 너머의 지적 영역에는 적용될 수 없다.

2) 자아가 물체로부터 수동적으로 작용받은 결과적 산물이라면 자기 의식에 이르지 못할 것이다. 즉 현상에 대해 판단하는 활동적 자아가 되지 못할 것이다.

3) 직관에 있어 외적 직관 대상의 실재성은 확실하다. 반면 오성

은 현상 너머 그 배후의 물자체를 상정하면서 사물을 분할하기 시작
하는데, 이때 무한 분할을 허용하면 유한한 사물 현상이 설명되지
않으며, 무한 분할이 아닌 궁극적 부분을 인정하면 다시 그런 부분
은 경험에서 도달 가능하지 않게 된다. 따라서 오성이 생각하는 물
자체로서 상정된 "물질은 우리가 아는 것 중 가장 비본질적인 것이
된다."

4) "물질은 힘을 가진다"는 설명의 문제점 : (가) "힘으로부터 독
립적이며 그 자체로서 존립하는 어떤 것"으로서의 물질이 있고, 그
물질이 힘을 갖게 된 것이라는 주장도 문제가 있다. 왜냐하면 우리
는 "힘을 가지고 있지 않은 물질은 결코 생각할 수 없기" 때문이다.
즉 물질로부터 힘을 설명할 수가 없다. (나) 힘이 곧 "인력과 척력"
을 의미한다면, 그 힘은 이미 충족된 공간인 "물질"을 전제한다. 따
라서 우리는 힘으로부터 물질을 설명할 수도 없다. (다) 힘의 주관
성 : 우리는 힘을 결코 우리와 독립적으로 존재하는 객관적인 것으로
서 설명할 수 없다. "왜냐하면 힘이란 오로지 당신의 느낌에만 알려
지는 것이기 때문이다."

5) 세계 체계에 대한 경험적 설명 원리의 한계 : (가) 경험으로부
터 성립하는 최후의 지식은 "우주가 존재한다는 것인데, 이 명제는
바로 경험 자체의 한계"이다. "우주가 존재한다는 것은 그 자체 단
지 하나의 이념일 뿐이다. 그러므로 세계 힘들의 일반적 균형은 더
이상… 경험으로부터 이끌어낼 수 있는 것이 될 수가 없다." (나) 뉴
턴의 물질적 세계를 설명하기 위한 "세계 힘들의 균형", 즉 "인력
체계"나 라이프니츠의 정신 세계를 설명하기 위한 "예정 조화"나
둘 다 이념적 설명이다.

6. 물질론에 대한 보다 상세한 비판 (41)

1) 물질을 감각한다는 주장에 대한 비판 : 공간을 채우는 실제적인 것으로서 물질을 상정할 때, 그 물질의 실재성은 단지 감각될 수 있을 뿐이다. 그러나 나의 감각은 외부(물질)로부터의 나에 대한 작용만으로는 설명되지 않는다. 왜냐하면 만일 내 안에서 감각하는 것이 물질이라면, 그 나는 외적 작용에 대해 그 외적 물질에만 반작용할 수 있을 뿐, 나 자신에게 반작용하지는(사물을 의식하게 되지는) 못할 것이며, 반대로 만일 내 안에서 감각하는 것이 물질이 아니라면, 그 나(비물질)와 외부 물질 간에 어떠한 접촉도 가능하지 않을 것이기 때문이다. 그러므로 나의 감각은 외적 물질의 작용만으로 설명될 수 없다.

2) 우리가 감각하는 것은 물질의 성질일 뿐이고, 물질 자체는 그런 감각을 야기시키는 근거(촉발자)라는 주장에 대한 비판 : 감각을 야기시키는 것으로서의 물자체, 속성들의 담지자로서의 실체를 "내적인 것, 물질의 내적 속성"으로 상정할 경우, "그것은 단지 단어일 뿐이지 사태가 아니다." 왜냐하면 우리가 아무리 물체를 분할하고 탐구해 봐도 우리에게 알려지는 것은 물질의 속성, 물질의 표면일 뿐이며, 그 이상으로 나아갈 수 없기 때문이다.

3) 물자체 상정의 문제점 : 물질 자체를 상정할 경우 그렇게 감각의 원인으로 상정된 물질 자체와 감각하는 정신과의 연관성이 설명되지 않는다.

4) 물질의 내적 근본 요소 상정의 문제점 : 충격받음이 없이 그리고 중력과 독립적으로 사물 간에 끌어당김이 발생할 때, 그 끌어당김의 근거를 우리는 물질 내적인 것, 물질의 "근본 요소"라고 주장하지만, "근본 요소란 무지의 피난처 이외에 다른 것이 아니다." 실

제로 그것 역시 경험적으로 접근 가능한 물질의 표면적 성질에 지나
지 않는다.

7. 경험적 지식의 요소들의 분석 (46)
물질의 운동에 대한 경험적 설명을 세 가지로 구분한다.
1) 물질의 질량, 즉 양에 따른 운동 : 중력에 의한 운동 : 정태학
(Statik)의 영역
2) 물질의 내적 속성, 즉 성질에 따른 운동 : 화학적 운동 : 화학
(Chemie)의 영역
3) 물질 외부 충격에 의한 운동 : 기계적 운동 : 역학(Mechanik)의
영역

8. 현상과 현상의 인과 연속, 그리고 그것의 필연성의 인식 (47)
어떤 인과의 연속을 필연적인 것으로 생각한다는 것은 곧 그 연속
을 주관적 필연성이 아닌 객관적 필연성으로 인식한다는 것이다. 그
렇다면 이러한 인식이 가능하기 위해 현상의 연속, 그리고 연속의
현상은 어떤 존재여야 하는가?
사물의 연속과 연속적 사물에 대해 다음과 같은 이해가 가능하다.
(1) 연속과 현상이 둘 다 우리 외부에서 발생한다. (2) 연속은 표상
내부에서 발생하지만, 사물은 표상과 독립적으로 우리 외부에 존재
한다. (3) 연속과 현상이 둘 다 우리 안에서 발생한다.
(1)의 비판 : "연속은 표상의 유한성의 제약하에서만 존재한다."
그러므로 연속은 시간 형식에 따라 사물을 인식하는 유한한 정신의
표상으로부터 독립적인 것일 수가 없다. 즉 연속은 우리의 표상 안
에서만 가능한 것이다.

218

(2)의 비판 : 연속이 표상 내적인 것인 반면 사물은 표상 독립적인 외적 존재라면, 연속은 사물 자체 안에서 발생하는 것이 아니고, 연속의 필연성에 대한 우리의 인식은 단순한 착각이 되며, 흄적 회의주의가 귀결된다. 이것이 바로 표상 독립적 물자체, 즉 "연속… 원인과 결과의 개념… 공간과 연장의 표상… 시간을 배제"하는 물자체를 상정할 경우 발생하는 문제이다. 이처럼 "모든 감성적 규정으로부터 벗어났으면서도 그럼에도 감성적 사물로서 작용해야만 한다고 간주되는 그런 물자체"를 주장하는 것은 자기 모순적이다. 사물이 주관 독립적인 물자체이고, 연속은 단지 주관적 이해로서 사물과 무관한 것이라면, 인과성을 전제하는 우리의 모든 학적 인식이 착각이란 말인가?

(3)의 주장 : 우리 인식의 필연성을 인정하기 위해서는 우리가 인식하는 대상 세계 사물이 주관 독립적 물자체가 아니라 현상이라는 것을 인정해야 한다. 즉 "연속이 실제로 객관적일 수 있기 위해서는 물자체 역시 유한한 정신 안에서의 연속과 동시에 성립하고 발생한다고 간주하는 것 이외에 더 이상 다른 길이 없다." 이것이 바로 정신 독립적 물자체를 부정하는 관념론적 관점이다.

9. 관념론 철학 (55)

정신 독립적 순수 질료로서의 물자체를 부정하게 되는 것은 "우리의 이념과 우리 외부의 사물의 연관성"을 구하기 때문이며, 이런 체계를 확립한 사람이 바로 스피노자와 라이프니츠이다.

1) 스피노자 : (가) 그의 관념론적 통찰 : "그는 우리의 자연 안에 이념적인 것과 실제적인 것(사고와 대상)이 내적으로 통합되어 있다는 것을 통찰하였다." 즉 "실제적인 사물과 그것에 대한 우리의 표

상 사이에는 어떠한 분리도 있을 수 없다. 개념과 사물, 사고와 연장은 그에게는 하나이고 동일한 것이며, 그 둘은 단지 하나이며 동일한 이념적 자연의 변양들일 뿐이다."

(나) 그의 한계 : 이념(정신)과 실재(물질)의 통합을 우리의 정신으로부터 설명하지 못하고, 우리의 정신 너머의 초재적 신으로부터 설명하고자 한 것이 잘못이다. 즉 "그는 자기 의식의 심연으로 파고들어 그곳으로부터 우리 안의 그 두 세계의 발생을 관찰하는 대신에, 오히려 자기 자신을 넘어가 버리고 말았다… 우리 외부의 무한자의 이념 안에서 자기 자신을 상실해 버리고 말았다." 따라서 스피노자를 극복하는 길은 정신과 물질을 통합하는 근원적 동일성을 신이 아니라 우리 자신의 정신 안에서 구하는 것이다.

2) 라이프니츠 : (가) 그의 관념론적 통찰 : 스피노자의 "무한한 실체"의 자리에다 "우리 자신"을 정립한 철학이 바로 개체적 모나드, 즉 "개체성의 개념"에서 출발하는 라이프니츠의 철학이다. "오직 개체성의 개념 안에서만 다른 모든 철학이 분리한 것, 즉 우리 자연의 적극적인 것과 소극적인 것, 활동적인 것과 수동적인 것이 근원적으로 통합된다." "유한자와 무한자와의… 근원적 통합은 개체적 자연의 존재 이외에 다른 어디에도 있을 수 없다." 그리고 이처럼 무한성과 유한성을 통합하는 개체적 존재는 오직 "표상하는 존재", 즉 모나드이다. 단순성과 통일성을 특징으로 하는 모나드는 지각과 욕구의 영혼이며, 다양성의 외부 세계는 그 단일한 모나드의 활동에 의해 지각된 표상 계열, 현상일 뿐이다. "우리 외부의 현실적인 모든 것은 유한한 것이며… 정신적 자연의 표상 방식에 의해서 비로소 현실적인 것으로 된 것이다."

(나) 그의 한계 : 우리 표상의 전체 연속과 우리의 표상 간의 일치

를 "우리의 공통적인 자연으로부터" 설명하지 않고, "예정 조화"로
서 설명한 것은 실제로 단지 그 일치를 인정하는 것일 뿐 설명하는
것이 아니다. 나아가 정신과 표상의 관계를 예정 조화의 신을 통해
설명하려는 것은 "세계 전체를 결국 하나의 착각으로" 만들어 버리
는 위험을 안고 있다. 그러나 사실 라이프니츠는 개체적 정신에 기
반하여 단일한 정신과 다양한 물질 현상 세계의 관계를 이미 해명하
였다. 즉 정신을 "그것의 자연에 외부 사물의 표상들의 규정된 체계
가 속하게 되는 그런 존재"로 해명함으로써, 물자체를 상정하는 소
박한 실재론 또는 독단론을 극복한 것이다.

10. 기계론적 자연관 비판 (61)

기계론이 설명하지 못하는 유기체의 특징 : ① 유기체는 스스로
자신의 원인이자 결과이다. 즉 "자신의 현존의 근거를 자기 자신 안
에" 지닌다. ② 유기체에는 하나의 개념이 그 근거에, 즉 유기체 자
체 안에 놓여 있다. 이 점에서 자연 작품은 예술품과 구분된다. ③
유기체는 그 형식뿐 아니라 그 현존도 합목적적이다. 따라서 형식과
물질이 불가분리적이다. ④ 유기체는 그 자체 전체적이며 분할 불가
능한 객체이다.

11. 유기체론 (64)

1) 유기체의 정신적 통일성 : 유기체에는 물질로부터 설명될 수 없
는 개념의 통일성이 있는데, 이 통일성은 "직관하고 반성하는 정신"
에 의해서만 존재하며, 정신에 의해서만 판단될 수 있다.

2) 주관적 합목적성 비판 : 인간 오성에서 비롯되는 주관적 형식을
객관 사물에 비로소 전가시킨다는 주장은 자연 산물에 있어 "형식이

물질로부터, 개념이 객체로부터 단적으로 분리될 수 있는 것이 아니라는 것"을 간과한 것이다. 즉 유기체는 "물질에 내재하는 개념에 의해서만 유기화된 물질이 된다." 그러므로 유기체의 합목적성은 객관적 · 실제적 합목적성이다.

3) 신적 오성 비판 : ① 신적 오성이 이념상으로 창조를 기획하고, 그 이념에 따라 실제적인 것을 산출한다는 생각 역시 이념과 물질을 근원적으로 구분하고서 이념을 물질 외적 첨가물로 간주하는 것이다. 그러나 "자연 산물은 근원적으로 자기 자신에 의해 합목적적이다." ② 현실적 사물과 이념을 동시에 생겨나게 하는 신의 창조적 능력의 가정도 문제 해결은 아니다. 왜냐하면 문제는 자연의 합목적성과 그것을 판단하는 인간 오성과의 관계이기 때문이다. 즉 "합목적성은 오직 당신의 오성과의 연관하에서만 타당하기 때문이다."

4) 정신과 물질의 근원적 통합에 대한 예감 : 인간의 유한한 정신의 고유한 자연으로부터 출발하여 자연 산물의 합목적성을 설명하기 위해서는 외부 사물 자체 안에 인간의 정신과 유비적인 하나의 정신이 지배한다고 전제하게 된다. 즉 "개념과 현실성, 이념적인 것과 실제적인 것"을 통합하는 창조적 능력의 정신을 유기적 존재에 내재하는 지배적 정신으로 이해하는 것이다. 이렇게 하여 "자연에 있어서 직관과 개념, 형식과 대상, 이념적인 것과 실제적인 것이 근원적으로 하나이며 동일하다는 예감"을 얻게 된다.

12. 정신과 자연의 동일성 (72)

1) "나 자신이 자연과 동일한 것인 한, 나는 나 자신의 생명을 이해하듯이 생동적인 자연이 무엇인지를 잘 이해한다." 즉 자연의 합목적성을 파악하는 나의 정신과 나에 의해 파악된 자연의 합목적적

222

정신은 동일한 것이다. 유기체는 바로 자연의 산물이며, 그 산물 안에는 합목적적 정신이 지배하고 있다. 개체적 자연 산물에 있어 자연과 정신은 내적으로 통합되어 있다.

2) 자연과 정신, 자연과 자유의 내적 결합을 지양하면, 대립되는 두 체계가 발생한다. 정신을 물질로 환원시키는 실재론(독단론)과 물질과 정신을 이원화시키는 이원론 철학이다.

13. 독단론 비판 (73)

1) 정신(사고와 표상과 의지)을 신체를 통해 설명하고, 신체를 다시 화학적 물질로부터 설명하는 시도는 성공할 수 없다. 왜냐하면 "살아 있는 물질로서의 자연은 죽은 화학의 한계를 벗어나" 있기 때문이다.

2) 생명력을 포함하여 일체의 힘은 그것을 제한하는 대립된 힘과 더불어서만 존속하는 유한한 힘이다. 그런데 그런 대립된 힘들은 상대적 균형 안에 있거나 계속되는 투쟁 중에 있을 것이다. 전자라면 운동 없이 정지하게 될 것이며, 만일 자연에 계속되는 운동이 있다면, 자연은 후자처럼 힘들 간의 이기고 지는 교체의 투쟁 과정이어야 한다. 그러기 위해서는 투쟁을 지속하게 하며 자연을 유지하는 제3자가 있어야 하는데, 그것은 다시 그 자체 힘이 아닌 상위의 어떤 것이어야 한다. 이것이 바로 "정신"이다. 따라서 힘의 균형을 유지하게 하는 정신은 다시 일종의 힘, 생명력으로 불려서는 안 된다.

14. 이원론 비판 (76)

1) 사변에서는 "운동의 원리를 움직여진 것으로부터, 영혼을 물체로부터 구분하는 것"이 허용되지만, 행위의 순간에는 이 구분이 더

이상 타당하지 않다.

2) "영혼과 생명에 대해서는 오직 직접적 경험에 의해서만 확신을 가질 수 있다." 그러나 생명은 의식과 마찬가지로 오직 내적으로만 표상될 수 있다. 그러므로 "나의 외부의 생명과 자기 존재에 대해 나는 오직 실천적으로만 확신할 수 있다." 타인의 자유와 정신의 인정은 단순한 사변을 넘어 도덕적·실천적 차원에서만 가능하다.

3) 물체와 영혼을 구분할 때, 그처럼 "물체와 영혼을 함께 생각하지만 그 자체는 다시 그 통합 안에 포함되어 있지 않은 더 상위"의 존재인 나, 그런 판단을 하는 나는 무엇인가?

4) 이원론을 고수할 경우, 정신과 물질 간의 연관을 설명하기 힘들다. 정신과 물질 사이에 그 둘을 매개하는 중간 물질을 아무리 계속 집어넣는다고 해도 문제가 해결되는 것은 아니다.

15. 자연의 절대적 합목적성 (80)

1) 자연의 절대적 합목적성은 필연적 이념이다. 그 합목적성의 근원은 신적 오성에서 찾아질 수 있는 것이 아니라, 인간 정신과 자연의 절대적 동일성 안에서 찾아져야 한다. "자연은 그 자체 필연적이고 근원적으로 우리의 정신 법칙을 표현할 뿐만 아니라, 또 스스로 그 법칙을 실현하고 나아가 자연이 그 법칙을 실현하는 한에서만 자연은 자연이 되고 또 자연이라고 불릴 수 있는 것이다."

2) 이처럼 정신과 자연은 절대적 동일성의 존재다. "자연은 가시적 정신이며, 정신은 비가시적 자연이어야만 한다."

16. 칸트 철학의 경험적 관념론적 수용 (83)

"경험적 관념론"의 관점에 머무르는 칸트 추종자들은 "오성에 의

224

한 그리고 오성을 위한 사물의 규정이 결코 물자체에 해당하는 것이
아니라고 받아들였는데, 그러면서 그 물자체를 경험적 사물같이 표
상하는 자에 대해 촉발의 관계, 원인과 작용의 관계를 갖는 것으로
서 이해하였다." 이런 해석은 "조야한 경험론과 일종의 관념론의 모
순적 결합"이다.

17. 철학의 기본 통찰 (84) : 이념적인 것과 실제적인 것의 동일성

1) 셸링 철학의 기본 원리는 정신과 물질의 동일성이다. 이는 곧
"절대적으로 이념적인 것은 절대적으로 실제적인 것이라는 통찰, 그
리고 절대적으로 이념적인 것 외에는 오직 감성적인 제약된 실재성
만이 존재할 뿐, 절대적이고 무제약적 실재성이란 존재하지 않는다
는 통찰"이다. 즉 절대적 무제약적 실재성은 감성적 영역이 아니라,
오직 감성적인 것을 가능하게 하는 이념적인 것 안에서 찾아질 수
있다는 것이다.

2) 철학으로부터의 논증 : 철학이 그 인식의 원리를 다른 학문으로
부터 끌어오지 않는 자체 내에 근거지어진 학문이며, 또 그 대상을
오직 무제약적이고 절대적 방식으로만 인식한다는 의미에서 "절대
적 학문"이라면, 그러한 철학의 이념에는 이미 절대적 지식과 절대
자는 무차별적이라는 전제가 깔려 있다. 즉 이념적인 절대적 지식과
실제적인 절대자의 동일성, 사고와 존재의 궁극적 동일성이 그것이
다.

3) 철학으로부터의 논증에 대한 비판과 그 반박 : 그러나 과연 그
러한 철학이 존재하는가? 그렇지만 우리는 철학이 존재하지 않는다
는 것을 또 다른 철학에 의하지 않고는 주장할 수가 없다. 그러므로
철학은 존재하지 않는다는 주장은 자기 모순적이다. 또는 철학은 절

대적 인식이 아니라, 제약된 인식인 것은 아닌가? 그러나 제약된 경
험적 인식은 철학이 아니다.

4) 수학으로부터의 논증 : "절대적으로 이념적인 것은 절대적으로
실제적인 것이라는 통찰"은 철학뿐 아니라, 수학이나 자연학에서도
전제되는 것이다. 수학에서 이념적 구성 작용에 절대적 실재성을 부
여할 수 있는 것, 자연학이 수학을 따를 수 있는 것도 이 때문이다.

5) "경험적 관념론"의 비판과 그 반박 : 경험적 관념론자는 "철학
자에게 절대적으로 이념적인 것은 오직 그에 대해서만 그리고 그의
사유에 대해서만 실제적인 것"이라고 비판한다. 즉 철학자의 이념이
란 그 자신의 주관적인 것일 뿐이라는 반성이 빠졌다는 비판이다.
그러나 그 비판자의 논리에 따르게 되면 그가 요구하는 그 반성 역
시 주관적인 것에 지나지 않게 되고 따라서 타당성을 잃게 된다. 그
러므로 자신의 비판을 타당한 것으로 주장할 수 있기 위해서라도 그
자신 역시 "절대적으로 이념적인 것은 그 자체 주관적인 것도 객관
적인 것도 아니고, 그의 사유도 다른 사람의 사유도 아니며, 오히려
절대적 사유라는 것"을 인정해야 한다.

18. 동일성의 해명 (89)

1) 절대적 인식에서의 주관적인 것과 객관적인 것의 절대적 동일
성은 순수한 동일성으로서 이를 단순한 비상이성으로 이해하거나,
그 자체 구분되는 두 개의 것의 단순한 결합으로 이해해서는 안 된
다.

2) 절대자는 절대적인 순수 동일성이며, 상대적 인식에 있어 주관
과 객관으로 분화되기 이전의 동일성이다. 그렇다면 절대자의 주관
객관화는 어떻게 발생하는가?

19. 미분적 절대성의 주관 – 객관화 과정 (90)

1) 절대자는 이념 또는 순수 동일성인 그의 전체성으로부터 스스로 실제적인 것인 형상이 되고, 즉 객체화되고, 다시 그 형상, 즉 객체로서의 자기 자신을 존재 또는 주체로 해체시킨다. 다시 말해 질료·존재·주관성·전체성으로부터 형상·객관성으로의 운동이 형상화이자 객관화라면, 그 반대의 운동이 곧 주관화, 형상의 존재로의 해체, 동일성의 회복이다. 전체적 동일성으로서의 무한성과 주관성으로부터 객관성과 유한성이 산출되고, 그 객관성과 유한성은 다시 절대적 동일성으로 복귀한다.

이념적인 것	⟶	실제적인 것
순수 질료	객체화	형상
주체(존재)	형상화	객체
순수 동일성	⟵	차별적 개체
전체성	주관화	유한성

2) 절대자 또는 절대적 인식 행위는 그 두 극단 중 어느 하나가 아니라, 형상화와 주관화를 통해 "자신을 영원히 자기 자신과 하나로서 형성"해 가는 활동일 뿐이다. "절대자 자체가 바로 영원한 행위이다." 절대자는 행위의 통일성이다.

3) 특수한 개체란 무엇인가? 개체는 절대자가 특수한 형상으로 상징화되어 나타난 하나의 계기이다. "절대자가… 자기 자신을 단순한 형상으로서, 따라서 상대적 차별성으로 파악하는 한에서만, 그 통일성은 개별적인 현실적 사물들에 의해 상징화된다. 개별적 사물은 존재가 형상으로 변형하는 영원한 행위에 있어 단지 하나의 계기일 뿐

이다." 즉 유한자는 무한자의 변양이고 상징이며, 무한자가 개체화하여 나타난 한 계기일 뿐이다. 따라서 일체의 개체가 무한자의 동일성 안에 포함되므로, "물자체는 영원한 인식 행위 안의 이념이다."

4) 무한자와 유한자의 관계 : 무한자가 유한자로 개체화되는 행위는 곧 그 유한자를 무한자로 복귀시키는 행위이다. "절대자가 영원한 인식 행위 안에서 자기 자신을 특수자로 확장하는 것은 오로지 무한성이 유한자로 되는 절대적 형성 안에서 유한자를 다시 자기 자신 안에 거둬들이기 위한 것일 뿐이다." 무한자가 유한자로 확장되어 특수화되는 계기, 다시 유한자가 무한자로 포섭되는 계기, 그리고 이 두 계기를 다시 하나로 통합하는 계기에 각각 통일성은 속한다.

20. 실제적 세계 (자연) 와 이념적 세계 (95)

1) 무한자가 유한자로 형성된 것이 "자연"이며, 유한자가 다시 무한자로 변형된 것은 "이념적 세계"이다. 그리고 이 둘을 다시 통합하는 통일성, 즉 자연과 이념적 세계를 포괄하는 제3의 통일성이 있다. "절대자는 그의 영원한 행위에 있어 필연적으로 두 측면, 즉 실제적 측면과 이념적 측면을 하나로서 포괄"하고 있다. 이 각각의 통일성을 "활력"이라고 한다.

2) 능산적 자연과 소산적 자연의 구분 : "자연 자체 또는 영원한 자연은 객관적인 것 안에 탄생한 정신, 형상 안에 인도된 신의 존재이다." 반면 현상으로서의 자연은 "존재가 형상으로 형성되어 특수성 안에 나타난 자연", 특수한 통일성으로서 나타난 자연이다. 이처럼 셸링은 스피노자적인 능산적 자연과 소산적 자연의 구분을 "절대적 인식 행위 자체로서의 자연"과 "절대적 인식 행위의 단순한 신체 또는 상징으로서의 자연"의 구분으로 해석한다.

21. 절대적 관념론과 상대적 관념론의 구분 (97)

1) "철학을… 절대적 인식 행위에 따라 규정한다면, 철학은 관념론이 된다." 실제적인 것과 이념적인 것은 모두 그 둘을 포괄하는 절대자의 절대적 동일성의 계기인데, 자연이나 이념을 이러한 절대자의 행위로서 파악하는 철학이 "절대적 관념론"이다.

2) 절대적 관념론과 상대적 관념론의 구분 : 반면 절대자의 동일성은 간과하고 상대적인 이념적인 것을 실제적인 것보다 우선적인 것으로 간주하는 입장은 단지 "상대적인 관념론"일 뿐이다. 셸링은 피히테의 지식학 체계를 상대적 관념론이라고 평가한다. 셸링이 지향하는 관념론은 자연철학의 출발점이 되는 전체를 절대자로 파악하는 절대적 관념론이다.

22. 자연철학의 내적 구성 (98)

1) 무한자가 유한자로 형성되는 각 단계의 통일성인 세 가지 활력 : (가) 무한자가 유한자로 형성될 때의 첫번째 통일성 : 전체적으로 "일반적 세계 건축", 개체적으로 "물체 계열".

(나) 특수자가 일반자로 귀환할 때의 통일성 : 전체적으로는 "일반적 기계", 개체적으로는 "물체".

(다) 절대적 합일의 형성 또는 두 통일성의 무차별화 : "유기체".

2) 무한자가 유한자로 형성되어 절대적 무차별화의 지점으로 나아가면, 무한자는 다시 절대적 이념으로 화한다. "이성은… 유기체 안에서 자신을 상징화하면서 절대적 이념성을 드러내고, 유기체는… 이성 안에서 자신을 상징화하면서 절대적 이념성을 드러낸다."

23. 자연철학의 역사 (99)

1) 지금까지 자연철학은 "자연과 이념 세계의 동일성"에 관한 학설이었다. 라이프니츠는 이 점을 통찰하였지만, 자연철학의 보편적 객관적 타당성을 정당화하는 것은 실패하였다.

2) 자연철학의 과제는 "지적 세계를 현상하는 세계의 법칙과 형상을 통해 완전하게 서술하고… 다시 현상 세계의 법칙과 형상을 지적 세계로부터 완전하게 파악하는 것"이다. 예를 들어 자연철학은 세계 물체의 운동의 일반적 법칙의 구성을 제시하는 것인데, 그 핵심은 "플라톤의 이데아론이나 라이프니츠의 모나드론"에 이미 포함되어 있다.

3) 보일과 뉴턴 이후의 "기계적 물리학"은 "맹목적이고 몰이념적인 방식의 자연 탐구"이다. 그러한 자연 현상의 연구는 현상으로부터 근거를 추론하여 결과에 따라 원인을 설정한 후, 다시 그 결과를 그 원인으로부터 도출하는 순환적 설명이다. 따라서 사태의 가능성만 설명할 뿐, 사태의 필연성은 설명하지 못한다. 반면 절대자와 이념으로부터 현상을 설명하는 자연철학은 현상의 필연성을 제시한다.

4) 스피노자의 재평가 : 주관-객관성을 절대성의 특징으로 파악하고, 사유적 실체와 연장적 실체를 모두 같은 하나의 실체로 파악한 점 등은 뛰어난데, 그런 절대자 또는 동일성에 대한 학문적 설명이 부족한 까닭에 사람들이 그의 철학을 단순한 객관성의 학설로 오해하게 되었다.

5) 피히테의 평가 : 주관-객관성의 형식을 철학의 유일한 모든 것으로 정당화한 점은 높이 평가할 만하다. 그런데 그 동일성을 절대자로 파악하지 못하고, 다시 특수성의 주관적 의식으로 제한하며 절대성을 일종의 주관적 과제나 요청 대상으로 만든 것은 문제가 있

다.

6) 자연철학의 의의 : 현재 사유의 특징은 "관념론"이며, 그 지배적 정신은 "내면으로의 복귀"이다. 그러나 "이념적 세계 안에 놓인 비밀은 자연의 신비가 명시화되는 경우가 아니라면 실제로 객관적이될 수 없을 것이다." 자연 안에서 이념적인 것을 발견함으로써 유한한 형상을 넘어설 때, 모든 인간이 절대적 동일성의 직관을 통해 하나로 통합될 수 있을 것이다.

"자연철학 체계의 제1기획"

서론과 전체의 윤곽이 "제1기획"의 전체 내용을 요약하고 있다. 이하의 글은 본론 제1장 제1절의 내용만을 정리한 것이다.

1. 무제약자는 어디에서 찾아질 수 있는가? (118)

1) 개별적 존재에서 찾아질 수 있는가?: (가) "무제약자는 하나의 개별적 사물 안에서 찾아질 수 없다"(제1명제). 왜냐하면 존재하는 개별자는 무제약적 존재 자체의 개별적 형상, 특수한 표현이기 때문이다. 존재하는 모든 개체는 "존재의 원리에 따르는 정신의 구성"이므로, 존재 자체는 그 "구성하는 활동성" 이외에 다른 것이 아니다. 활동성 자체는 객체는 아니지만 모든 객관적인 것의 원리가 된다.

(나) 자연철학에서나 초월 철학에서나 "개별적 존재는… 오직 근원적 활동성의 규정된 형상 또는 제한"일 뿐이다.

2) 자연에서 찾아질 수 있는가? : (가) 자연과 자유 : 자연을 무제약자로 간주할 수 있는 것은 존재 자체의 개념 안에 절대적 활동성, 즉 "자유"의 "감추어진 흔적"이 발견되기 때문이다.

(나) 존재 자체가 생산적 활동성이라면, 개별적 존재는 활동성의 절대적 부정성일 수는 없다. 물론 생산적 활동성은 생산물로서의 개별적 존재 안으로 사라진다. 즉 "모든 활동성은 그것의 생산물 안에서 소멸한다." 생산물은 생산 활동이 멈추는 순간의 생산 결과물이기 때문이다.

(다) "자연에 관해 철학한다는 것은 곧 자연을 창조한다는 것을 의미한다." 이는 철학이 자연을 그 "최초의 근원"에서 발견하기 때문이다. 근원적 의미의 자연이란 "생산물로서의 자연"이 아니라, "활

동적인 것으로서의 자연"이다. 이와 같이 자연을 "단적으로 활동적인 것"으로 간주함으로써, 자연에 무제약성이 귀속된다.

(라) 그렇다면 자연은 어떤 의미에서 단적으로 활동적인 것인가? "절대적 활동성은 유한한 생산물에 의해서가 아니라 오직 무한한 생산물에 의해서만 서술될 수 있다."(제2명제) 문제는 절대적 활동성, 그 "무한한 것"을 어떻게 "유한한 것"인 자연 안에서 서술하는가이다.

2. 유한한 것 안에서의 무한한 것의 서술 가능성 (122)

1) 우리가 외적, 경험적으로 직관할 수 있는 것이 유한자라면, 무한자는 그런 방식으로는 직관되지 않는다. 그럼에도 우리는 유한자의 직관 안에서 동시에 무한자를 발견한다. 말하자면 경험적인 유한자의 직관이 무한히 이어지는 "경험적 무한자", 즉 경험적인 무한한 계열이 우리의 구상력 앞에서 무화되는 순간, 그 유한한 무한성의 무화와 동시에 비로소 "절대적인 지적 무한성"의 직관이 나타나게 된다. 여기에서 우리가 경험적인 무한한 계열의 무화로 끝날 것인가, 아니면 "그 계열의 이념적 한계"를 설정할 것인가는 "이성"이 결정하는 것이다.

2) 이처럼 무한자의 직관은 특수한 개별적 계기 안에 놓여 있는 것이 아니라 오히려 유한한 과정 안에서 산출되는 것이다. "무한성은 근원적으로는 우리 안에 있지만… 외적인 경험적 서술이 없이는 결코 의식에 이르지 못한다."

3) "무한한 계열은… 근원적인 무한성의 외적 서술"이다. 근원적 무한자는 무한한 계열에 대해 어떤 관계에 있는가? "근원적으로 무한한 계열은 복합에 의해 발생하는 것이 아니라 진화에 의해 발생한

다." 복합은 본래 있지 않던 것이 경험적으로 쌓여서 만들어지는 과정을 말한다면, 진화란 "그 시작점에 있어 이미 무한한 단 하나의 크기"에서 출발하는 것이며, 그 무한한 크기가 전체 계열을 통과한다고 보는 것이다.

4) 그 무한한 크기 안에 전체 무한성이 집중되어 있으며, 계열상의 연속은 오직 "개별적 저지"를 나타낸다. 무한자의 자기 확장, 즉 외화에 있어 연속적 제한의 저지가 있지 않다면, "그 크기의 확장은 무한한 속도로 발생하여 어떠한 실제적 직관도 발생할 수 없었을 것이다." 그러므로 무한자의 자기 확장으로서의 무한한 활동성은 그 확장에 제한을 가하는 끊임없는 저지가 없이는 불가능하다. 따라서 경험적 무한성의 본래 개념은. 곧 "무한히 계속적으로 저지되는 활동성"이다. 다시 말해 활동성은 무한히 계속되는 것이기에, 무한히 저지되는 것이며, 무한히 저지되는 것이기에 무한히 계속되는 것이다.

3. 생산성과 생산물 (125)

1) "자연이 절대적 활동성이라면, 그 활동성은 무한히 저지되는 것으로 나타나야만 한다."(제1 결론 명제) 무한한 활동성도 자연 안에 있고, 그 활동성의 저지 근거도 자연 안에 있다.

2) 자연은 고정된 생산물로 존재하는 것이 아니다. "자연 안의 모든 개별적 생산물은 단지 가상 생산물일 뿐이지, 절대적 생산물이 아니다."(제2 결론 명제) 자연물은 그 안에서 생산성이 완전히 소진되어 버린 절대적 생산물이 아니고, 오히려 그 안에서 생산성이 확장되면서 동시에 저지받고 있는 가상 생산물일 뿐이다. 그러므로 생산물은 계속 생성 과정 중에 있는 것이지, 더 이상 생성 활동을 하지 않는 결과물이 아니다.

4. 자연의 이원성 : 활동성과 그 저지 (125)

1) 활동성과 그 저지라는 "근원적인 대립"이 자연을 자연이게 하는 것이다. 이로부터 자연의 두 가지 특징이 귀결되는데, 그 하나는 자연은 스스로 자신에게 자기 경계를 부여하므로 자연에 어떤 낯선 힘도 들어올 수 없으며, 자연은 그 자신의 법칙 부여자라는 "자연의 자율성"이고, 다른 하나는 자연은 그 자신의 활동적 원리로부터 충분히 설명될 수 있다는 "자연의 자족성"이다. 이 자연의 자율성과 자족성이 곧 "자연은 무제약적 실재성을 가진다"는 "자연철학의 원리"이다.

2) "절대적 활동성은 무한히 저지되는 것으로 나타나야만 한다." 중심으로부터 뻗어 나가는 무한한 활동적 힘에 대해 그것에 제한을 가해 그 확장 속도를 유한화하는 저지적 힘이 함께 있지 않다면, 활동성은 어느 한순간에도 머물러 있지 않으며 공간을 채우지 못할 것이다. 그러므로 공간을 채우는 유한한 생산물은 무한한 생산성과 그 저지라는 대립된 두 경향의 구성물이다.

3) 자연의 "정지"·"영속성"·"불변성"의 부정 : 대립되는 경향들로부터 유한한 생산물의 구성은 어떻게 이해되어야 하는가? 만일 그 두 경향이 한 지점에서 만난다면, "그 둘의 작용은 상호적으로 서로를 지양할 것이고, 결국 그 생산물은 0이 될 것"이다. 즉 자연은 생산물로서도 존속하지 못하게 될 것이다. 그러므로 어떤 자연물도 "그 안에서 대립되는 활동성이 절대적으로 만나게 되는 생산물, 즉 그 안에서 자연 자체가 정지에 도달하게 되는 그런 생산물일 수는 없다." 즉 "자연 안의 영속성", "불변성"은 부정되어야 한다.

4) 주체로서의 자연과 객체로서의 자연의 구분 : 자연 안의 불변성이란 "자연 자신의 활동성의 제한"일 뿐이다. 즉 "자연의 활동성의

저지점이 객체로서의 자연 안에서 불변성"을 얻게 된다. 그러므로 "지속"은 "객체로서의 자연" 안에서만 발생하며, "주체로서의 자연"은 끊임없는 활동성일 뿐이다.

5. 자연 안에서의 무한성의 직관 (128)

1) "지금 자연 안에 고정된 것처럼 나타나는 각각의 생산물은 오직 그 한순간에만 그렇게 존재할 뿐이며, 연속적인 진화 속에 포함되어 끊임없이 변화하면서 단지 나타났다가 사라져 가는 것일 뿐이다." 즉 객체로 나타난 저지된 생산물일지라도 그것은 활동성의 절대적 부정이 아니며, 그 자체 단적으로 활동적이다. 자연은 그 자체 안에 저지받음과 동시에 저지를 넘어서는 "무한한 발전의 충동"을 가지고 있는 것이다. 이처럼 "자연의 각각의 개체 안에 전체—무한자—가 반영되고 있다."

2) "어떻게 대립된 활동성이 서로를 상호 지양함이 없이 유한한 것의 직관 안에서 만나게 되는가?" 정신은 "개별적 생산물 안에서가 아니라—즉 통합 안에서가 아니라—오히려 대립되는 활동성의 무한한 분리 안에서 정신 자신의 직관을 갖게 된다." 대립된 두 활동성의 통합으로 나타나는 저지된 개별적 생산물에 대한 개별적 직관은 "오직 가상적으로 개별적일 뿐이며, 본래 모든 개별적 직관 안에 전체 우주의 직관이 동시에 함축되어 있다."

"자연철학 체계의 기획 서설"

1. 이념적인 것과 실제적인 것의 동일성 (제1장, 133)

1) 무의식적 활동성이 자연 산물의 맹목적인 실제적 활동성이라면, 의식적 활동성은 자유로운 의식의 차원에서 발생하는 이념적 활동성이다. 우리는 흔히 이 둘을 구분하여 무의식과 의식, 물질과 정신, 실재성과 이념성이라는 대립의 관계로 이해한다.

2) 그러나 철학은 "무의식적 활동성을 의식적 활동성과 근원적으로 동일한 뿌리에서 나온 것으로 간주함으로써 이 대립을 지양한다." 이 대립을 지양한다는 말은 곧 그 둘을 근원적으로 하나의 것으로 간주한다는 말이다. 다시 말해 무의식적 물질 차원에 속하는 실제적 자연 현상에 대해서도 의식화 가능한 이념적인 것이 내재해 있다고 보고, 의식적인 이념적인 것 안에도 무의식적인 실제적 기반이 갖추어져 있다고 보는 것이다.

3) 이처럼 이념적 활동성과 실제적 활동성을 근원적으로 하나로 볼 경우, 정신과 물질, 이념과 실제의 이원론적 대립을 지양하는 일원론적 시도가 있게 된다. 그 중 자연을 정신으로, 즉 "실제적인 것을 이념적인 것으로 환원"시키려는 시도가 "초월 철학"이라면, 정신을 자연으로 환원시켜 "이념적인 것을 실제적인 것으로부터 설명"하는 것이 "자연철학"이다.

2. 자연철학의 특징 (제2장, 136)

1) 자연철학은 "자연을 자립적인 것으로 정립"하며, 유기물이나 이성에 이르기까지 "모든 것을 자연력으로부터 설명"하고자 한다. 자연학의 스피노자주의가 이에 해당한다.

2) 이런 의미에서 자연철학은 관념론적 설명 방식의 초월 철학과 구분된다.

3. 사변적 자연학 (제3장, 137)

1) "사변적 자연학"의 제1과제는 "운동의 절대적 원인"을 탐구하는 것이다. 이것은 기계론적 또는 원자론적 방식으로 설명될 수는 없다. 왜냐하면 기계론적(mechanisch) 자연학에 따르면 운동은 운동으로부터만 나올 수 있기 때문이다.

2) 사변적 자연학은 "동역학적"(dynamisch)으로만 실현될 수 있다. 동역학에 따르면 "운동은 정지로부터도 나올 수 있으며, 따라서 자연의 정지에도 역시 운동이 있다는 것… 기계론적 운동은 근원적인 유일한 운동으로부터 도출된 이차적 운동이라는 것… 근원적 운동은 자연 일반을 구성하는 제1요소들로부터 이미 발생한다는 것"을 가정한다.

3) 기계론적인 경험적 자연학은 이차적 운동만을 다루며, 사변적 자연학만이 자연의 궁극적 운동 원천을 해명한다. 이는 경험적 자연학이 자연의 객관적·외면적 표면만을 탐구하는 데 반해, 사변적 자연학은 비객관적·내적인 충동 작업을 탐구하기 때문이다.

4. 사변적 자연학의 가능 조건은 무엇인가? (제4장, 139)

1) "엄격한 의미의 지식"은 우리가 어떤 것이 어떻게 해서 존재할 수 있게 되었는가의 원리를 통찰할 수 있을 경우에만 가질 수 있다. 그리고 그 가능성의 원리를 앎으로써 우리는 그것을 산출할 수 있게 된다. 예를 들어 어떤 기계를 발명한 자는 그것에 관한 가장 완벽한 지식을 가진 자일 것이다. 왜냐하면 그가 바로 그 "작품의 영혼"이

며, 그 기계는 실제적이기 이전에 이미 이념적으로 그에게 선재했기 때문이다.

2) 마찬가지로 "자연의 내적 구성"의 지식은 "자유에 의한 자연으로의 침투"가 가능해야만 얻을 수 있다. 자연으로의 침투는 곧 "실험"을 의미하며, 실험이란 일종의 "예견"이며, "현상의 산출"이다. 그러므로 자연학의 첫걸음은 "우리가 그 학문의 객체를 스스로 산출하기 시작함으로써만 가능해진다." 물론 "실험을 매개로 한 구성은 현상의 절대적 자기 산출이 아니다."

3) 그러나 "모든 현상이 단 하나의 절대적이고 필연적인 법칙 안에서 서로 연결된다는 것, 그 법칙으로부터 현상들이 모두 도출될 수 있다는 것"을 우리는 어떻게 아는가? 실험이 그런 지식을 주는 것은 아니다. 자연 현상의 궁극적 원인은 그 자체 현상이 아니므로 경험적으로 인식할 수 있는 것이 아니라 오히려 우리의 전제(가설)를 통해 알 수 있을 뿐이다. 따라서 필연적 학문은 자연 현상에 대해 임의적이 아닌 필연적 전제를 찾아냄으로써만 가능하다.

4) 셸링이 제시하는 자연과 자연 설명에서의 필연적 절대적 전제 : (가) 절대적 동일성의 부정 : "절대적 동일성은 생산적인 것으로서의 자연으로부터 생산물로서의 자연으로의 절대적 이행, 즉 절대적 정지를 가져올 것"이기 때문에, 자연에 절대적 동일성은 없다.

(나) 보편적 이중성의 원리 : 생산성과 생산물 사이의 자연의 유동, 활동성과 활동의 저지라는 자연의 대립은 원리의 보편적 이중성(양극성)을 말해 준다. "이 이중성을 통해 자연은 끊임없는 활동성 안에 유지되며 그것의 생산물 안에 소진되어 버리지 않게끔 저지된다."(64)

5) 사변적 자연학의 이념 : 그러한 "절대적 전제로부터 모든 자연

현상을 도출함으로써 우리의 지식은 자연 자체의 구성, 즉 자연의 선험적 학문으로 바뀌게 된다." 그 학문이 바로 "순수 사변적 자연학"이 된다.

5. 선험적 명제와 경험적 명제의 구분 기준 (142)

1) 선험적 명제와 경험적 명제의 차이는 명제의 내용 자체에 있는 것이 아니라, 우리가 그 명제의 지식을 얻는 방식에서 생기는 차이일 뿐이다. 개별적 또는 귀납적으로 알려진 경험적 명제도 그것의 내적 필연성이 통찰되면 선험적 명제로 고양된다. 이때 한 명제의 내적 필연성이란 하나의 체계에 있어 그 명제가 다른 명제와의 연관성 안에서 연역적으로 설명됨으로써 얻어지는 것이다.

2) 이것은 자연학이 다루는 자연 자체가 이미 하나의 체계이며 부분에 선행하는 유기적 전체이기에 가능한 것이다. 즉 "자연 안의 모든 개체들은 이미 전체에 의해 또는 자연 일반의 이념에 의해 규정"되며, 마찬가지로 자연 인식의 개별적 명제 역시 전체를 종합하는 원리상의 내적 연관성에 따라 필연적인 것이 된다.

3) 실험적 자연학과 사변적 자연학의 과제의 차이 : 자연을 하나의 체계로 이해할 때 우리는 이미 모든 자연 현상이 자연의 궁극적 제약과 연관되어 있음을 전제한다. 그 궁극적 제약으로부터의 내적 연관성이 모두 밝혀지면, 모든 자연 인식은 다 내적 필연성을 가지는 선험적 인식이 될 것이다. 그러나 실제로 많은 중간항들이 우리에게 알려져 있지 않다. 여기에서 아직 알려지지 않은 중간항의 내용을 구체적으로 발견하는 것이 실험적 자연 탐구의 과제라면, 그처럼 중간항이 결핍되어 있다는 사실 자체를 제시하는 것은 사변적 자연학의 과제가 된다.

6. 사변적 자연철학의 특징 (제 5 장, 145)

1) 자연철학은 다른 학문으로부터 독립적이다.

2) 셸링의 동역학적 자연학은 일반적인 동역학적 자연학의 개념과 구분된다. 일반적인 동역학적 자연학이란 물질은 특정 정도의 공간 충족일 뿐이고, 물질의 차이는 단순한 공간 충족(조밀성)의 차이이며, 물질의 질적 변화 역시 오직 척력과 인력의 관계에서의 변화일 뿐이라고 주장하는 관점이다. 이 관점에서 보면 자기 현상과 전기 현상도 궁극적으로 물질의 근본력들 간의 관계의 변화가 된다.

3) 그러나 이와 같은 일반적인 동역학적 자연학적 설명은 틀린 말은 아니지만, "자연 현상의 본래적 깊이와 다양성을 밝히기에는 너무 피상적이고 부족하다." 예를 들어 조밀성의 변화는 보다 더 근본적 변화의 외적 현상일 뿐이며, 그것만으로는 물질의 질적 변화를 설명해낼 수 없다.

7. 생산물과 생산성의 동일성으로서의 자연 (제 6 장, 148)

1) 경험과 학문의 구분 : 경험은 이론이 아닌 역사일 뿐이고, 학문은 이론적 체계이다. 경험은 대상을 고정화하여 완료된 것, "존재"하는 것으로서 이해하는 것이라면, 학문은 대상을 "생성" 중에 있는 것으로서 고찰한다. 경험이 생산물, 즉 사물에서 출발한다면, 학문은 무한한 생산성, "무제약자"로부터 출발한다.

2) 생산물(객체적 자연)과 생산성(주체적 자연) : 존재하는 개별자는 오직 "생산적 활동성의 특정한 제한"으로서의 생산물인 반면, 존재 자체는 "무제한성에 있어서 사유된 바로 그 생산적 활동성 자체" (69)이다. 여기서 "생산물로서의 자연"은 "객체로서의 자연"이고, "생산성으로서의 자연"은 "주체로서의 자연"이다. 경험은 전자와만

관계하고, 이론은 후자와만 관계한다.

3) 자연은 현상적으로 나타나는 생산성과 생산물의 이중성을 다시 동일화하는 전체이다. 즉 "자연"은 "생산성과 생산물의 동일성"이다. 이 동일성은 곧 "이념적인 것과 실제적인 것의 동일성"을 의미하며, 이 점에서 자연은 예술과 구분된다.

8. 절대적 생산성과 경험적 자연 (151)

1) 절대적 생산성은 "이념적 무한성"을 가진다. 문제는 어떻게 이 이념적 무한성이 경험적 무한성으로 표현되는가이다.

2) 경험적 무한성은 "이념적 무한성의 서술"로서의 "무한한 계열", "무한한 생성"이다. 근원적으로 무한한 계열은 바로 "시간"인데, 그 시간 안에서 우리의 지적인 무한성이 전개된다. 그리고 시간의 계열을 지속시키는 활동성은 우리의 의식을 지속시키는 활동성과 동일한 활동성이다. 따라서 의식이 연속적이듯이, 시간의 무한한 계열 역시 연속적이다.

3) 직관과 반성의 대립 : 반면 전개가 무한한 속도로 발생하지 않게끔 근원적 전개를 저지시키는 것은 "근원적 반성"이다. 무한한 계열은 생산적 직관에 대해서는 연속적이지만, 반성에 대해서는 단절적이고 복합적이다. 이처럼 직관과 반성은 서로 대립된다.

4) 자연의 연속성과 자연의 분리성 : 직관의 관점에서 자연을 활동성의 절대적 연속성으로 보는 것이 "동역학적 자연학"이고, 반성의 관점에서 자연을 연속성 없는 분리성으로 파악하는 것이 "원자론적 자연학"이다.

9. 생산성과 생산성의 저지 (154)

1) 무한한 생산성으로서의 자연은 무한한 진화를 뜻하므로, 자연 생산물의 정지는 절대적 정지가 아니라 단지 무한히 작은 속도를 가진 무한히 느린 진화일 뿐이다. 이처럼 자연의 진화가 유한한 속도를 가지고 발생함으로써 직관의 대상이 될 수 있는 것은 생산성이 근원적으로 저지받기 때문에 가능하다. 그러나 자연을 저지하는 이 힘은 자연이 근원적 생산성인 한, 자연 밖에서부터 오는 것일 수는 없다. 따라서 자연 안에는 생산성과 더불어 그 생산성을 제한하는 규정성 또는 부정성이 함께 있어야 한다. 결국 자연은 순수 동일성이 아니라 오히려 이중성(양극성)이다.

2) 이러한 자연 내면의 "근원적 대립", 근원적인 이원화에 따라 자연은 순수 주체에서 주체-객체로의 변경을 하게 된다. 즉 순수 생산성으로서의 자연 활동성은 자체 내의 저지하는 힘에 의해 생산물로 객체화된다. 그러나 자연 안의 근원적 대립, 즉 생산성과 그것을 저지하는 힘은 서로 마주쳐서 서로를 무화하게 될 텐데, 그렇다면 남는 힘은 0이 되어 생산물이 이루어지지 않는 것이 아닌가? 이 모순은 무엇을 말해 주는가?

10. 끊임없는 재생산으로서의 자연 (156)

1) "생산물은 각 순간에 무화되고, 각 순간에 새롭게 재생되는 것"이다. 즉 생산물은 그 자체로 존립하는 것이 아니라, 끊임없이 재생산되는 것이다. "생산물의 존립은 끊임없는 자기 재생산이어야만 한다."

2) 객체로서의 자연, 즉 생산물은 생산성의 무한한 재생산 과정에 있어 특정한 한 상태로 고정화된 저지된 파편, 즉 "단순한 점, 단순

한 한계"일 뿐이며, 그 한계를 넘어서서 끊임없는 진화, 끊임없는 재생산을 가능하게 하는 무한한 활동성이 바로 주체로서의 자연이다. 무한한 활동성은 순수 동일성이지만, 그것이 저지되어 생산물로 객체화되는 가능 근거는 자연의 근원적 이중성이다.

3) 생산물은 그 자체로 존립하는 것이 아니고 단지 생산성의 저지로서 끊임없이 재생산되는 것이다. 즉 "가상 생산물"이다. 그것은 생산성이 그 안에서 완전히 소진될 정도의 "무한한 생산물"이 아니다. 그러나 또한 전체 생산성이 그 안에 들어 있으므로 "유한한 생산물"만도 아니다. 그것은 "유한하면서 동시에 무한해야만 한다." 즉 생산물은 한편으로는 유한하지만, 다른 한편으로는 "자연의 무한한 생산성이 그 안에 집중되어 있기 때문에… 무한히 전개하려는 충동을 가지고 있다."

4) 이와 같이 무한한 생산성이 생산물로 나타나는 과정의 서술이 곧 "이념적 무한성의 경험적 서술"이다.

5) 생산성의 진화의 저지점은 무수히 많으며, 그 각각의 점은 생산물을 통해 제시된다. 각 생산물에 있어서도 자연은 여전히 무한하며, 따라서 "각 생산물 안에는 우주의 핵심이 들어 있다."

11. 생산물이 아닌 절대적으로 생산적인 궁극적인 것이 경험에 나타날 수는 없는가? (160)

1) 궁극적인 것은 무제약자이므로 비록 그 자체 공간 안에 있지는 않더라도 공간 충족의 원리가 되는 것이어야 한다. "질료"는 "충족된 공간 자체"이므로, 공간을 충족시키는 것이 질료는 아니다.

2) 공간 안에 있는 것은 기계적·화학적으로 파괴 가능하므로, 파괴될 수 없는 것은 공간 너머에 있어야 하는데, 그런 것은 오직 모든

"성질의 궁극적 근거"일 뿐이다. 즉 생산성은 "성질 안에서 가장 근원적으로 저지받아서 나타난다."

3) "오직 순수 동일성으로서만 사유 가능한 이 파괴될 수 없는 것은 모든 기체의 원인이며 동시에 모든 무한한 분할 가능성의 원리이기도 하다." 공간 안에 있는 실제하는 것은 무한히 분할 가능한 것으로서 단순한 것이 아니다. 따라서 순수한 동일성을 유지하는 단순한 것은 오직 공간 너머의 것으로만 사유될 수 있으며, 그것은 공간 내의 생산물과 구분되는 생산적 활동성일 뿐이다. "이 순수 동일성이 바로 생산물의 무한한 분할에 있어서도 기체를 유지하는 것이어야 한다."

4) 단순한 것을 성질의 이념적 설명 근거로 주장한다는 점에서 "원자론"이지만, 그 단순한 것을 생산물이 아닌 생산성 안에 정립한다는 점에서 "동역학적 원자론"이다.

5) 이 공간 너머의 단순한 것은 그것의 생산물을 통하지 않고는 그 자체로 직관되지 않는다. 그것은 생산물의 단초로서 순수하게 사유된 것일 뿐이다. 자연의 힘(Entelechien), 근원적 생산성은 실제적인 것으로 제시될 수는 없다.

12. 성질의 절대적 상대성 (163)

1) 동역학적 과정의 제한, 즉 본래적인 성질 규정은 자연의 진화를 단적으로 제한하는 바로 그 힘 이외에 다른 힘에 의한 것이 아니다.

2) 모든 성질은 절대적으로 "상대적"이다. "모든 성질은 전기성이다." 모든 감각 가능한 성질들, 색, 맛 또는 화학적 성질들도 모두 전기성으로 환원된다.

13. 자연에 대한 두가지 설명 방식 (165)

1) 동역학적 체계 : 자연의 절대적 진화를 부정하며, 종합으로서의 자연(주체로서의 자연)에서 출발하여 진화로서의 자연(객체로서의 자연)으로 나아감. 직관(연속성)의 관점에서 출발하여 반성(분리성)의 관점으로 나아감. 종합의 방식.

2) 원자론적 체계 : 근원적인 것으로서의 진화로부터 출발하여 종합으로서의 자연으로 나아감. 반성의 관점에서 출발하여 직관의 관점으로 나아감. 분석의 방식.

14. 생산성의 제한을 통한 생산물의 구성 (167)

1) 자연학 체계의 과제는 "생산물을 구성하는 것"이다. 그런데 생산물은 무한정의 순수 생산성만으로 생겨나는 것이 아니라, 생산성의 이원화를 통한 자기 제한에 의해서만 생겨난다. 즉 "자연 안에서 생산물을 이끌어내는 자연의 경향은 생산성의 부정"이며, 이처럼 "자기 자신 안에서 이원화된 생산성만이 생산물을 제공한다."

2) 그렇다면 생산성은 왜 자체 제한을 통해서만 생산성으로서 드러나는가? 그것은 일체의 존재는 그것과 그것 아닌 것의 한계지음을 통해서만 그것으로 드러난다는 진리 때문이다. "어디에나 있고 모든 것 안에 있는 것은 바로 그렇기 때문에 어디에도 있는 것이 아니다. 생산성은 오직 그것의 한계지음을 통해서만 고정된다." 예를 들어 "전기성은 한계가 주어지는 그 순간에 비로소 존재하게 된다." 그리고 이러한 "전기적 현상은 질료 일반의 구성을 위한 일반적 도식이다." 결국 생산물은 "이중화와 그 이중화로부터 귀결되는 한계지음에 의해 저지되어야" 하며, 이런 생산물은 "두 대립된 극단이 서로 접촉하게 되는 종합"이다.

3) 자연의 이원성은 곧 자연이 근원적으로 순수 생산성과 순수 생산물의 "중간물"임을 말해 준다. 생산물 안의 생산성은 무제한의 순수 생산성이 아니라 "규정된 생산성"이며, 이는 곧 "형태화"를 의미한다. 그런데 어떠한 생산물도 생산성이 정지된 고정된 것이 아니라 "무한히 생산적인 생산물"이므로 한 형태로 머물러 있지 않고 "무한한 변형" 속에 있다.

15. 실제적 생산물의 발전 단계 (173)

1) "대립된 방향으로의 생산성의 불가피한 분리를 통해 생산물 자체가 개별적인 생산물로 분리된다." "생산성이 제한됨으로써… 먼저 생산물로의 단초, 생산성에의 고정점이 주어져야 한다. 그리고는… 생산성이 점차적으로 물질화되고 점점 더 고정된 생산물로 변화"된다. 이 고정된 생산물로의 변화가 자연 안에 동역학적 단계를 부여하는데, 자연철학은 이것을 밝혀야 한다.

2) "생산성의 이중화"를 통해 "수축과 팽창의 교체"가 제약되는데, 이 교체가 "질료 자체"이며, 이것이 곧 "생산물로 이행해 가는 생산성의 첫 단계"이다. 그리고 이 교체의 정지, 즉 이 교체를 고정시키는 제3자에 의해서 생산물이 이루어진다. 그리고 다시 이 제3자의 지양에 의해 질료는 더 상위의 활력으로 고양된다.

16. 유기물과 무기물 (175)

1) "자연은… 이중성 안에서의 절대적 동일성"이다. 그리고 자연 안의 그 대립은 도출된 생산물 안에서도 제시될 수 있어야 한다.

2) "생명"은 "외부로 향하는 활동성"과 다시 외부로부터 억압되어 "내부로 향하는 활동성", 즉 활동성과 수용성의 상호 규정으로서

가능하다.

3) 생산적 생산물이 유기물이고, 비생산적 생산물이 무기물이다. 그러나 "유기적 자연은 오직 비유기적 자연의 더 상위의 활력일 뿐"이다. 우리는 비유기적 세계를 무엇보다도 먼저 생산적 세계에 대한 대립으로부터만 알 수 있다.

17. 사변적 자연학의 일반적 과제 (178)

1) "사변적 자연학의 가장 일반적 과제는… 유기적 생산물과 비유기적 생산물의 구성을 하나의 공통적인 표현으로 나타내는 것"이다.

2) "유기적 생산물은 제2활력의 생산물이기 때문에, 생산물의 유기적 구성은 적어도 모든 생산물의 근원적 구성의 상징이어야만 한다."

3) 생산물은 무한히 생산적이어야 하므로, "생산물에 있어 생산성의 세 가지 단계가 구분될 수 있어야 한다."

18. 생산물의 형성 : 대립과 동일성 (180)

1) 교체의 발생 : "차별은… 모든 자연 활동성의 제1조건이다. 생산성은 대립된 것들 사이에서 끌어당겨지고 배척"된다. 즉 팽창과 수축의 교체가 있게 된다.

2) 교체의 고정 : 이 교체가 교체의 항에 포함되어 있지 않은 제3자에 의해 고정됨으로써 생산물이 발생하게 된다. 그러나 생산성의 대립 이외에는 아무것도 없으므로, 이 제3자는 대립 외부의 것이 아니라, 대립 안에 근원적으로 포함되어 있는 것이어야 한다.

3) 대립과 동일성의 관계 : "대립 안에는… 동일성에 대한 추구가

존재"해야만 하며, 그 추구는 다시 대립에 의해 제약된다. 대립이 존재하지 않으면 동일성도 존재하지 않고, 동일성이 존재하지 않으면 대립도 존속하지 않을 것이다. "차별로부터 벗어난 동일성은 무차별이며, 따라서 그 제3자는 바로 무차별의 추구이다." 그리고 "제3자 자체가 근원적 대립을 전제하므로, 바로 그 때문에 대립 자체는 절대적으로 지양될 수가 없다."

19. 자연의 근원적 대립과 무차별의 추구 (182)

1) "우리는 단 하나의 근원적 대립을 가지는데, 그 대립의 한계 사이에 전체 자연이 놓여 있다." 자연 과정에 있어서는 대립을 지양하는 종합이 발생하지만 그 종합은 다시 다른 대립을 낳을 뿐이므로, 자연에 있어 궁극적이며 절대적인 종합, 즉 대립의 절대적 지양으로서의 절대적 무차별은 발생하지 않는다. 이는 곧 모든 자연 활동성의 지양이 될 것이기 때문이다. 모든 생산물은 대립의 부분적 지양일 뿐이다.

2) 자연의 근원적 대립 안에서 생산물에 의한 부분적 대립의 지양 과정은 다음과 같이 정리될 수 있다.

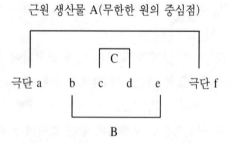

근원 생산물 A(무한한 원의 중심점)

극단 a   b   c   d   e   극단 f

C

B

근원적 대립 a와 f 사이(근원 생산물 A)에서 c와 d의 대립이 지양되어 생산물 C가 생성되지만, 그것은 곧 남겨진 b와 e의 대립을 통해 다시 그 b와 e의 대립을 지양하는 새로운 생산물 B로 이행해 간다. 두 극단 사이의 대립을 무한하게 통합해 감으로써 끊임없이 생산물을 산출해 내는 힘은 바로 무차별의 절대적 추구인데, 대립 자체가 무한하기 때문에 새로운 이원화를 낳지 않는 절대적 통합, 절대적 무차별이란 존재하지 않는다.

3) 그렇다면 전체 자연 생산물의 대립과 종합을 포괄하는 자연의 근원적 대립의 두 극단 또는 그 두 극단의 중심으로서의 절대적 무차별점은 어디에 있는가? "절대적 무차별점은 어디에도 존재하지 않으며, 그것은 다수의 개별적인 점으로 분할되어 있다. 중심으로부터 원주를 향해 형성되는 우주는 자연의 가장 극단적인 대립들도 그 안에서 지양될 그런 점을 추구한다. 그리고 이러한 지양의 불가능성이 곧 우주의 무한성을 확증한다."

4) "질료의 동일성이 절대적 동일성이 아니라 단지 차별일 뿐이라는 것은 오직 그 동일성의 재지양의 가능성 그리고 그것이 수반하는 현상으로부터만 증명될 수 있다."

20. 동역학적 과정의 단계들 : 자연 질료의 근원적 구성의 범주들 (189)

1) 제1단계 : 자기성 : 생산물의 통일성 : 정립 : 자기성은 생산물 안에서 그 생산물 너머 작용하는 생산성을 직관하게 하는 제1계기이다. 생산성의 양극성의 1차적 표현은 바로 자기성이다. 일반적 중력 내에서 하나의 특수한 중력이 발생하는데, 두 생산물은 서로 연관되어 있는 지구와 자석 바늘이다. 그 자침 안에서 양극을 향한 무차별

의 끊임없는 지양, 즉 차별화와 일반적 무차별점을 향한 끊임없는 동일성으로의 복귀가 구분된다. 이 단계에서는 "생산물은 동일성으로서 서술된다. 이 동일성은 다시 대립 안으로 융해되지만, 그러나 이 대립은 더 이상 생산물에 고착된 대립이 아니라 오히려 생산성 자체 안의 대립이다. 그러므로 생산물로서의 생산물은 동일성이다."

2) 제2단계 : 전기성 : 생산물들의 이중성 : 반정립 : 이 단계에서 "이중성"이 발생한다. 즉 "서로 대립되는 두 개의 생산물의 단순한 요소"들이 존재하게 된다."

3) 제3단계 : 화학성 : 생산물들의 통일성 : 종합 : 이 단계에서는 개별적인 것의 무차별적 동일성이 지양된다. 즉 "생산물의 이중성이 다시 생산물의 동일성이 된다." "빛은 각 순간에 지양된 무차별의 현상"이다. 즉 우리는 빛에 있어 "중력의 끊임없는 가시적 현상"을 가지게 된다.

21. 세 단계의 연관성 (193)

1) 자연에 있어 단 하나의 대립이 "자기성으로부터 전기성을 거쳐 결국 화학적 현상으로 사라져" 간다. 그 각 단계는 다음과 같다.

2) 제1단계는 "근원적 대립에 의한 생산성의 제한이다. 이 대립은 대립으로서 오직 자기성에 있어서만 구분될 뿐이다. 생산의 제2단계는 팽창과 수축의 교체인데, 이 교체는 교체로서 오직 전기성에 있어서만 가시적이 된다. 마지막으로 제3단계는 교체의 무차별로의 이행인데, 이 이행은 이행으로서 오직 화학적 현상 안에서만 인식될 수 있다."

22. 유기적 자연과 비유기적 자연의 관계 (198)

1) "비유기적 자연은 제1활력의 생산물이며, 유기적 자연은 제2 활력의 생산물이다." 따라서 유기적 자연은 비유기적 자연 위에 성립한다. 그러나 비유기적 자연은 화학적 단계에 있어 개체적 자연의 무차별성으로 해체되지만, 유기적 자연은 그것이 생명을 갖고 있는 한 해체되지 않는다. "유기적 자연에 있어서는 무차별로 나아갈 수가 없으며, 오직 무기적 자연에 있어서만 그렇게 할 수 있다. 왜냐하면 생명은 무차별로 나아가는 것에 대한 끊임없는 방해에서 성립하기 때문이다."

2) 그러므로 생명의 과정은 화학적 과정의 보다 더 상위의 활력이어야 한다. "화학적 과정의 근본 도식이 이중성이라면, 생명의 과정의 도식은 삼중성이어야 한다." 즉 생명의 과정은 제3활력의 과정이다.

3) 이상의 활력의 구분은 다음과 같이 정리될 수 있다. 자연의 제1활력은 중력이고, 제2활력은 빛이며, 제3활력은 생명이다. 이들 각 활력으로부터 자연의 생산 단계가 형성되는데, 비유기물과 유기물은 각각 3단계의 생산 단계를 보인다.

활력	생산 단계	생산물
제1활력 : 중력	1단계 : 자기성(생산성의 양극성)	
	2단계 : 전기성(생산물 내의 이중성)	무기물
제2활력 : 빛	3단계 : 화학성(생산물의 해체)	
제3활력 : 생명	1단계 : 감수성	
	2단계 : 자극 반응성(교체 활동)	유기물
	3단계 : 형성 충동	

4) "유기적 생산물과 비유기적 생산물을 하나의 공통적 표현으로 나타낸다는 것은 불가능하다." 왜냐하면 각 생산물은 서로 대립되는 것이 아니라, 전자는 단지 후자보다 더 상위의 활력일 뿐이기 때문이다.

5) "유기적 자연과 무기적 자연 간의 차별은 오직 개체로서의 자연 안에서만 존재하며, 근원적으로 생산적 자연으로서의 자연은 그 둘 너머에서 유동하는 것이다."